푸틴시대의 러시아

장덕준 외 공저

신아사

이 책의 내용은 2009년도 정부재원(교육과학기술부 학술연구조성비)으로 한국연구재단의 지원에 의해 연구되었음(KRF-2009-362-B00014).

▎머리말 ▎

[1]

이 책은 국민대학교 유라시아연구소가 2009년부터 2012년까지 3년간 수행한 한국연구재단의『인문한국(HK) 지원사업』유망연구소 사업에 참여한 연구자들의 연구결과물에 바탕을 두고 있다. 2009년 유라시아연구소는 '21세기 러시아학의 구축과 세계로의 확산'이라는 주제로 한국연구재단이 시행하는 유망연구소로 선정된 바 있다. 그 이후 3년간 모두 7명의 연구자들이 유망연구소 사업에 참여해 여러 차례의 국내외 학술회의에서 연구 성과를 발표하는 한편으로 학술지에 개인 논문들을 출판해왔다. 이 책은 일단 그러한 3년간의 연구 활동을 마무리 짓는 의미를 지니고 있다. 한편으로 이 책은 러시아를 공부하는 학생들과 러시아에 대해 궁금증을 갖고 있는 일반 시민들이 러시아의 중요성을 제대로 인식하게 하고 푸틴이 통치해온 지난 십 수년간의 러시아를 이해할 수 있는 길잡이 역할을 할 수 있도록 기획되었다. 이 책은 '유라시아 이니셔티브'라는 화두 아래 외교안보, 경제, 문화, 남북한 통합 등 여러 이슈 영역에서 창조적이고 장기적인 비전과 구체적인 전략을 가진 북방외교의 중요성이 강조되고 있는 이때에 유라시아 협력에서 핵심적인 행위자이자 장차 통일한국의 이웃 국가이자 친선, 우호, 협력을 확대시켜나갈 동반자로서의 러시아를 이해하는 데 도움을 줄 것으로 기대된다. 이 책을 펴내기 위해 필자들은 여러 차례 내부 워크숍을 개최하여 서로 날카로운 지적과 토론을 전개해 내용과 논리를 다듬었다. 또한 2013년 11월에 개최된 한국슬라브학회 연례학술회의의 특별 세션을 통해 초고에 대한 발표의 기회를 가졌고 그 이후 필자들은 각자 자신의 논문에 대한 토론 내용을 반영해 원고를 손질했다.

[2]

짧게는 14년 길게는 24년으로 볼 수 있는 '푸틴시대의 러시아'는 두 개의 얼굴을 갖고 있다. 우선 긍정적인 측면이다. 푸틴 등장 이후 8년 남짓 러시아는 인상적인 성적을 기록했다. 2000년 블라디미르 푸틴(Владимир Путин)의 등장으로 러시아는 일단 1990년대의 혼란기를 청산하고 정치적 안정과 경제성장이라는 괄목할 만한 성과를 거두게 되었다. 소련붕괴 이후 추락하던 러시아의 국제적 위상도 푸틴의 집권 이후 강대국의 지위에 근접하게 되었다. 이는 두 가지 요소가 결합된 결과로 볼 수 있을 것이다. 첫째는 "강한 러시아"와 "권력의 수직화"를 앞세운 푸틴의 리더십이 빚어낸 결과물로 볼 수 있을 것이다. 실제로 2008년 러시아-그루지야(조지아)전쟁 직후 푸틴의 지지도는 83%까지 치솟았다. 둘째는 국제석유가격의 상승세로 말미암아 러시아 경제가 회복기를 지나 빠른 성장을 이룩할 수 있었던 것이 국내적 안정과 국제적 위상의 강화를 가져왔다고 볼 수 있을 것이다. 2000년 이래 7년간 러시아는 연평균 6.6%의 국내총생산(GDP)의 증가세를 기록했다.[1)] 이는 1990년대의 정치사회적 혼란과 경

---

1) Daniel Treisman, *The Return: Russia's Journey from Gorbachev to Medvedev* (New

제적 어려움과 비교해 볼 때 푸틴시대 러시아의 가장 두드러진 성과라고 할 것이다. 한편으로 푸틴정부는 문화적 담론과 새로운 교과서의 집필을 통해 강대국 러시아의 이미지를 구축하고 이를 확산시키려는 노력도 경주해왔다. 강력한 국가권력을 바탕으로 경제를 발전시키고 사회를 안정시키는 한편 조국에 대한 러시아 국민들의 자부심을 앙양시키고 국제사회에서 러시아의 위상을 드높이려는 푸틴의 목표와 정책들은 '푸틴이즘(Putinism)'로 불리게 되었다.[2)]

그런데 푸틴 등장 이후 이룩한 이러한 성과에도 불구하고 러시아는 급속한 경제성장과 정치, 사회적 안정의 이면에 어두운 그림자도 짙게 드리우게 되었다. 민주주의의 후퇴, 자원 의존적 경제구조의 심화, 부패현상의 만연 따위의 정치, 경제, 사회적 문제가 표출되기 시작한 것이다. 집권 2기가 시작될 무렵부터 러시아 정치는 권위주의 색채가 농후해지게 되었다. 정당법과 선거법의 개정으로 친크렘린 정당인 소위 '권력당(party of power)'[3)]이 의회를 지배하게 되었으며 주지사의 직선제 폐지와 지방자치의 약화현상으로 인해 중앙정부의 권력이 지방을 압도적으로 지배함으로써 러시아의 연방제는 유명무실해지게 되었다. 또한 주요 신문사 및 텔

York: Free Press, 2011), p.232.

2) 세르게이 이바노프(Сергей Иванов)가 주도한 푸틴이즘의 3대 슬로건은 "주권민주주의, 강한경제, 군사력"으로 요약된다. Ben Judah, *Fragile Empire: How Russia Fell in and out of Love with Vladimir Putin* (New Haven: Yale University Press, 2013), p.102.

3) 대통령이 정당조직을 초월해 있고 그 운영이 크렘린과 밀착된 소수의 엘리트에 의해 이루어지고 있으며 정당과 사회단체들 사이의 체계적이고 확고한 위계적 관계가 형성되어 있지 않다는 측면에서 러시아의 권력당은 기존의 정당체제 유형—예컨대 사르토리의 절대 우위적 정당체제(predominant party system)—에서는 찾아보기 어려운 독특한 정당 유형으로 평가되기도 한다. Boris I. Makarenko, "The Post-Soviet Party of Power: United Russia in Comparative Context," *Russian Politics and Law,* Vol.50, No.1, January-February 2012, pp.54-83.

레비전 방송사들이 국유화됨으로써 언론에 대한 국가의 통제는 더욱 강화되었다. 게다가 2006년에는 외국의 단체들로부터 기금을 받는 시민단체들에 대한 감시와 감독을 강화하는 비정부조직(NGO) 관련법이 제정됨으로써 시민사회 또한 국가의 통제 아래에 놓이게 됨으로써 러시아 정치는 '연성 권위주의', '관리된 민주주의', '주권 민주주의' 또는 '준(準)권위주의' 등으로 묘사되었다. 다시 말해 러시아 사회는 대부분의 푸틴 통치기간에 삼권분립, 법치주의, 규칙적인 선거 등 민주주의의 제도적 외형은 갖추고 있으나 시민적 자유와 대중의 실질적인 정치참여가 제한되는 정치상황 하에 놓여 있다는 것이다. 2008년부터 2012년까지 드미트리 메드베데프(Дмитрий Медведев)가 대통령직을 수행하던 시기에 시민사회에 대한 강조, 주지사 선거제의 재도입, 정당의 설립요건을 완화하는 방향으로의 정당법 개정 등의 다원주의에 대한 수사법과 부분적인 정치개혁이 이루어지긴 했으나 기본적으로 크렘린의 통제 하에 있는 '통합러시아' 1당의 패권정당체제가 유지되는 권위주의 체제의 틀을 벗어나지 못했다.

푸틴정부는 겉으로는 강한 국가를 주창했지만 자신의 권력강화를 위해 공식적인 제도를 무력화시키고 크렘린에 권력을 집중시키기 위한 조치들을 취하게 되었다. 예컨대 법안을 분석하고 의회활동을 감독하기 위한 목적으로 2005년에 설치된 '공공심의원(Общественная палата)'은 공식적인 입법기관인 의회를 벗어나 크렘린의 의도를 충실하게 떠받드는 사실상의 입법기능을 부여받게 되었다. 더 나아가 권력당인 통합러시아당은 정국을 이끌어 나가고 입법 활동의 주체로 기능하기 보다는 중앙정부에서 말단 지방행정조직에 이르기까지 대통령의 의지대로 지지를 동원하고 크렘린과 행정부가 필요로 하는 법안을 신속하게 통과시켜주는 수단적인 기구로 전락했다. 그리하여 푸틴 통치하의 러시아 국가는 강한 국가라는 수사법에도 국가의 실질적인 능력과 자율성에 있어서는 약화현

상이 뚜렷하게 나타나게 되었다.[4)]

푸틴 집권기의 러시아 경제 또한 이중적인 특성을 보이게 되었다. 겉으로는 두 자리 숫자에 육박하는 GDP 성장률을 기록했지만 러시아의 산업은 석유 및 가스를 비롯한 원자재의 수출에 지나치게 의존하는 양상을 보였다. 2012년 현재 석유 및 가스 부문으로부터의 수입은 정부 세입의 52%를 차지하고 있으며 이 부문은 러시아 총수출 액의 70% 이상을 차지하고 있다.[5)] 그리하여 에너지 자원에 대한 의존도가 높은 러시아 경제는 대외적인 변화에 매우 취약하며 장기적인 발전에 있어서도 한계를 가질 수밖에 없다. 그러한 한계를 탈피하기 위해서는 현대화가 절실하게 요구된다. 그러나 이 또한 푸틴 체제하의 러시아에서는 간단치 않다는 게 러시아의 고민이다. 경제현대화의 가장 중요한 밑바탕은 관료들의 부패구조 타파와 의사결정 구조의 합리화이다. 그런데 푸틴시대의 러시아는 이러한 전제조건들을 충족시켰는가에 대해서는 강한 회의가 존재한다. 푸틴 측근을 비롯한 국가 관료들의 지대추구 행위는 푸틴 집권기를 통틀어 점차 강화되는 추세를 보였다.[6)] 서구식의 현대화(토론문화, 투명성 제고, 법의 지배 등)가 진정으로 도입되고 공고화될 경우 푸틴체제를 떠받치고 있는 엘리트의 존립기반은 와해될 운명에 처할 가능성이 커지기 때문에 푸틴정부에서 본격적인 개혁이 실시될 수 없었던 것이다.

푸틴의 리더십도 시험대에 오르게 되었다. 초창기 70%를 넘어서던 그에 대한 지지율은 2011년 12월 국가두마 총선 이후 터져 나온 반푸틴 시

---

4) Marie Mendras, *Russian Politics: The Paradox of a Weak State* (New York: Columbia University Press, 2012).

5) www.eia.gov/countries/cab.cfm?fips=RS(검색일: 2014.5.15)

6) B. Judah, *Fragile Empire: How Russia Fell in and out of Love with Vladimir Putin*, p.134.

위의 여파로 50%대로 하락했다. 초창기 경제성장과 사회 안정을 가져온 그에게 열광하던 대중들은 이제 상당수가 푸틴에게 환멸을 느끼게 되었다. 푸틴 정권은 겉으로는 상당기간 정치적 안정과 사회적 평온을 이룩했으나 속으로는 자유와 인권의 억압을 자행하는 권위주의적 행태, 과도한 관료주의와 경제에 대한 국가의 통제강화, 부정부패의 만연, 자원에 과도하게 의존하는 후진국형 산업구조 등으로 말미암아 현대화를 제대로 추진하지 못한채 정치 불안과 사회적 동요의 소지를 안고 있다. 이러한 경제구조는 세계경제의 변동에 매우 취약할 수밖에 없다. 실제로 러시아 경제는 글로벌 경제위기 직후인 2009년에 GDP 기준 약 8%의 마이너스 성장을 나타냈다.[7] 또한 2011년에는 760억 달러의 자본이 러시아를 빠져나갔다. 더구나 최근 미국의 셰일가스가 대량생산되면서 중장기적으로 천연가스 가격의 지속적인 하락으로 인해 러시아 경제에 불확실성이 커질 것이라는 전망이 우세하게 되었다. 게다가 2014년 3월에 전격적으로 이루어진 크림반도의 러시아 병합에 대응해 미국을 비롯한 주요 서방 국가들은 러시아에 대한 제재조치에 들어갔다. 그 뿐만 아니라 동부우크라이나의 분리, 독립 움직임과 이에 대한 러시아의 실질적인 개입은 더욱 강한 서방의 반발을 야기했다. 더 나아가 최근 '신푸틴 독트린(New Putin Doctrine)'이라는 기치 아래 '푸틴정부가 내세우고 있는 노골적인 반서방 기조의 대외정책 노선과 CIS에 대한 영향력의 공고화 정책은 서방과의 대립각을 더욱 첨예화시키고 있으며 옛 소련 주변국들과도 긴장관계를 형성하게 되었다.[8] 이는 러시아 경제에 악재로 작용함은 물론 푸틴이 야심차게 추진하려던 유라시아 경제연합(Eurasian Economic Union) 창

---

7) Richard Connolly, "Economic Growth and Strategies for Economic Development in Russia," *Russian Analytical Digest*, No.133, July 18, 2013.

8) *The Moscow Times*, April 3, 2014.

설 프로젝트에도 불확실성이 높아졌다. 이렇듯 최근 러시아 국내외에서 일어난 일련의 사태는 독립적이고 강한 러시아를 지향하는 푸틴 3기의 전도에 어두운 그림자를 드리우면서 난관을 예고하고 있는 듯 하다.

[3]

이 책은 모두 2부로 구성되어 있다. 제1부는 푸틴시대의 정치, 외교 및 경제를 다루고 있다. 여기서는 집권을 시작하면서 '강대국 러시아'의 달성을 최고의 국정목표로 설정하고 이를 위해 정치 및 사회 안정을 기반으로 경제 활성화를 도모해온 푸틴의 노력을 다루고 있다. 또한 제1부에서는 실용주의 외교정책을 펼치면서 서방과는 협력과 경쟁의 관계를 이끌어 나가는 한편으로 포스트소비에트 공간에 대해서는 지배적 영향력을 공고히 하는 등 러시아의 국제위상을 강화시키려고 한 러시아의 행태를 분석하고 있다. 제2부는 푸틴시대의 러시아 사회의 다양한 측면에 대한 주제들을 분석하고 있다. 제2부에서 필자들은 권위주의, 국가주의, 그리고 민족주의적 색채가 농후한 푸틴이즘은 역사교육, 종교, 시민사회에 대한 정책, 그리고 약어사용 등 언어생활에서도 반영되고 있음을 밝히고 있다.

제1장 "러시아 푸틴시기 정치체제의 특성"에서 서동주 박사는 2000년 이래 푸틴이 대통령으로서 러시아 정치를 지배한 집권 1~2기와 3기뿐만 아니라 메드베데프 시기 및 집권 4기의 가능성을 염두에 두고 푸틴이 직간접적으로 통치한 시기의 정치체제의 특성을 '준권위주의'체제로 규정하고 이것의 발현요인을 분석하고 있다. 서 박사는 푸틴시기 정치제제 특성의 발현요인으로서 초대통령 헌법체계의 운용, 푸틴의 정치 리더십, 국민지지와 권력당의 위상, 대내외 정치사회 환경 및 사건, 일련의 정치개혁조치 등을 든다. 그러한 발현요인으로 나타난 푸틴시기 정치체제의 특

징 가운데는 권력의 중앙 집중화와 행정 권력의 우위, 푸틴에게로의 권력 집중과 '실로비키(Силовики)'의 존재, 절차적 민주주의 정착과 불공정 선거과정 심화, '권력당' 통합러시아의 패권적 정당체계, 강한 국가와 약한 시민사회 고리, '취약한 시민사회 역할과 활동', '관리 다원주의'의 맹아적 잠재 등이 포함된다. 이렇듯 러시아의 정치체제는 권위주의적 요소를 담고 있다고 필자는 진단한다. 향후의 전망과 관련해 서박사는 러시아 정치체제는 정치적 다원주의 및 민주주의로의 발전 가능성과 권위주의의 지속가능성을 둘 다 내포하고 있다고 결론 내리고 있다.

제2장 "포스트소비에트 공간에 대한 푸틴의 대외정책과 CSTO"에서 장덕준 교수는 북대서양조약기구(NATO) 등 서방세력의 포스트소비에트 공간에 대한 접근을 견제하고 러시아의 영향권 하에 있는 CIS 국가들을 통합하기 위해 러시아는 정치·군사동맹형태의 안보협력체인 집단안보조약기구(CSTO)의 창설과 그것의 제도화에 중심적인 역할을 해왔다고 지적한다. CSTO는 국제테러, 이슬람 극단주의, 마약밀거래 등과 같은 연성안보 문제를 주로 다루어왔다. 필자에 따르면 러시아는 이 지역에서 지배적인 영향력을 유지하고자 하지만 CSTO에 대한 러시아의 정책은 엇갈린 결과를 낳았다고 주장한다. 긍정적인 성과로서 필자는 신속집단대응군의 창설, 연례 합동군사훈련, 마약거래 근절을 위한 합동작전 등을 들고 있다. 또한 모스크바는 CSTO를 통해 주요 국제현안에 대해 회원국들 사이의 입장을 조율해오고 있다. 그러나 러시아의 입장에서 CSTO는 부정적인 측면과 일정한 한계를 내포하고 있다. 무엇보다도 주요현안에 대한 입장에 있어서 회원국들 사이의 편차가 너무 크다는 것이다. CSTO의 발전에 있어 또 다른 걸림돌은 한편으로는 러시아와의 우호적인 관계를 유지하면서도 다른 한편으로 러시아에 대한 종속적인 관계를 우려해 서방국가들과도 관계를 증진시키려는 회원국들의 이중적인 태도이다. 그럼에

도 필자는 CSTO는 구소련지역에서 여전히 유효한 집단안보기구로 남을 것으로 본다. 왜냐하면 러시아는 이 조직을 통해 포스트소비에트 공간에 대한 자신의 지배적인 영향력을 포기하지 않을 것이며 여타 회원국들도 CSTO가 제공하는 다자안보상의 혜택을 놓치지 않으려고 할 것이기 때문이다.

제3장 "러시아 권위주의 시장경제의 발전과 국제자본의 역할"에서 이상준 교수는 권위주의 정부가 폐쇄적이기 때문에 국제자본의 유입에 부정적으로 작용할 수 있을 것이라는 믿음이 있음에도 실제로는 글로벌화가 진행되면서 권위주의 체제 아래서도 국제자본이 유입되고 그것이 경제발전에 긍정적으로 작용할 수 있다고 주장한다. 러시아의 경우 1990년대 체제전환의 초기에는 낮은 국제 원자재 가격과 사회적 혼란 등으로 인해 국제자본의 유입이 부진했을 뿐 아니라 러시아 국내자본의 해외도피가 성행했다는 것이다. 그러나 푸틴이 집권한 이후부터는 국제유가의 상승과 정치, 사회적 안정세를 바탕으로 국제자본의 투자가 활발히 이루어짐으로써 그것이 러시아의 경제성장에도 긍정적으로 작용했다고 필자는 분석한다. 유코스 사태로 인해 일시적으로 국제자본의 투자가 감소하긴 했으나 유사한 사건이 더 이상 일어나지 않았고 또한 러시아 기업들의 지배구조에 있어서 투명성이 증대된 점과 국제화 등 기업의 체질개선이 이루어진 것 등 기업내외의 환경이 변화됨에 따라 국제자본의 유입이 증대하게 되었다는 것이다. 특히 석유 등 에너지 기업에 대한 국제자본의 투자증대는 러시아 국내의 새로운 자원개발 뿐만 아니라 해외 에너지 판매망 확충 등을 가능하게 했다는 것이다. 이 교수는 이러한 현상이 자동차 산업과 정보기술(IT) 산업 등 다른 영역으로 확산되었다고 분석하고 있다.

제4장 "푸틴시기 러시아 경제성장 요인: 소비시장 확대를 중심으로"에서 김상원 교수는 비단 에너지 수출의 활성화뿐만 아니라 국내 소비시장

의 확대가 푸틴시기 러시아 경제성장의 주요 요인으로 작용했다고 분석한다. 김 교수에 따르면, 푸틴 집권 1~2기 동안 러시아 경제는 1998년 모라토리움으로 인한 국가 부도위기에서 벗어나 순 채권국으로 전환하였고, GDP규모로 세계 10위, 외환 보유액으로는 세계 3위의 인상적인 경제 실적을 나타낸 결과 중장기적 측면에서 러시아는 유망 시장으로 떠오르게 되었다는 것이다. 그 결과 특히 개인의 소득이 증가했고 이는 외제 자동차 및 고가의 전자제품을 중심으로 하는 소비재 판매의 증가세로 이어졌으며 결국에는 이것이 경제 성장의 주요한 요인으로 작용하는 선순환 구조가 형성되었다고 김 교수는 분석한다. 필자는 푸틴의 집권 1~2기 8년 동안에 국제유가의 상승 및 국가부채의 조정 등과 연관된 경제성장에 더하여 정부의 세재개혁으로 인한 세수증대의 결과로 지방정부를 포함한 국가재정의 자유도가 높아졌다고 분석한다. 이러한 재정인 여유를 바탕으로 러시아는 산업의 다각화를 위한 경제 현대화 및 혁신화 그리고 지역개발이라는 다양한 경제 진흥정책을 제시하면서 국내 소비시장의 지속적인 확대를 꾀하고 있다는 것이다.

제5장 "푸틴 시대 러시아의 스탈린주의 다시 읽기: 필리포프 현대사 교과서를 중심으로"에서 노경덕 교수는 공교육 역사교과서에 대한 분석을 통해 해당 국가의 성격과 지향을 파악할 수 있을 것이라고 본다. 그러한 전제 아래 노 교수는 2000년대 후반 필리포프(А. В. Филиппов)라는 역사가가 주편집자로 참여해 스탈린 체제와 푸틴의 '주권 민주주의'를 정당화하는 새로운 러시아 현대사 교과서를 내 놓으면서 일어난 치열한 역사교과서 논쟁을 분석하고 있다. 필리포프 역사 교과서는 1920년대 혹독한 경제적 조건과 자본주의 국가들에 의한 포위 등 어려운 국제적 상황에 직면해 있던 러시아에서 그러한 난관을 극복하기 위해 '수직적 동원체제'인 스탈린 체제가 등장했다고 서술하고 있다는 것이다. 이 교과서는

이렇게 등장한 스탈린 체제가 실제로 공업과 과학기술 및 농업 부분에서 커다란 성과를 나타냈을 뿐만 아니라 문맹 퇴치 등 문화 부문에서도 괄목할 만한 성과를 거둔 것으로 서술하고 있다고 필자는 지적한다. 또한 이 교과서는 스탈린시대의 거대한 변화에도 불구하고 일반 시민들의 일상에서는 전통적 관행이 유지되었으며, 그들만의 여가와 놀이 문화도 계속되었다고 서술하고 있다는 것이다. 그러나 이러한 필리포프 교과서의 역사 서술은 푸틴 정권의 비민주주의적 성격을 그 자체로 지지하거나 러시아 역사의 전통으로서 옹호할 생각은 없는 것 같다고 필자는 분석한다. 그렇지만 필자에 따르면 필리포프 역사 교과서의 그러한 서술방식은 지금의 푸틴 정권이 1990년대의 혼란을 종식시키고 러시아 국가를 지키면서 국민을 통합하는 역사적 기능을 하고 있다는 점은 분명히 전달하려는 목적을 지니고 있다는 것이다.

제6장 "현대 러시아인의 종교성: 정교도의 종교성을 중심으로"에서 신동혁 교수는 스스로를 정교도라 여기는 대다수 러시아인의 종교성 문제는 포스트소비에트 러시아의 정체성과 사회 변화 과정을 연구하는 중요한 방법이 될 수 있다는 전제하에 현대 러시아인들의 종교성 문제를 분석하고 있다. 필자는 '종교성'의 요소로서 종교적 믿음, 종교적 수행, 종교적 느낌, 종교 지식 등을 지적한다. 이러한 요소를 바탕으로 필자는 러시아의 여론조사 기관이 수행한 러시아인들의 종교생활에 관한 설문조사 결과를 분석해 러시아인들의 종교성을 파악하고 있다. 종교성에 대한 설문조사의 국제비교 분석에 따르면 러시아인들은 이념(믿음) 차원, 의례 및 수행 차원, 경험 차원에서 다른 국가들과 비교하여 중하위 내지 최하위 그룹에 속해 있다는 것이다. 하지만, 필자는 최근에 접어들어 러시아인들의 종교성이 높아지고 있다고 평가한다. 한편, 러시아인들이 종교에 대한 관심과 일정한 종교성을 나타내는 것은 그들이 종교 지식, 교리,

전통(의식)에 익숙하기 때문이라기보다는 문화적 혹은 관습의 영향에 기인한다고 필자는 분석하고 있다. 어쨌든 신 교수는 러시아인들의 정교에 대한 종교성 향상과 그에 따른 종교 정체성의 강화는 국가와 민족 정체성 형성에 영향을 끼칠 수 있다고 결론을 내린다.

제7장 “푸틴 집권기 러시아 정부와 인권운동의 갈등관계: 프레이밍 과정과 정치적 기회구조를 중심으로”에서 강윤희 교수는 푸틴 정권이 어떠한 프레이밍을 통해 인권운동의 운신의 폭을 좁히는 전략을 사용하는지, 그리고 러시아 인권운동에 대해 어떤 방식으로 탄압 및 제재를 가하는지를 분석하고 있다. 필자는 “일군의 사람들이 세계 및 자신들에 대한 공유된 이해(understandings)를 빚어내는 의식적인 전략적 노력”을 프레이밍으로 정의하고 그것은 집단행동을 합법화하고 동기를 부여한다고 지적한다. 강 교수는 집단행동에 영향을 끼치는 또 다른 주요 변수로 정치적 기회구조를 들고 있는데 그 주요 요소는 정치체제의 개방성, 엘리트 제휴의 안정성, 엘리트 연합의 존재, 국가의 억압 능력 등이다. 푸틴 2기에 러시아 정부는 소위 색깔혁명이 러시아에서도 발생하는 것을 막기 위해 인권 및 민주주의 운동단체들을 외국 정부 및 인권단체의 영향력으로부터 차단시키려는 프레임을 사용했다고 필자는 지적한다. 한편, 필자에 따르면 집권 3기에 접어들어서는 푸틴정부가 러시아 인권단체의 활동을 조국의 이익을 배반하고 외국 국가 및 단체의 지침을 받는 반국가적 행위로 몰아가는 프레이밍을 사용해 왔다는 것이다. 러시아 인권단체들은 푸틴 정권이 만들어 놓은 프레임에서 벗어나고자 안간힘을 쏟고 있지만 언론의 자유와 시민사회의 활동이 제약되고 있는 러시아적 상황에서는 그것이 효과를 거두기 매우 어렵다고 필자는 진단한다. 게다가 푸틴의 통치 하에서는 정치체제의 폐쇄성이 두드러지고 국가의 억압능력이 매우 높기 때문에 인권단체와 같은 사회운동 조직이 활동할 수 있는 공간이 매우 제한되어

있다는 것이다.

제8장 “사회풍자적 의미의 러시아어 약어 사용 연구”에서 손현익 교수는 언어가 사회의 흐름을 반영하기도 하고 또한 새로운 사회풍조를 창출하기도 한다는 전제 아래 포스트소비에트 시기 러시아에서 유행되어왔던 약어 사용에 대해 고찰하고 있다. 필자에 따르면 약어는 매스미디어 공간에서 그 사용이 두드러지며 특히 신문 및 잡지 기사의 헤드라인으로 빈번히 등장한다. 인쇄매체에서는 제한된 지면 공간에 많은 내용의 압축을 통한 효과적인 전달이라는 언어의 경제성을 고려해 약어가 빈번하게 사용된다는 것이다. 다른 한편으로 공산체제의 종식 이후 민주화로 인한 시민의식의 성장과 더불어 사회 현상에 대한 의견 표출의 욕구가 커지면서 기존의 의미가 아닌 새로운 의미의 약어들이 속속 등장하기 시작했다고 손 교수는 분석한다. 또한 푸틴 시기에 언론에 대한 통제가 강화되자 원래의 단어적 의미와는 다른 뜻을 지닌 약어들을 사용함으로써 대중들은 당국의 통제를 벗어나 러시아 정치 및 사회의 부조리에 대한 불만을 풍자적으로 표출하게 되었다는 것이다. 풍자적 의미로 사용되는 약어들은 형태적으로 두 가지 유형으로 분류된다. 첫째는 загс, вуз와 같이 사전적 의미 및 풍자적 의미로 사용되는 약어가 공히 철자 형태는 동일하나 의미가 상이한 유형이다. 둘째는 원래는 단일명사인데 мент, водка와 같이 그것이 풍자적 의미를 갖는 약어로 변화된 케이스를 들 수 있다. 필자에 따르면, 의미적으로는 부정적 평가를 나타내는 약어가 압도적으로 많았으나 ВДС(‘공중낙하산 부대’ → ‘모든 일은 스스로 해결한다’), МЧС(‘비상사태부’ → ‘사내들은 무엇이든 구조한다’) 등과 같이 언급되는 대상에 대한 긍정적 이미지를 나타내는 약어들도 있다는 것이다.

[4]

앞서 밝힌 바와 같이 한국연구재단의 후원 아래 수행된 국민대학교 유라시아연구소의 유망연구소 사업에 참여한 연구자들이 그간의 연구결과를 총결산하기 위해 이 책을 기획하고 집필하게 되었다. 필자들이 푸틴시대 러시아 사회의 여러 측면들을 집중 조명할 수 있도록 지원해준 한국연구재단에 감사한다. 그리고 3년간의 유망연구소 사업을 수행하는 과정에서 동고동락한 연구원 선생님들께 감사드린다. 또한 국민대 유라시아연구소의 유망연구소 사업에 직접 참여는 하지 않았지만 이 책의 취지에 적극 호응해 필진으로 동참해 주신 국가안보전략연구소의 서동주 박사님과 국민대학교의 김상원 교수님께도 감사의 말씀을 전하고 싶다. 국민대학교 대학원 국제지역학과 박사과정에 재학 중인 최윤희 석사는 원고정리와 교정의 궂은 일을 잘 처리해 주었다. 쉽지 않은 여건에도 이 책의 출간을 쾌히 수락해주신 도서출판 신아사의 정현걸 사장님과 한규갑 상무님, 그리고 편집과 교정을 꼼꼼히 챙겨주시고 멋진 표지 디자인을 꾸며주신 신아사 편집부 선생님들께도 감사드린다.

2014년 8월 15일 예순 아홉 번째 광복절에

필자들을 대표하여 장덕준

| 차 례 |

제 1 부

푸틴시대의 러시아 정치, 외교 및 경제

제1장

러시아 푸틴시기 정치체제의 특성*

서동주**

I. 문제의 제기

2011년 9월 24일 통합러시아 전당대회에서 당시 블라디미르 푸틴(Владимир Путин) 총리는 차기 대통령선거에 출마할 것임을 공식적으로 선언한다. 이를 계기로 그간 러시아 정치사에서 유례없는 특유의 정치권력 구조를 띠어왔던 양두체제, 이중권력은 사실상 막을 내리게 되었다. 이후 푸틴은 2012년 3월 치러진 대통령 선거에서 63.6%의 지지를 얻어 당선되었고, 5월 새로운 정부를 출범시켰다. 소위 푸틴 집권 3기가 시작된 것이다. 푸틴의 재집권과 재등장은 여러모로 많은 정치적 함의를 지니고 있다. 근원적으로는 러시아 정치발전, 민주주의 향배와 연계되어 있으며, 탈 소비에트 시기 국가발전 전략 모델, 체제전환의 향배와도 연계되어 있다. 또한 푸틴만이 지닌 정치적 특성도 담고 있을 것이다.

---

* 이 글은『슬라브학보』제28권 4호(2013)에 게재된 “러시아 푸틴시기 정치체제의 특성”이며 한국슬라브학회의 허가를 얻어 여기에 싣는다.

** 국가안보전략연구소 책임연구위원

러시아는 체제전환을 거치면서 정치권력 구조, 정당체제를 비롯해 많은 부문에서 변화를 겪어왔다. 초대통령 중심제 하에서 대통령도 고르바초프, 옐친, 푸틴, 메드베데프 그리고 다시 푸틴으로 변모되어 왔다. 푸틴이 드미트리 메드베데프(Дмитрий Медведев)에게 후계 자리를 물려준 '양두체제', '이중권력' 구도 속에서 다시 권좌에 복귀함으로써 푸틴 시기는 불연속성과 연속성을 함께 지니게 되었다. 불연속성이라 함은 중간에 메드베데프 집권기가 포함되어 있기 때문이며, 연속성은 집권 1, 2기에 이어 3기가 이어지고 있다는 점이다. 4기의 가능성도 배제할 수 없다는 점에서 푸틴 시기는 현재 진행형이기도 하다. 이 글에서 푸틴 시기는 2000년 5월부터 2008년 5월에 이르는 집권 1, 2기 및 2012년 5월 출범해 현재까지 이르는 기간을 의미한다. 푸틴 시기는 옐친집권기에 이어 짧게는 14년 길게는 20년 정도가 될 수 있다. 옐친시기를 뒤이어 나름대로의 정치개혁과 국영운영을 통해 러시아적 국가발전을 이룬 시기이기도 하다. 또한 중간에 메드베데프 집권기를 포함하고 있어 리더십 변화에 따른 정치체제 특성의 '지속과 변화'의 측면을 살펴보는 프리즘 역할을 기대할 수 있다.

이러한 점을 염두에 둔 가운데 이 글은 푸틴시기에 중점을 두고 러시아 정치체제의 특성을 탐구하고자 한다. 나아가 '푸틴형 정치체제'에 담겨진 정치적 함의도 살펴 볼 것이다. 구체적으로는 다음과 같은 질의에 답을 구해 보고자 한다. 푸틴시기에 러시아 정치체제 특성을 나타나게 하는 발현요인은 무엇인가?(왜 권위주의 성격으로 발현되고 있는가?) 또한 어떤 특성을 지니고 있는가? 과연 권위주의 요소를 지니고 있는 것으로 평가될 수 있는가? 이는 서구적 관점에서 논의되는 민주주의 공고화 과정의 일부인가? 아니면 러시아 특유의 정치체제 모습인가? 어떤 정치체제 유형으로 분류해 볼 수 있는가?

필자의 주된 주장은 "푸틴시기 러시아 정치체제의 특성은 동시기 대내외 정치 환경과 푸틴의 리더십 하에 일련의 정치개혁을 통해 발현된 것으로, '러시아적 특유성'을 담고 있는 것으로 평가될 수 있다"는 것이다. 이는 '푸틴형 정치체제(Putin type's political regime model)'로 명명될 수 있으며, '準권위주의'의 혼합체제(hybrid regime) 유형으로 분류된다.

이를 탐구하기 위해 먼저 2절에서는 기존연구 검토와 이론적 논의를, 3절에서는 푸틴시기 러시아 정치체제 특성의 발현요인에 대해 알아본다. 이어 4절에서 구체적인 특성을 파악하고, 끝으로 결론에서는 푸틴시기 정치체제에 담겨진 정치적 함의를 살펴보고, 향후 러시아 정치체제의 미래에 대해서 전망해 보고자 한다.

II. 기존연구 검토와 이론적 논의

1. 기존연구 검토

러시아의 정치체제와 관련된 연구는 다양하다. 주제와 직·간접적으로 연계되어 있는 연구로 러시아 정치권력 구조,[1] 정치엘리트,[2] 정치적 리더십,[3]

1) 이홍섭, "러시아의 초대통령 중심제: 등장 배경, 성격 및 파급효과," 『국제정치논총』 제41집 2호(2001년), 251-270쪽; 전홍찬, "러시아 헌정체제의 비교연구: 권력분립구조와 정치안정 문제를 중심으로," 『한국정치학회보』 33집 2호(2000년), 277-302쪽 외.

2) 고상두, "푸틴시대 러시아 권력엘리트의 교체" 『슬라브학보』 제24권 1호(2009년), 99-120쪽; 정옥경, "상트페테르부르크의 정치엘리트 연구," 『슬라브연구』 제21권 1호(2005년), 89-112쪽; 이선우, "푸틴 집권기 엘리트그룹의 권력경쟁," 『슬라브연구』 제17권 제2호(2007년), 363-390쪽 외.

3) 강봉구, "푸틴주의 정치 리더십의 권위주의적 특성과 전망" 『국제지역연구』 제14권 제2호(2010년), 3-20쪽.

정치개혁,[4] 정당, 선거,[5] 정치발전,[6] 중앙과 지방관계,[7] 체제 비교[8] 등의 것을 꼽을 수 있다. 이들 연구는 특정 부문에서의 러시아적 특성을 규명해 내고 있으며, 정치체제 특성 탐구에도 도움을 주고 있다. 그렇지만 푸틴집권 시기 전체를 아울러 러시아 정치체제를 다루고 발현요인[9] 및 그 특성을 분석한 연구는 크게 미흡하다.

외국의 경우 정치체제의 개별 특성 분석과 하위유형의 분류까지 비교적 심도 깊은 연구가 이뤄지고 있다. 이를 테면 푸틴집권 1, 2기의 정치체제를 평가하면서, 다음과 같은 유형으로 분류한 것이 대표적인 사

---

4) 서동주, "러시아 푸틴정부의 정치개혁: 집권 1기 평가와 2기 전망" 『국제정치논총』 제44집 제3호(2004년), 151-173쪽; 서동주, "푸틴 정치개혁의 특징과 과제" 『슬라브학보』 제22권 1호(2007년), 77-98쪽 외.

5) 유진숙, "푸틴 집권 2기 러시아 정당체계의 성격: 패권정당모델 적용 가능성의 검토," 『한국정치학회보』 제41집 제2호(2007년), 207-226쪽; 유진숙, "러시아의 선거제도 개혁: 권력관계, 확산, 제도변화," 『국제정치논총』 제49집 제4호(2009년), 165-189쪽; 우평균, "2012 러시아 대선 결과 분석과 중산층의 정치세력과 가능성," 『정치정보연구』 제15권 1호(2012년), 243-270쪽; 장세호, "2011~2012 러시아 총대선 결산: 평가와 시사점을 중심으로," 『국제문제연구』 제12권 제2호(2012년 여름), 133-170쪽 외.

6) 배정한, "탈사회주의 이행체제에서의 민주주의 공고화와 비공식 정치과정: 그 이론적 고찰," 『유라시아연구』 1권 2호(2001년), 3-28쪽; 정한구, "'주권 민주주의'와 러시아," 『세종논평』 No.69(2006년); 정한구, "푸틴-메드데프 체제의 출범과 러시아 정치의 장래," 『세종정책연구』 제5권 제1호(2009년), 5-34쪽 외.

7) 박수헌, "러시아연방 중앙-지방관계의 변화: 푸틴의 중앙집권화 개혁의 내용과 평가," 『의정연구』 24권(2007년), 111-142쪽; 김성진, "러시아 중앙-지방관계의 평가와 전망: 푸틴 행정부 제2기 동안의 발전을 중심으로," 『슬라브학보』 22권 2호(2007년), 145-170쪽 외.

8) 김재관, "탈냉전기 중국과 러시아의 권위주의체제에 대한 비교연구," 『아시아문화연구』 제20집(2010년), 137-176쪽.

9) 권위주의화 원인의 하나로 '안보위협'에 주목할 글로는 이홍섭, "러시아 정치체제의 권위주의화; '안보위협' 효과를 중심으로," 『국제지역연구』 제15권 제4호(2012년), 67-94쪽 참조.

례로 들 수 있다. '관리 민주주의(managed democracy)',[10] 조작 민주주의(manipulated democracy), 경쟁적 권위주의(competitive authoritarianism), 관료주의적 준권위주의(bureaucratic quasi-authoritarianism), 선거 독재정(electoral dictatorship), 선거 권위주의(electoral authoritarianism),[11] 위임 민주주의(delegate democracy),[12] 유사-민주주의(para-democracy), 연성 권위주의(soft authoritarianism),[13] 혼합(잡종)체제(hybrid regime)[14] 등이 그것이다. 특성을 집약적으로 표현하는데 '민주주의'와 '권위주의'라는 용어에 특징적 접두 수사어를 첨언하고 있음을 알 수 있다. 다칭(多稱)적 요소가 혼재되어 있는 것이다.[15] 하나로 통일된 용어로 명명하지 못하고 강조되는 특징적 요소를 중심으로 명칭을 만들어 내고 있는 것이다. 하나의 통일된 용어로 규정짓지 못하고 있는 상황은 다양한 특성이 담겨져 있고 아직도 정치체제 변화의 과도기에 놓여 있음을 반증해 준다. 그러나 전체적인 맥락에서 보면 (성숙된) 민주주의와 전형적인 권위주의 그 어느 사

---

10) Stephen K. Wegren & Andrew Konitzer, "Prospects for Managed Democracy in Russia," *Europe-Asia Studies*, Vol. 59, No. 6, September 2007, pp.1025-1047; Petrov Nikolai, Masha Lipman & Henry E. Hale, "Overmanaged Democracy in Russia: Governance Implications of Hybrid Regimes," *Russia and Eurasia Program(Carnegie Papers)*, No. 106, February 2010.

11) Grigorii V. Golosov, "The Regional Roots of Electoral Authoritarianism in Russia," *Europe-Asia Studies*, Vol. 63, No. 4, June 2011, pp.623-639; Cameron Ross, "Regional Elections and Electorial Authoritarianism in Russia," *Europe-Asia Studies*, Vol. 63, No. 4, June 2011, pp.641-661.

12) Henry E. Hale, Michael McFaul & Timothy J. Colton, "Putin and the 'Delegative Democracy' Trap: Evidence from Russia's 2003-2004 Elections," *Post-Soviet Affairs*, Vol. 20, No. 4, 2004, pp.285-319.

13) Lilia Shevtsova, "Putin's Soft Authoritarianism," *Project Syndicate*, April 2004.

14) Luke March, 'Managing Opposition in a Hybrid Regime: Just Russia and Parastatal Opposition," *Slavic Review*, Vol. 68, No. 3, Fall 2009, pp.504-527.

15) 서동주, "푸틴 정치개혁의 특징과 과제," 90-91쪽.

이에 위치하고 있다는 데는 의견의 일치를 보이고 있다. 물론 집권 3기 들어서서 점차 권위주의적 성격을 보다 많이 드러내고 있다는 평가가 주류를 이루고 있다. 반면에 이들 연구에서도 정치체제의 발현요인을 제시하고 이를 토대로 푸틴집권기 전체를 아우르는 통시적 관점에서 특성을 규명한 연구는 찾아보기 힘들다. 주로 시계열적 접근을 활용하면서 개별 주제, 사건, 정치개혁 등에 점을 두고 있다. 이러한 관점에서 이 글은 첫째, 푸틴시기 전체를 총괄적으로 다루고 통시적 접근을 하고 있다는 점에서, 둘째는 발현요인에 대한 검토를 토대로 러시아적 특성을 설명해 보려한다는 점에서, 그리고 푸틴시기 정치체제의 유형을 좀 더 적실성 있는 용어로 명명해 보고 있다는 점에서 의의를 지니고 있다고 본다.

2. 정치체제 유형과 권위주의체제, 準권위주의체제

일반적으로 정치학에서 체계(system)는 분석적 개념(an analytical concept)을 나타내고, 주요 개념, 기능 및 구조를 확인하기 위해 사용된다. 반면에 체제(regime)는 경험적 및 기술적 범주(an empirical and descriptive category)를 나타낸다. 정치체제(political regime)는 '개별적인 제도적 장치(the particular institutional arrangements)'를 의미하며, 이는 '일정한 국가에 있어서 정치적인 제관계가 구성되고 패턴화되며 조직화되는 방식'으로(the manner in which political relationships are structured, patterned, and organized in a given country) 정의된다.[16] 엄밀히 보아 정치체제는 정치체

16) 김강녕, "북한 정치체제의 특성과 딜레마," 『통일전략』 제11권 제2호(2011년), 76-77쪽; Roy C. Macridis, *Modern Political Regimes: Patterns and Institutions* (Boston: Little, Brown and Company, 1986), pp.3-10.

계와 구별되는 개념이나, 여기서는 분석적 개념과 경험적, 기술적 범주 모두를 포괄하는 광의의 정의 개념을 지닌 의미로 사용한다.

보다 구체적으로 정치체제는 국가권력의 조직 방식(집중 혹은 분산), 정부 구성을 위한 정치적 대표 및 경쟁의 조직방식(보장 또는 억압), 시민의 정치참여 방식(참여, 동원, 혹은 탈정치화) 등이 세 가지 차원이 특정한 형태로 상호 연결되고 조직된 제도적 틀을 의미한다.[17] 러시아 정치체제의 변화, 정치체제의 특성도 이 세 가지 측면에서의 상호작용과 구성 형태에 따라 발현된다고 볼 수 있다.

이와 같은 맥락의 연장선에서 다음과 같은 질문을 해 볼 수 있다. 첫째는 국가권력의 조직 방식은 어떠한가? 집중 또는 분산 상태인가? 이다. 둘째는 정부 구성을 위한 정치적 대표 및 경쟁의 조직방식은? 보장 또는 억압 형태인가? 이다. 셋째는 시민의 정치참여 방식은? 참여, 동원 혹은 탈정치화 성격을 띠고 있는가? 이다. 이는 푸틴시기 러시아 정치체제를 탐구함에 있어 나름대로의 분석적 틀을 제공해 준다고 본다. 이에 대한 탐구를 통해 푸틴시기 러시아 정치체제의 특성을 파악할 수 있으며, 그 유형을 범주화시켜 볼 수 있기 때문이다. 이 글에서는 권력구조와 3부 간의 권력관계의 측면; 선거와 정당체계; 국가와 시민사회 관계; 메드베데프 시기의 정치적 유산; 정치체제 유형의 측면 등으로 나눠 푸틴시기 정치체제의 특성을 살펴본다.

한편, 정치체제의 유형과 관련하여 매크리디스(Macridis)는 민주주의체제, 전체주의체제, 권위주의체제 등 3개의 유형을 제시하였다. 이중 권위주의체제의 특징으로 '개인과 모든 사회집단이 추종케 하는 공식적 이데올로기의 존재, 통치 구조를 장악한 조직화된 정치엘리트의 존재, 국가와

---

17) 성경륭, "제3세계 정치체제변동의 역동적 패턴에 관한 연구: 탐색적 사건사분석, 1945-1986,"『한국사회학』제24집(1990년 겨울호), 30쪽.

당에 의한 경제-사회 통제' 등을 꼽았다.[18)]

〈표 1〉 권위주의, 전체주의, 민주주의체제의 유사성과 차이점

	권위주의체제	전체주의체제	민주주의체제
통치구조의 제한	없음	없음	있음 – 多
효율적 책임성	없음	약간(정당)	상당부문 / 많음
통치구조의 조직 국가 관료/군 개인 지도자	 있음 있음 있음	 있음 당휘하 있음(집단지도)	 국가와 국가기관 종속적 선거
정치기관에 의한 사회침투	약함	강함	제한적
지지를 위한 동원	약함	강함	가변적
공식 이데올로기	약함	강함	약함
정당들	있다 해도 약함	단일	많음
경찰, 군, 협박	존재	존재	
개인 권리(보호) 형식 본질	 ? 없음	 있음 없음	 있음 일반적으로 있음

*자료: Roy C. Macridis, *Modern Political Regimes: Patterns and Institutions* (Boston: Little, Brown and Company, 1986), p.15.

린즈(Linz)와 스테판(Stephen)은 비민주주의 통치 유형 분류의 준거의 틀로 '권위주의'를 제시하고 있으며, 이를 구분하는 요소로 다원주의, 이데올로기, 동원화, 리더십을 꼽고 있다. 이에 따르면 권위주의는 다원주의 측면에서 정치적 다원성이 제한되며,[19)] 특정의 이데올로기를 갖고 있

18) 김강녕, "북한 정치체제의 특성과 딜레마," 77쪽.

19) 정치적 다원성에 대한 책임이 존재하지 않는 제한된 정치체제를 의미한다.

지 않다. 또한 동원화의 측면에서 특별한 경우를 제외하고 광범위하고 강제적인 동원화가 없다. 리더십의 경우 법과 제도의 틀 안에서 권력을 행사하며, 국가우위와 군부의 자율성이 확보되어 있다.[20)]

위에서 제시된 권위주의 유형 분류를 그대로 러시아의 사례에 적용하기 힘들다. 통합된 이데올로기, 군부의 자율성 확보 등 세부적인 내용에서 일치되지 않는 점이 나타난다. 이미 언급했듯이 러시아의 정치체제는 (완전한) 민주주의와 전형적인 권위주의 사이에 존재하는 일종의 혼합체제의 모습을 띠고 있다. 이에 푸틴시기의 러시아 정치체제를 유형 분류하는데 있어 정치체제를 '민주주의, 準권위주의, 권위주의의 삼분법'으로[21)] 구분해 분석하는 틀을 활용하는 것이 유용해 보인다.

〈표 2〉 민주주의, 準권위주의, 권위주의 비교

구분	민주주의	준권위주의	권위주의
국가권력 조직 방식	분산	일부 분산	집중
정치적 대표 및 경쟁의 조직 방식	보장	일부 보장	억압
시민의 정치참여 방식	참여	일부 참여	동원
↕			
정당간 경쟁	자유 경쟁	일부 제한	제한
시민적 정치적 자유	보장	일부 제약	제약
선거의 자유 및 공정성	보장	일부 훼손	훼손

20) Juan J. Linz and Alfred Stephen, *Problems of Democratic Transition and Consolidation: Southern Europe, South America and Post-Communist Europe* (Baltimore: Johns Hopkins University Press, 1996), 두진호, "북한의 정치체제 분석: 유형과 경로변화," 『전략연구』 통권 제55호(2012년 7월), 192-193쪽 재인용.

21) 삼분법의 분석적 유용성에 대한 자세한 논의는 오창헌, "혼합체제 확산의 정치체제 분류 및 분석상의 의의," 『한국정치학회보』 제43집 제1호(2009년), 242-245쪽.

이는 자유롭고 경쟁적인 선거의 실시, 정치적 권리와 시민적 자유의 보장, 보통선거권의 확립, 선출된 정부의 실질적 통치력 확보 등의 정치체제 요소를 중심으로 파악하는 것이다. 準권위주의는 "민주주의와 권위주의의 성격을 혼합적으로 가지고 있는 체제"로서 위의 요소들에 부분적으로 중요한 결함이 있는 체제이다. 준권위주의는 민주주의의 최소한의 기준을 충족시키지 못한다는 점에서 민주주의와 구분된다. 반면에 정치적 권리와 자유가 제한적으로 허용되며, 실질적 야당과 경쟁적 선거가 존재한다. 민주적 절차와 제도의 효과적 폐지를 통해 정권의 변화를 원천적으로 차단하려는 전형적인 권위주의와도 구분된다.[22] 뒤에서 살펴보겠지만 푸틴시기 러시아의 정치체제 특성을 모두 포괄하고 있는 개념 정의이다.

이 글에서의 분석 체계도를 정리하면 [그림 1]과 같다. 푸틴시기 정치체제의 발현요인을 살펴보고 권력구조와 3부간의 권력관계의 측면; 선거와 정당체계; 국가와 시민사회 관계; 메드베데프 시기의 정치적 유산; 정치체제 유형 등의 측면에서 각 정치체제의 특성을 도출해 낸다. 이어 여러 분류 기준 중 '특성 종합'을 기준으로 정치체제의 유형을 설명해 보려한다.

22) 오창헌, "제3공화국 정치체제의 유형에 관한 연구," 『한국정치학회보』 제38집 1호 (2004년), 149쪽.

[그림 1] 푸틴형 정치체제 분석 체계도

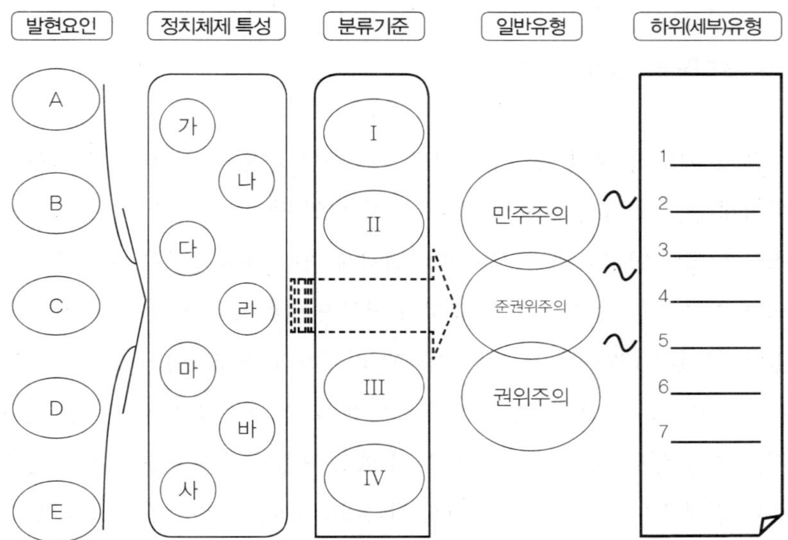

* A(초대통령 헌법체계), B(푸틴의 정치적 리더십), C(국민지지와 권력당의 위상), D(대내외 정치사회환경 및 사건), E(일련의 정치개혁 조치)
* 가(권력의 중앙 집중화와 행정 권력의 우위), 나(푸틴에게로의 권력집중과 실로비키의 존재), 다(절차적 민주주의 정착과 불공정 선거과정 심화), 라(권력당 통합러시아의 패권적 정당체계), 마(강한 국가와 약한 시민사회 고리), 바(관리 다원주의의 맹아적 잠재)
* I(민주성), II(권력양태), III(권력양태), IV(특성 종합)
* 하위유형은 '관리 민주주의', '위임 민주주의', '연성 권위주의', '경쟁적 권위주의', '선거 권위주의' 외

III. 푸틴시기 정치체제 특성의 발현요인

1. 초대통령 헌법체계의 운용

법적, 제도적 요인으로 정치권력 구조와 관련된 논의이다. 한 나라의 헌법체계는 그 나라의 정치문화는 물론 도입 당시의 대내외 정치 환경과 권력 상황이 반영된다. 러시아의 헌법체계 역시 1993년 가을 대통령과 의회간 정치 갈등을 겪은 이후 당시의 정치적 상황이 반영되어 있다 볼 수 있다. 그런데 1993년도 12월에 채택된 러시아의 초대통령 중심제가 푸틴시기 권위주의적 정치체제 성격을 유발했는가? 하는 점에 대해서는 논란의 여지가 있는 것이 사실이다. 이미 옐친 대통령의 시기를 경험하였고, 푸틴 집권 2기를 이은 메드베데프 시기에도 같은 헌법적 권력 구조를 그대로 지니고 있었기 때문이다. 옐친시기, 메드베데프 시기, 푸틴시기 각각의 정치체제는 다소간의 다른 성격을 지니고 있는 것이 사실이다. 따라서 초대통령중심제의 헌법체계가 푸틴시기 정치체제 특성에 영향을 준 직접적인 결정요인은 아니라 볼 수 있다.

반면, 초대통령제의 정치권력이 실제적으로 현실 정치무대에 투영되고 있는 것도 부인할 수 없다. 따라서 국민적 지지와 최고지도자의 리더십, 국정 장악 능력과 정치적 지지 기반의 확충 등이 함께 작용해, 실질적으로 대통령의 권한이 행사되었는가 여부가 중요하다. 푸틴의 경우 초대통령제의 권력구조를 실제로 적용시킨 사례에 해당된다고 볼 수 있다. 국민의 지지가 취약했고, 여대야소의 의회 구조 속에서 옐친은 헌법에 명시된 대통령 권한을 제대로 활용하지 못하고 명목상에 머물렀던 것이다. 역설적으로 이로 인해 옐친시기가 푸틴시기에 비해 상대적으로 더 민주적인 정치체제로 운영되었다는 평가를 받고 있다. 초대통령제 중심제의 헌법 체계는 여타 변수들과 함께 작용하면서 러시아 정치체제의 특성을 결정짓는 간접적 변수에 해당된다하겠다. 간접적으로 국가권력의 조직 방식을 형성하는데 원초적 기반을 제공하고 있는 것이다. 행정부가 의회에 비해 강한 권한을 지니고 있고, 대통령으로의 권력 집중이 이뤄질 수 있는 법적 제도적 토양이 갖춰져 있는 것이다.

2. 푸틴의 정치적 리더십

행위자와 리더십 요인으로 푸틴의 정치적 리더십을 들 수 있다. 이에는 푸틴이 설정한 국가목표, 국정운영 방식, 양태 등이 포함된다. 푸틴의 리더십은 실질적으로 정책 목표를 실현시키고 제반 위기를 극복해 나가는 효율성이 높고 강력한 이미지를 지닌 리더십 유형이다. 관료와 행정 문제에 있어서의 전문성에 기초한 고도의 문제해결 능력 및 중앙집권화된 권력 선호, 충성과 의리를 강조하는 습성 등도 주요한 특징 중의 하나이다.[23] 푸틴 집권기에 내세우고 있는 '강국 러시아의 재건'과 같은 국정목표도 푸틴의 리더십과 연계되어 있다. 또한 국정운영의 방식도 푸틴의 리더십이 반영된 결과라 볼 수 있다. 이를테면 중앙과 지방관계의 재설정, 권력의 수직화, 중앙집권화 도모와 같은 것이 포함된다. 푸틴행정부의 제반정책 추진에는 푸틴의 리더십이 녹아들어 있는 것이다. 푸틴의 리더십하에 드러난 러시아적 특성은 푸틴이즘(putinism)으로 표현되기도 한다. 푸틴이즘은 제한된 정치적 자유, 정치적 반대자의 제거, 더욱 제한된 권위주의 국가, 지방자치의 억제, 정당의 통제와 권력당의 존재, 비경쟁적

23) 서동주, "러시아 푸틴정부의 정치개혁," 155쪽.

선거, 크렘린에 종속된 사법체계 등의 특성을 지닌 것으로 이해되고 있다.[24] 다른 한편으로는 메드베데프의 리더십이 투영된 메드베데프 집권기와의 비교를 통해서도 푸틴의 리더십이 투영된 정치체제의 특성을 도출해 볼 수도 있다.

3. 국민 지지와 권력당의 위상

푸틴의 정치적 기반과 국민의 지지는 푸틴이 정책을 추진하는 힘을 제공한다. 집권 1, 2기 70%를 상회하는 높은 지지는 푸틴이 제반 정치개혁을 추진하는 원동력이 되었다. 반면에 2011년 12월 국가두마 선거 이후 나타난 반정부 시위는 푸틴 집권 3기의 국정운영에 부담감으로 작용하고 있으며, 극복해야 할 과제로 남아 있다.

한편 2000년 집권 이후 점차 권력의 핵심 엘리트로 등장한 실로비키는 푸틴의 권력 기반을 이루었다. 이들은 푸틴이 정치개혁을 추진하는 추동력을 제공하였다.[25] 실로비키의 가치관, 성향 등이 푸틴행정부 정책 전개에 영향을 준 것이다. 또 다른 정치적 지지 기반으로 권력당인 통합러시아를 들 수 있다. 통합러시아는 지배엘리트를 충원하고 의회를 이끌어 나가는 정치 세력으로 집권 여당의 행정부와 의회간 권력관계를 결정지어주는 역할을 하였다. 푸틴기 통합러시아는 옐친기 가이다르가 이끌었던 '러시아의 선택', 체르노미르딘의 '우리집-러시아'와는 의석수, 여야구도 등의 측면에서 차별성을 띠고 있다. 통합러시아는 국가 두마내 다수

24) Stephen K. Wegren ed., *Return to Putin's Russia* (Lanham: Rowman & Littlefield Publisher, Inc., 2013), pp.10-11.

25) 실로비키의 등장배경, 성향, 정치적 역할에 대한 자세한 내용은 서동주, "러시아 푸틴정부의 인맥정치와 실로비키," 『국제문제연구』 제6권 제4호(2006년 겨울), 8-14쪽.

당이었을 뿐만 아니라 국회의원 선거도 성공적으로 치러내 패권적 정당(hegemonic party)의 위상을 차지하고 있다. 푸틴은 제도화 규칙과 안정을 창출해 내는 수단으로 통합러시아를 활용함으로서 과거 소연방공산당과 같은 모습을 떠올리게 하기도 한다.[26] 통합러시아는 권위주의 체제를 형성하고 유지하는 과정을 밝혀줄 수 있는 독립 또는 설명변수로서 중요한 잠재적 가치를 지니고 있다.[27]

4. 대내외 정치사회환경 및 사건

대내외 정치사회환경과 각종 사건들도 푸틴시기 정치체제의 특성을 형성하는데 직간접적 영향을 주었다. 이를테면 1999년 8월에 시작된 제2차 체첸전은 푸틴이 권력의 권좌에 등장하는데 일조하였으며, 2001년 10월 모스크바 근교 극장테러, 2004년 9월 발생한 베슬란 테러사건 역시 푸틴이 강력한 수직 권력체계를 구축하는데 촉발 요인으로 작용하였다. 체첸 독립을 둘러싼 테러의 발생과 이에 대한 대처, 국가안보, 영토통일의 유지 등을 위한 국가권력의 강화 작업이 동시에 진행되었던 것이다.[28]

한편 푸틴 집권 1, 2기 지속되었던 고유가의 에너지 가격과 그 혜택은 경제적 환경으로 푸틴의 국민 지지 획득에 기여하였다. 푸틴 집권기 7%의 성장을 구가하는 '석유국가(petrostate)'의 모습도 이와 연계되어 있다. 2011년 국가두마 선거 이후 보여준 반푸틴 시위에서 보듯, 중산층의 증대

---

26) Sean P. Roberts, *Putin's United Russia Party* (New York: Routledge, 2012), pp.3-4.

27) *Ibid.*, pp. 8-9.

28) Ronald J. Hill, "The Putin Era," in Graeme Gill and James Young (eds.) *Routledge Handbook of Russian Politics and Society* (London and New York: Routledge, 2012), p.15.

와 시민의식의 확산은 앞으로 어떻게 전개되고 대처하느냐에 따라 정치체제 특성에 변화를 가져올 잠재성을 내포하고 있다.

그루지야의 장미혁명(2003.11), 우크라이나의 오렌지혁명(2004), 키르기스스탄에서 발생한 튤립혁명(2005) 등 일련의 소연방구성공화국에서 발생한 색깔혁명도 러시아의 대내 정치체제 특성 발현에 영향을 주었다. 푸틴정부는 서방측의 인권과 민주주의에 대한 부정적인 평가를 의식하고 있으며, 이에 대해 나름대로의 대처를 해나가고 있다. 대표적인 것이 수르코프가 주창한 '주권 민주주의'이다. 서방으로부터의 간섭을 배제하고, 러시아 나름의 역사, 문화, 전통의 토대위에 러시아적 민주주의를 가꾸어가고 있다고 주장하고 있는 것이다. 최근 미·러간 갈등이 증폭되는 상황에서 보듯,[29] 국가 간 대외정책을 둘러싼 갈등, 협력과 같은 상황도 대내정치와 정책에 영향을 미치고 있다.

5. 일련의 정치개혁 조치

끝으로 푸틴시기 추진된 일련의 정치개혁 조치들이다. 푸틴은 집권 직후인 2000년 5월 바로 연방 7개관구제도를 도입하고 대통령전권대표를 파견하였다. 지방에 대한 중앙의 권력 강화 조치를 취한 것이다. 또한 동년 8월에는 상원구성법을 제정하였다. 일련의 정치개혁 조치를 통해 중앙집권적 권력구조로의 개편을 시도하였다. 이밖에도 푸틴은 집권 1기 동안 법의 질서 확립 및 사회정화 조치 강화, 정당체제와 정치체제의 재

29) 최근 미·러는 마그니츠법, 디마 야코블레프법, NGO법, 동성애반대법 등 인권을 둘러싼 상호 공방전속에 갈등을 유발하는 입법 전쟁을 치르고 있다.

편, 관료-행정조직 개편, 언론개혁, 사법개혁을 추진하였다.[30] 이러한 정책의 추진은 제반 파급영향을 낳으면서 푸틴시기 정치체제의 특성을 드러내게 된다.

이상의 발현요인들은 시기별로 대내외 정치사회환경(상황)속에서 상호작용하면서 푸틴시기의 정치체제 특성을 나타내주고 있다하겠다. 물론 더욱 더 세부적으로 구분해 요인들을 추가할 수도 있으나 여기서는 위의 다섯 가지로 단순화하였다. 여기서는 각 시기별로 제요인들이 미치는 영향 정도와 이들 간의 상호작용 흐름도 등은 다루지 못하였으며 이는 이 글이 지닌 한계이기도 하다.

IV. 푸틴시기 정치체제의 특성

1. 권력의 중앙 집중화와 행정 권력의 우위

먼저 권력의 중앙 집중화와 행정 권력의 우위이다. 이는 권력구조와 3부 간의 권력관계 측면에서 나타나는 푸틴시기 정치체제의 특성이다. 즉 푸틴시기 정치체제는 권력이 중앙 집중화되어 있고, 행정부가 여타 사법부와 입법부에 비해 상대적으로 강한 권한을 행사하고 있다. 헌법 체계상 러시아는 3권 분립을 지닌 헌정국가이자[31] 법의 지배를 공언하고 있는

30) 각 부문별 정치개혁의 주요내용은 서동주, "러시아 푸틴정부의 정치개혁," 159-160쪽 참조.

31) 러시아 헌법 제10조는 '러시아연방에 있어서의 국가권력은 입법권, 집행권, 사법권의 권력분립에 기초하여 행사된다. 입법, 집행, 사법기관은 독립적이다'라고 규정해 3권 분립 국가임을 보여주고 있다.

민주국가이기도하다. 그러나 실제에 있어서는 다른 모습을 보이고 있다. 의회의 행정부에의 종속화와 사법부의 취약성이 드러났으며, 2003년 10월 호도로프스키(Ходоровский)가 구속된 유코스 사례에서 보듯 법의 지배가 정치적 권위에 의해 휘둘리는 경우도 발생했다. 헌법의 정통성을 부인하지 않지만, 실제에 있어서는 헌법 정신을 훼손하는 상황이 나타나고 있는 것이다. 사콰 교수는 러시아에서 법의 지배가 취약함을 지적하고 이를 푸틴의 준헌정주의(Putin's para-constitutionalism)로 표현하고 있다. 그러면서 러시아는 특권과 진정한 헌정국가(constitutional state) 사이의 회색지대에 놓여 있다고 지적한다.[32)]

푸틴은 집권 초기부터 새로운 제도 도입을 통한 정치개혁을 추진해 나가면서 권력수직화 작업을 가속화시켜 나갔다. 2000년 5월 대통령전권제도를 도입하고 7개 관구에 대통령전권대표를 중앙에서 직접 파견해 지방통치를 관할하도록 하였다. 이어 8월에는 상원구성법을 통과시켰으며, 중앙과 지방정부간의 관계도 재조정해 나갔다.

대통령 전권대표제도의 도입은 지역문제를 중앙에서 해결한다는 의미도 담고 있었지만, 지방권력의 약화를 도모하는 것이었다. 대통령은 전권대표를 중앙에서 파견하고 실로비키 등 자신의 심복을 임명함으로써 중앙의 지방에 대한 통제를 직접화시켰다. 옐친시기 지방에 대한 중앙정부의 통제가 약화되었던 것과는 다른 권력 재분배 구도를 낳았다. 이 제도는 현재도 지속되고 있다. 오히려 2010년 1월 북코카서스 대통령 전권대표 지구를 창설하고 알렉산더 크로포닌을 임명하는 등 강화되고 제도적으로 정착된 모습을 보이고 있다.[33)]

---

32) Richard Sakwa, "Political leadership," in Stephen K. Wegren (ed.) *Return to Putin's Russia*, p.27.

33) 전권대표의 기능과 실제운영 상황에 대한 자세한 내용은, Nikolai Petrov and Darrell

지방정부 수장과 의장이 당연직으로 상원을 구성하던 것을 바꾼 상원 구성법 역시 지방정부의 권력 약화를 가져왔다. 결과적으로 지방지도자들의 면책 특권을 박탈하는 효과를 가져왔으며, 대통령에게 충성하는 인물로 구성되게 됨으로써 상원이 행정 권력에 복속화되는 경향을 띠게 되었다. 푸틴이 추진한 권력수직화 작업의 하나로 이 역시 중앙의 지방에 대한 지배력을 높이게 되었다. 이후 2009년 메드베데프 대통령은 상원의원을 지방의회에서 선출하도록 하는 내용으로 상원구성법을 재개정하였다. 그렇지만 내부적으로 대통령의 상원에 대한 장악력은 여전히 지속되었다. 의회에 대한 행정 권력의 우위는 대통령의 특권을 인정하고, 반대세력을 제어하는데 수단으로 작용하게 된다.

또한 푸틴은 중앙과 지방관계를 재정립함으로써 중앙의 권력 우위 상태를 이끌어냈다. 2000년 7월 '지방입법 및 행정기관 구성법'을 제정하고 이후 여러 차례 개정을 거듭하였다. 또한 '연방정부 기관의 지위에 관한 법', '지방자치법' 개정을 통해 연방정부의 권력을 강화시켰으며, 행정구역도 축소·통합하는 방향으로 정리해 나갔다. 2000년까지 89개였던 연방구성체가 2008년까지 83개로 축소되었다. 또한 2004년 12월에는 주지사 임명제를 도입하였으며, 이는 지방의 중앙에 대한 종속을 심화시켰으며, 결과적으로 지방권력을 약화하는데 기여하였다. 위와 같은 일련의 정치개혁을 푸틴과 대통령행정실이 주도함으로써 크렘린이 권력의 핵심으로 자리매김하게 되었다.

이밖에도 국가두마와 대통령 선거법 개정을 통한 선거제도의 변화 및 정당관련 법안의 개정도 이루어졌다. 국가두마선거의 경우 직접선거로 뽑는 지역대표제를 폐지하고, 전체를 정당명부대표제로 전환시켰다. 그

Slider, "Regional Politics," in Stephen K. Wegren (ed.), *Ibid.*, pp.70-72 참조.

리고 의석을 확보할 수 있는 비례대표 배분 득표율도 기존 5%에서 7%로 상향조정되었다. 이 제도는 2007년 선거부터 적용되었으며 통합러시아, 러시아 공산당, 자유민주당, 정의당 등 4개의 정당만이 의회에 진출하게 되었다. 통합러시아를 지원하는 한편 정당들의 난립을 막는다는 취지를 담고 있었으며, 결과적으로 개혁 성향을 지닌 정치 세력들의 원내 진출이 어렵게 되었다. '통합러시아'의 독주 등 의회가 대통령을 견제하는데 한계를 나타냄으로써 선거법의 개정도 권력의 중앙집권화에 일조한 셈이다. 정당법의 개정도 정당 설립 요건을 강화하는 방향으로 이뤄졌다.[34] 이는 새로운 정당 설립에 장애요인으로 작용하였으며, 법무부 등록제 등을 통해 정당이 중앙권력에 의해 관리·조정될 수 있는 여지도 담고 있었다. 2000년 9월 설치된 국가평의회의와 2007년 2월 이뤄진 국가반테러위원회의 구성 등도 행정 권력이 강화되는데 기여하였다.

2. 푸틴에게로의 권력 집중과 '실로비키'의 존재

권력집중화와 연계되어 나타나는 특징으로 시간이 지날수록 '푸틴' 개인에게로의 권력이 집중되는 경향을 들 수 있다. 푸틴시기 정치체제가 권력집중화라는 특징을 띠게 된 핵심에는 푸틴이 있다. 푸틴은 대통령으로서, 일종의 정치개혁과 제도 도입을 통해 권력집중화를 꾀해 나갔던 것이다. 그런데 시간이 흐름에 따라 '푸틴에게'로의 권력 집중이 더욱 심화되는 경향을 띠게 된다. 푸틴이 권력을 중앙집중화시켜 나간 데는 나름 이유가 있어 보인다. 2000년 5월 대통령에 취임했을 당시 푸틴정부의 최대

34) 2004년 12월 20일 개정된 정당법에는 정당설립 요건을 50,000명 이상 등록하고 행정단위 1/2 이상에서 500명, 나머지도 250명 이상의 서명을 취득하도록 하였다.

목표는 1998년 모라토리엄 선언 등 어려움을 겪고 있던 경제를 회생시키고, 러시아를 '강국'으로 재건시키는 것이었다. 옐친집권기 겪었던 정치적 불안정을 극복하고 정책효율성을 높이기 위해서는 권력집중이 긴요하다고 여긴 것 같다. 또한 1999년 12월 국가두마 선거에서 '단합 / 곰'이 선전하고 이후 여대야소를 이끌어 냄으로써 정국을 주도할 힘을 가지게 된 것도 추진배경으로 작용하였다고 본다.

2003년 12월 국가두마 선거에서 통합러시아 당이 압도적 승리를 거둔 이후, 의회는 대통령에 대한 견제를 하지 못하고, 푸틴의 통제 하에 놓이게 된다. 옐친 때부터 러시아 대통령은 특정 정당에 속하지 않았으며, 푸틴 역시 그러한 자세를 유지해왔다. 그러나 2007년 10월 통합러시아 당 명부에 등재하고, 2008년 4월에 당의장에 취임하게 된다. 비록 푸틴이 집권 2기를 마치고 대통령직에서 물러나지만 권력당으로 의회의 다수를 차지한 통합러시아 당을 이끌게 됨으로써 실질적인 의회 권력도 푸틴에게 귀속되는 효과를 지녔던 것이다. '중앙정부, 대통령, 행정부, 푸틴에게'로의 권력집중화는 집권 1, 2기 러시아 정치체제의 특성 중의 하나라 볼 수 있다.

메드베데프 집권기와 푸틴 3기에 들어서서 권력집중화 조치는 제도적 측면에서 다소 완화되는 모습을 보이고 있다. 정당의 설립 요건을 완화시키는 정당법이 개정되었으며,[35] 주지사 임명제도 직접선거제로 바뀌었다.[36] 메드베데프 집권기 공언한 정당과 비정부기구 활동 활성화 등과 함

35) 정당 설립 요건이 기존의 45,000명에 500명으로 대폭 완화되었다. http://en.ria.ru/russia/20120215/171321579.html(검색일: 2013.10.7)

36) 다시 부활된 주지사 직접 선거는 2012년 10월 14일 아무르, 벨고로드, 노브고로드, 브리얀스크 등 4군데에서 치러졌다. 지방정부 수장을 직접 선거로 선출하는 것은 중앙의 지방에 대한 통제권 약화와 지방자치권 강화를 가져올 수 있어 향후 향배가 주목된다.

께, 2011년 총선 이후 발생한 부정선거 시위 등이 일정정도 영향을 끼쳤다 볼 수 있다. 그러나 권력의 중앙집중화, 의회의 행정부에의 종속화, 푸틴 대통령 1인에게로의 권력 쏠림 현상은 아직도 지속되고 있다고 평가된다.

한편, 지배엘리트로서의 '실로비키'의 존재와 활동도 푸틴시기 정치체제의 특징으로 꼽을 수 있다. 실로비키는 푸틴을 지원하는 정치적 지지세력이자, 권력 중추부에 자리 잡고 있으며 러시아를 이끌어가는 핵심 세력이다. 실로비키는 푸틴의 등장과 함께 부각되었으며, 이들의 신념, 정책 성향과 활동, 정치적 역할 등이 푸틴의 정치체제 전반에 영향을 끼치고 있다.[37] 소위 러시아의 정치체제가 '관리 민주주의(managed democracy)'로 불리는 것도 실로비키와의 연계 속에서 이뤄진 것이다. 실로비키는 애국심이 강하며 국가에 대한 충성도가 높은 것으로 알려져 있다. 시민사회보다는 국가의 역할을 중시하고, 국가자본주의를 선호하는 정책 성향을 지니고 있다. 이들은 대통령행정실, 내각, 국가안보회의, 통합러시아, 대통령전권대표, 주요 국영기업체 등에 골고루 포진해 있다. 실로비키는 푸틴시기 러시아 통치구조를 실질적으로 장악한 지배엘리트라 볼 수 있다. 메드베데프 집권기 그를 지원했던 자유주의 성향의 시빌리키(Сивилики)와도 대비된다. 전체적으로 보아 실로비키는 푸틴시기 정치체제가 민주주의적 요소 보다는 권위주의적 성격을 띠도록 하는데 영향을 끼치고 있다고 본다. 또한 실로비키 존재 자체도 러시아 정치체제가 일정 부문 권위주의체제 모습을 지니고 있음을 반증해 준다.

37) 푸틴시기 권력엘리트의 분열과 결속에 대한 자세한 내용은 고상두, "푸틴시대 러시아 권력엘리트의 교체," 110-114쪽 참조.

3. 절차적 민주주의 정착과 불공정 선거과정 심화

선거와 정당체계의 측면에서의 정치체제 특성 규명은 민주성의 평가와 연계되어 있다. 러시아는 1999년 국가두마 선거를 포함해 푸틴정부 들어서서도 국가두마와 대통령 선거가 모두 예정대로 치러졌다. 즉 국가두마 선거는 1993년, 1995년, 1999년, 2003년, 2007년, 2011년에, 대통령 선거는 1996년, 2000년, 2004년, 2008년, 2012년에 치러졌다. 각종 선거가 제정된 법적, 제도적 규율과 절차에 따라 예정대로 실시된 것이다. 또한 중앙선거관리위원회를 비롯한 민주적 절차를 다루는 공식기관이 존재하고, 선거의 규칙성, 정례성도 갖추고 있는 것으로 평가된다. 비록 선거의 공정성 여부에 대해 논란이 있지만 법적 정당성의 확보 측면에서 보아 절차적 민주주의가 어느 정도 정착되었다고 볼 수 있다. 이제 2008년 부분 헌법개정을 통해 대통령과 국가두마 의원의 임기가 바뀌어 1995년부터 지속되어 온 국가두마 선거-대통령 선거주기에 변화가 생겼다.[38] 그러나 축적된 경험과 이미 제정된 법적 기반을 토대로 다음 선거가 언제 치러질 것인지 예견할 수 있는 것이다.

반면에 푸틴시기 러시아 정치체제는 시간이 흐를수록 선거의 불공정성이 심화되는 추세를 보이고 있다. 먼저 정당법 개정을 통해 소수정당이 경쟁하기 힘든 환경이 만들어졌다. 정당법의 개정은 권력의 집중화라는 의미도 있지만, 경쟁적인 선거 구조를 약화시키는 데도 일조하였다. 무엇보다 정당 설립이 어렵게 됨으로써 살아 생존하기 힘들게 되었고, 그 수 또한 점차 축소되어 나갔다. 2003년에 40개에 이르렀던 정당이 2006년 1

---

38) 러시아 국가두마-대통령 선거는 〈1995-1996〉, 〈1999-2000〉, 〈2003-2004〉, 〈2007-2008〉, 〈2011-2012〉 선거주기를 가졌다. 반면 이들의 임기가 각각 5년, 6년으로 바뀜에 따라 다음 선거는 각각 2016년, 2018년에 치러질 예정이다.

월에는 33개로, 그리고 2008년 9월에는 단지 14개 정당만이 남아있게 되었다. 또한 법무부에의 등록제는 유무형의 행정 권력이 개입할 수 있는 여지를 만들어 주었다.[39)] 현실적으로 반대 정당에 대해서는 선거 명부 서명 무효화, 행정 위반사항 지적 등으로 제재가 가능하였던 것이다. 행정자원이 용이하게 동원될 수 있는 상황이 연출되었고, 선거와 선거과정에서의 불공정성도 높아진 것이다.

또한 과거 러시아 선거를 감시하기 위해 파견되었던 국제선거감시단의 평가를 비교해 보면 1999년에 비해 2003년도와 2007년에는 선거의 불공정성이 더 커졌다. 국제선거감시단은 1999년도 국가두마 선거에 대해 비교적 긍정적으로 평가하였다.[40)] 다만 루시코프(Лужков)를 견제하려는 배경 속에 상호 비방과 폭로전이 심화된 점이 오점으로 남았다. 2003년도 국가두마 선거에 대해 국제선거감시단은 과도한 관건 개입과 통합러시아에 대한 편향된 선거보도 등 불공정성이 대두된 것으로 평가하였다.[41)] 2007년도에는 러시아가 국제선거감시단의 파견을 70명으로 제한하였으며, OSCE는 이에 항의해 불참하였다.[42)] 선거감시단의 활동 제약 속에 선거과정과 결과의 객관성을 파악하기 힘들었으며, 미디어의 독점 등 선거과정의 불공정성이 여전한 것으로 평가되었다.[43)] 시민적 자유에 부분적

---

39) 2007년 1월 1일 새로운 정당법이 법적 효력을 발휘하면서 16개 정당이 무효화되었다.

40) OSCE ODIHR, *Russian Federation Elections to the State Duma 19 December 1999 Final Report* (Warsaw: 13 Feb. 2000), pp.1-37.

41) OSCE는 선거 모니터를 위해 400여명의 옵저버 팀을 파견하였다. OSCE ODIHR, *Russian Federation Elections to the State Duma: OSCE/ODIHR Election Observation Mission Report* (Warsaw: 27 Jan. 2004), pp.1-28.

42) http://www.themoscowtimes.com/news/article/osce-body-cancels-vote-monitors/192861.html(검색일: 2007.11.19)

43) http://www.themoscowtimes.com/sitemap/free/2007/12/article/observers-voters-see-violations/351943.html(검색일: 2007.12.3)

제한이 나타난 것도 부인할 수 없다. 특히 2011년의 경우 관건 개입을 비롯한 각종의 부정선거가 만연된 것으로 평가되었다.[44] 구체적인 사례로 사전 기표한 용지 무더기 투표, 유령유권자, 여러 투표소 돌며 투표, 투표권 없는 이주민의 유권자 둔갑, 투표 후 득표율 조작, 야당 참관인 등의 감시 활동 방해 등을 꼽을 수 있다.[45] 이에 항의해 12월 10일에는 소연방 붕괴 이후 최대 규모의 반정부 항의 시위가 모스크바, 상트페테르부르크 지역에서 발생하였다. 이러한 여파 속에 2012년 3월에 치러진 대통령 선거에서는 감시카메라 20만대를 설치하고 대규모의 선거감시위원단 활동도 받아들이는[46] 등 선거의 불공정성 지적을 불식시키기 위해 노력하기도 하였다. 전체적으로 선거 자체를 무효화할 수 있는 수준은 아니지만, 시간이 흐를수록 선거의 공정성이 훼손되고 이에 대한 국민적 저항도 커져가는 양상을 띠고 있다.

4. '권력당' 통합러시아의 패권적 정당체계

다음 특성은 권력당(party of power)으로 통합러시아의 창설과 일점반 패권정당체계의 출현이다. 푸틴은 통합러시아당의 창설을 통해 지배엘리트를 충원 관리할 수 있었으며 중앙과 지방의 의회를 동시에 통제할 수 있는 정치체제를 구축하였던 것이다.

러시아에서 권력당은 옐친집권기에서부터 내려오는 유산이기도 하였다. 즉 가이다르(Гайдар)의 '러시아의 선택', 체르노미르딘(Черномырдин)

44) 유럽의 watchdog 350명을 포함해 700여명의 외국 옵저버가 참관하였으며, OECE와 유럽위원회는 "부분적으로만 자유롭고 공정했다"라고 평가하였다.

45) 『동아일보』, 2001년 12월 8일.

46) 660명의 국제감시단과 골로스(ГОЛОС) 감시단 2,500여명이 활약하였다.

의 '우리집-러시아'와 같이 대통령의 인맥과 의지가 연계된 것이었다. 그렇지만 통합러시아당은 이전의 권력당에 비해 다른 점이 있었다. 먼저 옐친기와 달리 처음으로 의회에서 여대야소 상황을 이끌어내 푸틴이 정국을 주도해 나가는데 도움을 주었다. 1999년 선거에서 통합러시아의 전신인 '단합 / 곰'은 급조되었음에도 불구하고 23.3%의 지지를 얻어 러시아연방공산당의 24.3%에 이어 2위를 차지하였다. 의석수도 73석으로 공산당의 114석에 이어 2위를 차지하였다. 비록 러시아공산당은 득표율에서 1위를 차지하였지만 1995년 157석을 얻은 것에 비해 크게 후퇴되었다. 반면 '단결 / 곰'은 선거 후 푸틴을 지지하는 범여권 세력을 규합해[47] 여소야대의 구도를 만들어 내었던 것이다. 2001년 4월 단합당과 조국당은 통합을 선언하고, 조국-전러시아 연합, 인민대의원그룹, 러시아지역 등 범여권 정파가 정당연합을 결성하기로 합의하였다.[48] 전국 정당인 통합러시아가 러시아 정치에 주행위자로 등장하면서 푸틴시기의 지배적인 권력정치가 등장하게 된다.[49] 이후 치러진 선거에서 통합러시아는 1위를 차지하는 가운데 여소야대의 의회 구도를 지속시켜나가게 된다. 이전과 달리 짧은 기간 내 몰락하지 않고 권력당의 위상을 견지해 나갔던 것이다.

47) 2001년 1월 개원시 무소속이 주축이 된 '인민대의원그룹'(57명)과 '러시아지역그룹'(47명)이 원내교섭단체로 구성되었으며, 이들은 푸틴을 지지하는 범여권 세력에 포함되었다.

48) 통합러시아의 성격, 내용에 대해서는 Eric Shiraev, *Russian Government and Politics* (New York: Palgrave macmillan, 2010), pp. 162-163 참조.

49) Sean P. Roberts, *Putin's United Russia Party*, p.1.

〈표 3〉 선거별 통합러시아 의석수와 점유율

연도	1999년	2003년	2007년	2011년
지지율(%)	23.3	37.57	64.30	49.32
의석 수(비례/지역구)	73(64/9)	223(120/103)	315	238
전체의석 대비 비율(5)	16.2	49.6	70	52.9

*자료: 러시아중앙선거관리위원회(www.cikrf.ru)의 국가두마 선거결과 자료를 참조로 필자가 편집

특히, 국가두마의원 모두를 정당비례대표제로 뽑았던 2007년 선거에서는 315석을 차지해 압도적 우위를 나타내었다. 헌법 개정은 물론 푸틴행정부가 발의하는 모든 법안을 통과시킬 수 있는 패권 정당체계를 구축하였다.[50] 정당정치에 있어 패권적 독재가 가능한 수준에까지 이르렀다.[51]

푸틴이 통합러시아에 대해 지배적인 영향력을 행사하는 구도 하에서 통합러시아가 독주하는 패권 정당체계의 성립은 푸틴의 권력 기반을 강화시켜 주었다. 이를테면 통합러시아는 2007년 선거시 83개 지역행정구역 중 65개 지역에 출마시키는 등 의회 내 지배엘리트를 충원하는 역할을 충실히 수행하였던 것이다. 다른 한편으로는 의회의 행정부에의 종속화를 가져오고 권위주의적 정치체제 특성을 띠는데도 일조하였다. 권위주의 체제에서 지배정당은 행정 권력을 위한 유용한 수단이 될 수 있다.[52] 통합러시아당은 푸틴 대통령이 제안한 모든 법안을 통과시킬 수 있

50) 푸틴기 러시아 정당체계는 경쟁적 구도를 탈피한 1950~60년대 멕시코의 정당체계와 유사하다고 평가되기도 한다. Thomas Remington, "Parliament and the Dominant Party Regime," in Stephen K. Wegren ed., *Return to Putin's Russia*, p.46.

51) 패권적 정당 독재(hegemonic party autocracy)는 경쟁적 선거가 허용된 가운데 여당에 의해 지배되는 레짐이다. 물론 야당이 존재하지만 그 세력이 미약한 상태로 여당이 거의 권력을 독점해 운영해 나간다. Sean P. Roberts, *Putin's United Russia Party*, pp.3-4.

52) Thomas F. Remington, *Parliament and the Dominant Party Regime*, p.53.

었으며, 반대당을 제어하는 역할도 수행할 수 있었다. 푸틴은 통합러시아 통제가 가능하고,[53] 통합러시아는 의회 내 지배구도를 구축함으로써 자연스레 의회가 행정부에 종속되는 모습을 띠었던 것이다. 러시아 정치체제를 소위 '행정 민주주의(Administrative democracy)'로 일컫게 된 이유이기도 하다. 의회의 이러한 위상은 다시 정치체제가 권위주의 성격을 띠도록 하였고, 정당체계의 취약성도 보여주었다. 패권적 정당체제를 갖추었음에도 불구하고, 실제로 러시아 정당체계는 약하였다. 자생적인 기반을 갖추었다기보다는 푸틴과 지배적인 권력에의 의존도가 심하였다. 패권적 정당체제는 푸틴시기 정치체제의 권위주의 특성 발현에 있어 상호 영향을 주고받고 있다하겠다. 통합러시아는 권위주의 체제를 형성하고 유지하는 과정을 밝혀줄 수 있는 독립 또는 설명 변수로서 중요한 잠재적 가치를 지니고 있다.[54]

5. 강한 국가와 약한 시민사회 고리: '취약한 시민사회 역할과 활동'

번성하는 시민사회는 민주정치제도의 성장과 공고화에 호의적인 영향력을 미치며, 일반적으로 민주 정치체제를 지지하는 구조들(structures)의 중요한 부문으로 간주된다.[55] 표현의 자유, 언론의 자유, 시민단체 활동의 자유 등은 시민사회 번성의 필수 요건들로 간주된다. 러시아 정치체제를 민주주의 실행과 연계시켜 볼 때 가장 취약점을 보이고 있는 부문이

53) 2008년 4월 15일 제9차 통합러시아 전당대회에서 푸틴은 당지도자로 확정되었으며, 강력한 영향력을 가진 전임 대통령과 권력당 사이의 연결을 공식화하였다.

54) Sean p. Roberts, *Putin's United Russia Party*, pp.8-9.

55) Afled B. Evans Jr., "Civil Society and Protest," in Stephen K. Wegren (ed.), *Return to Putin's Russia*, p.103.

기도 하다. 즉 푸틴시기 러시아 정치체제에서 국가와 시민사회의 관계는 억압 내지 통제, 관리의 성격이 두드러진다. 언론이 국가 권력의 통제를 받고 있으며, 시민사회의 활동도 제한되어 있고 취약하다.

푸틴시기 러시아 언론은 정부의 주도와 통제·관리, 정치적 반대자의 탄압 등 자유롭지 않은 상태인 것으로 평가되고 있다. 푸틴은 집권 초기 미디어 재벌들을 제거하면서 관영 언론을 만들어 냈다. 올리가르히(Олигархи) 제거라는 측면에서 국민적 지지를 받았지만, 언론의 다양성. 이 훼손되고 주요 언론 매체가 국영화되는 과정을 밟게 되었다. 구신스키(Гусинский)의[56] 메디아-모스트(Медиа-Мост)는 2001년 봄에 해체되어 가스프롬에 병합되었고, 베레좁스키(Березовский)의 ORT(ОРТ), TV-6(ТВ-6)도 넘어가게 되었다. 2004년까지 연방 TV 채널 3개가 행정부의 휘하에 들어갔으며, 1TV(Первый канал), Rossiia(Россия), NTV(НТВ) 등은 크렘린의 정치적 목적을 위한 대중 인식과 여론 관리에 활용되는 측면이 있었다. 선거에서의 여당에 대한 지지 활동이나, 테러와 사회적 불안을 가져온 사건들에 대한 보도에 있어서도 크렘린의 의중이 반영되게 된 것이다. 체첸전에서의 인권문제를 둘러싼 갈등과 논쟁, 반정부 보도를 한 기자들의 의문사 등도 언론에 대한 러시아적 분위기를 반영해주었다.

푸틴시기 시민단체의 위상과 활동 상황은 푸틴의 이에 대한 인식에서 찾아 볼 수 있다. 즉 푸틴은 기본적으로 시민사회 내 각종 사회단체들의 활동에 대해 회의적인 시각을 지니고 있는 것으로 보인다. 시민사회보다는 국가에 더 큰 방점이 놓여 있는 것이다. 특히 푸틴은 외국으로부터 재정지원을 받는 NGO에 대해 비판적 입장을 보이고 있다. 대외적으로

56) 메디아-모스트 회장이었던 구신스키는 NTV(НТВ), 시보드냐(Сегодня), 에호 모스크비(ЭХО Москвы), 1995년 창설된 주간지 이토기(Итоги) 등을 소유하였다. 1999년 선거 당시 NTV는 '단결 / 곰'을 지원하지 않았다.

2003년 그루지야 '장미혁명', 2004년 우크라이나 '오렌지혁명', 2005년 키르기스스탄 '레몬혁명' 등의 영향도 무시할 수 없다. 서방측 지원에 의한 민주혁명이 발생한 것으로 이해하였던 것이다. 대내적으로 '주권 민주주의' 주장이 대두된 연유이기도 하다. 2006년 NGO를 규제하는 법안이 제정되었으며, 이후 점차 활동을 제약하는 방향으로 개정되어 나갔다. 2012년 6월에는 미국이 제정한 마그니츠키법에 대응해 NGO의 등록 요건을 강화하고 활동을 규제하는 NGO법으로 개정하였다.

이밖에도 푸틴은 친정부 성향의 청년조직인 나쉬(Наши)를 조직해 운영하였으며,[57] 국가와 사회를 연결하려는 매개체로서 별도의 조직인 Public Chamber를 2004년 9월 창설해 운영하였다. 정치체제의 의사표출 기능, 즉 시민들의 의견을 직접 수렴하는 매개체로 활용하는 것이었다. 자유롭고 다양성 있는 것에 맡기기보다는 인위적으로 주도하려는 모습을 보였던 것이다. NGO들의 반정부 내지 정부에 비판적인 의사 표출을 제어하는 의도가 담겨져 있었다.

대체적으로 푸틴은 시민사회의 활동과 역할에 대해 회의적인 시각을 지니고 있으며, 특히 NGO들의 활동을 제약하려는 노력을 펼쳐왔다. 이의 영향 속에 시민사회의 자율성과 독립성은 크게 훼손되었다고 볼 수 있다. 러시아 정치체제의 민주성과 관련해 표현의 자유, 언론의 자유, 시민활동의 자유 등의 측면에서 낮게 평가받는 이유이기도 하다. 러시아는 강한 국가와 약한 시민사회가 고리처럼 연결되어 있으며, 취약한 시민사회 역할과 활동은 푸틴시기 정치체제의 특성으로 나타나고 있다 하겠다.

---

57) 자세한 내용은 http://en.wikipedia.org/wiki/Nashi_(youth_movement)(검색일:2013.10.7) 참조.

6. '관리 다원주의'의 맹아적 잠재

메드베데프 집권기는 푸틴 집권 1, 2기와 비교해 다소간의 차이점을 지니고 있다. 무엇보다 리더십의 차이를 꼽을 수 있다. 메드베데프는 푸틴에 비해 자유주의적 성향을 지녔고, 다원주의적 입장을 선호하였다. 다음은 정치적 지지 세력으로 지배엘리트의 차이이다. 메드베데프의 권력을 지지하고 후원했던 세력은 소위 시빌리키로 불리는 자유주의적 개혁 성향의 인사들이었다.[58] 그러나 이들은 실로비키의 권세에 크게 도전하지 못하였고 독자적인 정치세력을 구축하지도 못하였다. 넓게는 푸틴의 권력 울타리에 머물렀던 것이다. 또한 메드베데프의 권력 기반이 취약한 점도 차이점에 해당된다. 푸틴이 실세 총리로 있고, 통합러시아 당의장으로 의회 권력도 장악하고 있는 상황 하에서 메드베드프가 실질적인 대통령 권한을 전부 행사하는 데는 태생적이고 권력 구조상의 한계를 지니고 있었던 것이다. 푸틴에게 의존하고 그의 의지와 결정에 좌우될 수밖에 없었다.

그럼에도 불구하고 메드베데프는 푸틴 집권 1, 2기와는 달리 차별성을 지닌 정치개혁을 시도하기도 하였다. 비록 정치개혁 추진에 한계를 지녔지만, 메드베데프는 논문 발표와 연례교서, 각종 개혁정책 추진을 통해 러시아를 보다 다양성 있는 자유민주주의적 모습으로 이끌어 가고자 하였다.

2009년 9월 메드베데프는 '전진 러시아'라는 논문을 발표하였다.[59] 메드베데프가 국민들에게 금융위기 상황을 극복하고 앞으로 러시아가 나아

58) 엘비라 나비울리나, 안톤 이바노프, 레오니드 레이만, 게르만 그레프를 비롯한 전략연구센터(CSR) 구성원과 현대발전연구소의 이고리 유르겐스가 대표적인 인물로 꼽힌다.

59) http://en.news.kremlin.ru/news/298/print(검색일: 2013.10.19)

갈 방향과 미래 비전을 제시한 글이었다. 여기서 그는 '러시아 민주주의와 신경제 수립의 현대화' 등 "현대화" 개념을 전면에 내세우고, 민주주의 발전, 정치체제 개혁, 정당정치 활성화 등을 강조하였다. 푸틴과 차별성을 나타내고 메드베데프의 독자성을 일정정도 보여준 것이었다.[60] 이어 2009년 11월 연례교서를 통해[61] 메드베데프는 시민사회 육성, 다당 정치체제의 활성화 도모, 부패와의 전쟁, 사법부 개혁 등을 천명하였다. 메드베데프는 '시민사회 발전은 발전된 정치체제를 가능하게 한다'는 인식하에 이의 활동을 활성화하기 위한 법적 기반 마련 및 진정한 현대사회상을 제시하였던 것이다. 구체적으로 시민사회 발전을 위한 환경 창출과 비영리, 자선조직에 대한 재정, 정보, 자문, 세제 혜택 지원 등을 내세웠다.

또한 사회의 정치적 다원성은 다당 정치체제에 있음을 강조하고 정당의 기능과 역할 제고, 정당간 자유롭고 공정한 경쟁 보장, 정당의 의회 진입장벽 완화 조치 및 국영매체의 공정 배분을 확약하였다. 나아가 지역 수준에서의 민주제도 강화가 긴요함을 내세우면서 지방에서의 정당과 정치활동 활성화 및 제도화를 도모해 나갈 것임도 밝혔다. 아울러 방송매체 균등 배분 보장, 정당리스트 개혁, 정치경쟁 보장, 모든 지방에서 선거체계의 투명화, 선거체계의 기술적 현대화를 가속화할 수 있는 프로그램 준비도 요청하였다.

부패와의 전쟁과 관련해서는 4,500여건의 부패 사례 적발 등 구체적인 숫자까지 거명하면서 정부의 투명성, 법원의 정보 접근성 강화 등을 추

60) 서동주, "러시아 이중권력의 실제와 정치적 함의," 『외교안보연구』 제6권 제1호(2010년 3월), 110쪽.

61) *Дмитрм М*. Послание Федеральному Собранию Российской Федерации [Электронный ресурс] / KREMLIN.RU. Рудим доступа: http://kremlin.ru/transcripts/5979.

진해 나갈 것임을 강조하였다. 아울러 적절하게 기능하는 사법체계 구축 및 법원결정 재심 청구 법원 시설 등 판결의 정통성과 신뢰성을 제고시키는 노력도 강조하였다.

메드베데프 대통령은 시민사회, 정당, 의회, 언론, 사법부, 지방 등에 대한 인식에 있어 푸틴과 차별되는 측면이 나타난다. 메드베데프는 비록 한계를 보였지만 시민사회가 다원화되고 시민단체의 활동 장려, 언론의 자유 보장, 정당정치 활성화, 지방에로의 권력 분산 등 다원 민주적 요소가 더 강화·발현되는 방향으로 정치개혁을 추진하려 했던 것이다. 소위 메드베데프 시기의 정치체제를 푸틴기 '관리 민주주의'와 대별시켜 '관리 다원주의(managed pluralism)'로 부르는 이유이기도 하다.

메드베데프 집권기에 대한 평가는 크게 2가지로 나누어진다. 하나는 체르노미르딘, 카시야노프 전 총리와 같이 충복 역할을 하였지만, 정치적으로는 실패하였다는 것이다. 다른 하나는 러시아가 다원주의 모델로 가는 길을 제시하였으며, 아직도 기회는 있다는 견해이다.[62]

결과적으로 메드베데프 집권기는 이중권력 하에 푸틴이 다시 권좌에 복귀하도록 하는 징검다리 역할을 하였고, 과도기적 성격을 띠게 되었다. 반면에 메드베데프가 총리직을 이어받음으로써 미래의 권력 향배는 아직 미지수로 남아있다. 메드베데프가 추진한 현대화와 정치개혁은 다원주의적 정치체제와 시민사회 활성화에 적지 않은 영향을 끼친 것도 사실이다. 시민단체의 활동이 활성화되어 각종 시위와 환경운동이 활발히 이뤄졌으며,[63] 정당 설립 조건이 완화되는 방향으로 정당법 개정도 이뤄졌다. 주

62) Stephen K. Wegren ed., *Return to Putin's Russia*, pp.8-10.

63) 이를테면 모스크바에서 상트페테르부르크까지 킴키시를 통과하는 도로 건설과정에 환경문제가 이슈화되었고, 2010년 8월 26일 통합러시아당은 메드베데프 대통령에게 고속도로 공사 중지를 요청하게 된다. 상트페테르부르크에 가스프롬이 지으려던 옥

지사 등 지방정부 수장을 다시 직접선거로 선출하는 선거법 개정도 이뤄졌다.[64] 또한 트위터, 블로그 등 다양한 인터넷 미디어의 등장으로 언로의 자유 환경도 변화되었다. 이러한 모습들은 집권 3기 푸틴시기에 메드베데프가 남긴 잠재적 유산에 해당된다.

V. 맺는말

이 글에서는 푸틴시기 러시아 정치체제의 특성을 탐구하고자 하였다. 푸틴 시기 정치체제는 초대통령 헌법체계, 푸틴의 정치적 리더십, 국민지지, 실로비키와 통합러시아, 대내외 정치사회환경 및 사건, 일련의 정치개혁 조치 등과 같은 발현요인들이 상호작용하면서 그 특성을 나타내 주고 있다. 특성은 크게 여섯 가지로 집약해 볼 수 있다. 이는 권력구조와 3부간의 권력관계, 권력집중화의 상황, 선거와 정당체계의 측면, 국가와 시민사회의 역할과 관계, 메드베데프 시기와의 비교 등을 기준으로 삼아 다양한 특성적 요소를 도출해 낸 것이다.

푸틴시기 정치체제는 강조점과 시각에 따라 다양하게 명명된다는 점을 이미 서론에서 밝힌바 있다. 푸틴시기 러시아 정치체제는 위에서 살펴본 6개의 특성을 지닌 '푸틴형 정치체제'로 지칭할 수 있다. 위에서 논의된 푸틴시기 정치체제의 특성들을 토대로, '푸틴형 정치체제'는 어떤 정치체제 유형에 해당되는지 살펴보자.

타센터도 2010년 5월 포기되었다. 2005년부터 2011년까지 시위운동에 대한 자세한 내용은 Alfred B. Evans Jr., *Civil Society and Protest*, pp.110-115 참조.

64) 2013년 9월 8일 치러진 모스크바 시장 선거는 직접 선거를 다시 도입한 이후 치러진 대표적인 경쟁 선거였다.

2절의 〈표 2〉의 구분 기준에 따라 적용해보면, 먼저 푸틴시기 국가권력의 조직 방식은 집중에 해당된다. 정치체제의 첫 번째 특성으로 파악된 '권력의 중앙집중화와 행정 권력의 우위', '푸틴에게로의 권력 집중과 실로비키의 존재' 등에 이러한 모습이 잘 나타나 있다. 다음으로 정치적 대표 및 경쟁의 조직방식은 법적으로 보장하되, 불공정 선거과정의 억압적 요소도 담겨있다. 세 번째 특성인 '절차적 민주주의 정착과 불공정 선거과정 심화'와 '권력당 통합러시아의 패권적 정당체계' 등의 예에서 살펴볼 수 있다. 그리고 시민의 정치참여 방식은 참여와 동원이 혼재되어 있다. 이는 '강한 국가와 약한 시민사회 고리: 취약한 시민사회 역할과 활동', '관리 다원주의의 맹아적 잠재' 부문에서 찾아 볼 수 있다. 민주주의와 권위주의체제 사이의 중간적 모습을 지니고 있음을 알 수 있다.

다른 한편으로 푸틴시기 정치체제는 보통선거권은 확립되어 있으나, 자유롭고 경쟁적인 선거의 실시 측면과 정치적 권리와 시민적 자유의 보장, 선출된 정부의 실질적 통치력 확보 등의 면은 부분적으로 제한 내지 제약되어 있다 할 수 있다. 푸틴시기 러시아 정치체제는 제도화되고 성숙되지 않은 민주주의이며, 전형적인 권위주의 특성을 다 갖추지 못한 것도 사실이다. 미완성의 민주주의이자, 미완결의 권위주의 상태에 있는 것이다. 종합적으로 푸틴형 정치체제는 '준권위주의' 모습을 갖추고 있으며, '준권위주의 혼합체제' 유형으로 분류해 볼 수 있다.

푸틴시기의 정치체제는 다음과 같은 측면에서 유의미한 정치적 함의를 지니고 있다. 첫째는 성격 면에서 권위주의적 요소를 담고 있는 것이 사실이다. 푸틴시기의 특징을 대변하는 핵심어를 꼽아보면 정치적 안정, 안보, 법의 지배, 권력 수직화, 국가주의, 정책 효율성, 목적 지향적, 시민사회 억제, 의회의 종속성 등이 대표적인 것으로 선별된다. 푸틴체제는 정치체제 일반을 평가하는 기준에서 보아도 권위주의적 요소를 담고 있는 것으로 평가된다. 반면에 푸틴은 서방의 비판에 민감하게 반응하며 '러시아 민주주의'의 특별한 특성을 강조하고 있다. 2004년 우크라이나 오렌지 혁명 이후 '주권 민주주의'를 끌어들인 적이 있으며, 2005년 연례교서를 통해서도 러시아는 어느 정도 민주정부, 법의 지배, 시민사회의 기본 가치와 적합하지 않을 수 있다는 점을 밝힌 바 있다. 법과 질서, 사회적 안정을 해치지 않는 가운데 자신의 길을 갈 것임을 강조한 것이다.[65] 러시아의 체제전환과 관련하여, 향후 민주주의 공고화와 정치발전의 문제가 아직도 정치적 과제로 남아있음을 함축하고 있다.

둘째, 러시아의 정치체제 전환은 아직도 진행 중인가? 더욱더 민주주의 체제로 가는 이행기에 있는가? 아니면 러시아적 정치체제가 발현된 것으로 끝난 것으로 볼 것인가? 하는 점에서 보아 하나의 정치적 실험대 역할을 하고 있다. 푸틴시기의 정치체제는 나름대로의 러시아적 특유성을 담고 있다. 그러나 푸틴 이후에도 같은 성격의 정치체제를 유지해 나갈지에 대해서는 의문이 남아있는 것도 사실이다. 스티븐 피시(Steven Fish)의 경우 2004년 푸틴의 재선과 함께 러시아 민주주의는 끝났다고 부정적으로 평가하고 있다.[66] 반면 러시아 민주주의 향배와 관련해서는 아직도 결론이 나지 않고 있다고 볼 수 있다. 민주적 진화주의자(democratic evolutionist)와 실패한 민주화 캠프(failed democratization camps) 진영 간의 논쟁이 지속되고 있다.[67] 두 가지 평가가 공존해 있는 것이다.

집권 3기 정치사회적 환경과 푸틴의 정치적 과제와 연결시켜 미래를 전망해 보자. 현재 러시아는 2011년 국가두마 선거를 계기로 중산층의 정치

---

65) R. Sakwa, *Political Leadership*, pp.34-35.

66) M. Steven Fish, *Democracy Derailed in Russia: The Failure of Open Politics* (New York: Cambridge University Press, 2005), p.1., R. Sakwa, *Ibid.*, p.35 재인용.

67) R. Sakwa, *Ibid.*, p.37.

적 인식이 깨어나고, 시민사회의 활동도 더 활성화되고 있다고 평가할 수 있다. 푸틴은 한편으로는 정치적 민주화, 다른 한편으로는 경제적 성과에 대한 국민적 '요구'를 잘 극복해야 하는 과제를 안고 있다. '올바른' 정치개혁을 통해 저항, 폭력, 시위를 포함해 푸틴식 '러시아 민주주의'에 대한 피로감도 극복해 나가야한다. 민주주의 운영과 절차, 운영의 측면에서 메드베데프기를 거치면서 축적된 다원 민주적 요소가 잠재되어 있기 때문이다.

향후 방향은 두 가지 중의 하나일 것으로 보인다. 긍정적 측면에서 정치적 다원주의, 자유, 공정 경쟁 선거 보장, 독립된 사법체계 구축 등 정치발전을 이룩해 나가는 길일 것이며, 다른 한편으로는 규제 강화, 관리의 정치, 국영 미디어의 통제 등을 통한 권위주의 성격의 지속 내지 강화일 것이다. 가깝게 이 향배를 결정짓는 가장 큰 변수는 푸틴 집권 4기의 출현 여부일 것이다. 다시금 푸틴의 '정치적 선택과 결정'이 러시아 민주주의와 정치발전의 향배와 관련해 얼마나 중요한지 웅변해 주고 있다.

참고문헌

강봉구. “푸틴주의 정치 리더십의 권위주의적 특성과 전망.”『국제지역연구』. 제14권 제2호. 2010년. 3-20쪽.

고상두. “푸틴시대 러시아 권력엘리트의 교체.”『슬라브학보』. 제24권 1호. 2009년. 110-114쪽.

김강녕. “북한 정치체제의 특성과 딜레마.”『통일전략』. 제11권 제2호. 2011년. 76-77쪽.

김성진. “러시아 중앙-지방관계의 평가와 전망: 푸틴 행정부 제2기 동안의 발전을 중심으로.”『슬라브학보』. 22권 2호. 2007년. 145-170쪽.

김재관. “탈냉전기 중국과 러시아의 권위주의체제에 대한 비교연구.”『아시아문화연구』. 제20집. 2010년. 137-176쪽.

두진호. “북한의 정치체제 분석: 유형과 경로변화.”『전략연구』. 통권 제55호. 2012년 7월. 192-193쪽.

박수헌. “러시아연방 중앙-지방관계의 변화: 푸틴의 중앙집권화 개혁의 내용과 평가.”『의정연구』. 24권. 2007년. 111-142쪽.

배정한. “탈사회주의 이행체제에서의 민주주의 공고화와 비공식 정치과정: 그 이론적 고찰.”『유라시아연구』. 1권 2호. 2001년. 3-28쪽.

서동주. "러시아 푸틴정부의 인맥정치와 실로비키.”『국제문제연구』. 제6권 제4호. 2006년 겨울. 8-14쪽.

______. “러시아 이중권력의 실제와 정치적 함의.”『외교안보연구』. 제6권 제1호. 2010년 3월. 110쪽.

______. “러시아 푸틴정부의 정치개혁: 집권 1기 평가와 2기 전망.”『국제정치논총』. 제44집 제3호. 2004년. 151-173쪽.

______. “푸틴 정치개혁의 특징과 과제.”『슬라브학보』. 제22권 1호. 2007년. 77-98쪽.

성경륭. “제3세계 정치체제변동의 역동적 패턴에 관한 연구: 탐색적 사건사분석, 1945-1986.”『한국사회학』. 제24집. 1990년 겨울호. 30쪽.

오창헌. “혼합체제 확산의 정치체제 분류 및 분석상의 의의.”『한국정치학회보』. 제43집 제1호. 2009년. 242-245쪽.

우평균. “2012 러시아 대선 결과 분석과 중산층의 정치세력과 가능성.”『정치정보연구』. 제15권 1호. 2012년. 243-270쪽.

유진숙. “러시아의 선거제도 개혁: 권력관계, 확산, 제도변화.”『국제정치논총』.

제49집 제4호. 2009년. 165-189쪽.

______. "푸틴 집권 2기 러시아 정당체계의 성격: 패권정당모델 적용 가능성의 검토."『한국정치학회보』. 제41집 제2호. 2007년. 207-226쪽.

이선우. "푸틴 집권기 엘리트그룹의 권력경쟁."『슬라브연구』. 제17권 제2호. 2007년. 363-390쪽.

이홍섭. "러시아 정치체제의 권위주의화; '안보위협' 효과를 중심으로."『국제지역연구』. 제15권 제4호. 2012년. 67-94쪽.

______. "러시아의 초대통령 중심제: 등장 배경, 성격 및 파급효과."『국제정치논총』. 제41집 2호. 2001년. 251-270쪽.

장세호. "2011~2012 러시아 총대선 결산: 평가와 시사점을 중심으로."『국제문제연구』. 제12권 제2호. 2012년 여름. 133-170쪽.

전홍찬. "러시아 헌정체제의 비교연구: 권력분립구조와 정치안정 문제를 중심으로."『한국정치학회보』. 33집 2호. 2000년. 277-302쪽.

정옥경. "상트페테르부르크의 정치엘리트 연구."『슬라브연구』. 제21권 1호. 2005년. 89-112쪽.

정한구. "'주권 민주주의'와 러시아."『세종논평』. No.69. 2006년.

정한구. "푸틴-메드베데프 체제의 출범과 러시아 정치의 장래."『세종정책연구』. 제5권 제1호. 2009년. 5-34쪽.

Golosov, Grigorii V. "The Regional Roots of Electoral Authoritarianism in Russia." *Europe-Asia Studies.* Vol. 63. No. 4. June 2011. pp. 623-639.

Hale, Henry E., McFaul, Michael & Colton, Timothy J. "Putin and the 'Delegative Democracy' Trap: Evidence from Russia's 2003-2004 Elections." *Post-Soviet Affairs*. Vol. 20. No. 4. 2004. pp. 285-319.

Macridis, Roy C. *Modern Political Regimes: Patterns and Institutions*. Boston: Little, Brown and Company, 1986.

March, Luke. "Managing Opposition in a Hybrid Regime: Just Russia and Parastatal Opposition." *Slavic Review*. Vol. 68. No. 3. Fall 2009. pp. 504-527.

Nikolai, Petrov., Lipman, Masha. & Hale, Henry E. "Overmanaged Democracy in Russia: Governance Implications of Hybrid Regimes." *Russia and Eurasia Program*(*Carnegie Papers*). No. 106. February 2010.

OSCE ODIHR, *Russian Federation Elections to the State Duma 19 December 1999 Final Report*. Warsaw: 13 Feb. 2000.

OSCE ODIHR, *Russian Federation Elections to the State Duma: OSCE/ODIHR Election Observation Mission Report*. Warsaw: 27 Jan. 2004.

Ross, Cameron. “Regional Elections and Electorial Authoritarianism in Russia.” *Europe-Asia Studies*. Vol. 63. No. 4. June 2011. pp. 641-661.

Shevtsova, Lilia. “Putin's Soft Authoritarianism.” *Project Syndicate*. April 2004.

Shiraev, Eric. *Russian Government and Politics*. New York: Palgrave macmillan, 2010.

Wegren, Stephen K. & Konitzer, Andrew. “Prospects for Managed Democracy in Russia.” *Europe-Asia Studies*. Vol. 59. No. 6. September 2007. pp. 1025-1047.

Wegren, Stephen K. ed., *Return to Putin's Russia*. Lanham: Rowman & Littlefield Publisher, Inc., 2013.

http://en.ria.ru/russia/20120215/1713 21579. html(검색일: 2013.10.7)

http://en.wikipedia.org/wiki/Nashi_(youth_movement)(검색일: 2013.10.7)

http://en.news.kremlin.ru/news/298/print(검색일: 2013.10.19)

http://www.themoscowtimes.com/news/article/osce-body-cancels-vote-monitors/192861.html(검색일: 2007.11.19)

http://www.themoscowtimes.com/sitemap/free/2007/12/article/observers-voters-see-violations/351943.html(검색일: 2007.12.3)

Дмитрм М. Послание Федеральному Собранию Российской Федерации [Электронный ресурс] / KREMLIN.RU. Рудим доступа: http://kremlin.ru/transcripts/5979.

제2장

포스트소비에트 공간에 대한 푸틴의 대외정책과 CSTO*

장덕준**

I. 머리말

1990년대 중반 이후 러시아가 외교정책상 가장 중요한 비중을 두고 있는 대상은 독립국가연합(CIS) 지역이다. 특히 푸틴 대통령은 2000년 집권을 시작한 이래 이 지역에서 러시아의 영향력을 유지하고 확대하는 데 심혈을 기울여 왔다. '강대국 러시아'의 회복을 주요 국정 목표로 설정했던 푸틴정부는 포스트소비에트 지역에서 자국의 영향력을 강화시키는 것을 강대국으로의 재부상을 위한 필요조건으로 간주하고 역내 국가들과의 협력을 강화시키기 위한 노력을 꾸준히 기울여 왔던 것이다.

사실 옛 소련 지역에 대한 러시아의 지역적 헤게모니는 지속적으로 쇠

* 이 글은『중소연구』제37권 3호(2013)에 게재된 "포스트소비에트 공간에 대한 푸틴의 대외정책과 CSTO"이며 한양대학교 아태지역연구센터의 허가를 얻어 여기에 싣는다.

** 국민대학교 국제학부 교수

퇴의 길을 걸어왔다고 보는 견해가 우세하다.[1] 이러한 배경 속에서 푸틴 정부는 군사 및 안보협력부문에서 CIS 역내 — 특히 중앙아시아 — 국가들과의 협력을 증대시키기 위해 활발한 활동을 펼쳐 왔다. 이는 과거 자신의 배타적인 영향력의 범위에 있던 이 지역에서 "잃어버린 시간"을 벌충하고 상실된 영향력을 회복시키려는 시도로 간주될 수 있다.[2]

그렇다고 해서 푸틴의 러시아가 옛 소련으로 돌아가려는 것은 결코 아니다.[3] 러시아는 포스트소비에트 공간에서의 패권적 지위를 유지하기 위해서는 유라시아지역의 새로운 통합과정이 필요하다고 본다.[4] 소련이 붕괴된 이후 러시아는 CIS를 통해 옛 소련 국가들 간의 정치, 경제, 군사적 통합을 시도했다. 그러나 러시아와 여타 CIS 국가들 사이의 갈등과 불신, CIS 국가들 간의 이질성, 그리고 통합 주도국으로서의 러시아가 지닌 국력의 한계 등으로 인해 지역협력체로서의 CIS의 기능은 사실상 상실되었다고 보는 견해가 지배적이다.[5]

---

1) Ruth Deyermond, "Matrioshka Hegemony?: Multi-levelled Hegemonic Competition and Security in Post-Soveit Central Asia," *Review of International Studies*, Vol.35, 2009, pp.151-173.

2) Scott G. Frickenstein, "Views & Analyses: The Resurgence of Russian Interests in Central Asia," *Air and Space Power Journal,* Vol.24, No.1, Spring 2010, pp.67-74.

3) 푸틴 대통령은 "소련의 붕괴는 20세기 최대의 지정학적 재앙이었다"고 주장하면서도 "그렇다고 소련으로 되돌아가자고 말하는 자는 우둔한 인간이다"라고 말했다. Jeffrey Mankoff, *Russian Foreign Policy: The Return of Great Power Politics [2nd edition]* (Lanham, MD: Rowman & Littlefield Publishers, 2012), p.220.

4) http://rbth.ru/articles/2011/10/11/is_eurasian_integration_realistic_13556.html(검색일: 2013.7.29)

5) 이에 대해서는 많은 분석가들이 동의한다. 그러한 시각을 담고 있는 대표적인 저작으로서는 다음을 보라. Leszek Buszynski, "Russia's New Role in Central Asia," *Asian Survey*, Vol.45, No.4, 2005, pp.546-565; Alexander Nikitin, "Russian Foreign Policy in the Fragmented Post-Soviet Space," *International Journal on World Peace*, Vol.25, No.2, June 2008, pp.7-31; Paul Kubicek, "The Commonwealth of Independent States:

이에 푸틴은 포스트소비에트 공간에서 러시아의 영향력을 유지하고 지역통합을 진전시키기 위해 기존의 방식과는 다른 접근법을 추구했다. 소지역주의와 양자관계의 혼합방식이다. 즉 경제분야에 있어서는 유라시아 경제공동체(EurAsEC), 안보분야에 있어서는 집단안보조약기구(CSTO)를 통해 공간적 규모는 축소하되 협력의 밀도를 높이는 방식의 소지역주의 협력을 추진하게 되었다. 특히 러시아는 NATO 등 서방세력의 포스트소비에트 공간에 대한 접근을 견제하고 러시아의 영향권 하에 있는 CIS 국가들을 통합하기 위해 정치·군사동맹형태의 안보협력체인 CSTO의 창설과 그것의 제도화에 중심적인 역할을 해왔다.

실제로 지난 수년간 중앙아시아를 비롯한 옛 소련지역에서 CSTO의 역할이 강화되어 왔다. 이는 CIS 지역에 있어서 러시아의 지배적 위치가 더욱 공고화된 결과로 볼 수 있다. 그러면서도 이러한 CSTO의 역할강화는 거꾸로 이 지역에서 러시아의 영향력 확대 수단으로 활용되고 있다. CIS가 옛 소련국가들 사이의 협력과 통합의 매개 역할을 상실하게 된 마당에 CSTO는 포스트소비에트 공간에 대한 러시아의 안보협력 정책에 있어서 매우 중요한 비중을 차지하게 된 것이다.

그럼에도 CSTO에 대한 현안분석 또는 정책보고서 형태의 저술을 제외하고 학술적인 연구는 국내는 물론이고 국외에서도 그리 활성화되지 못했다. 기존의 연구들은 CSTO를 주로 유럽연합(EU), 북대서양조약기구(NATO), 또는 상하이 협력기구(SCO) 등 여타 지역협력기구와 비교의 관점에서 분석하거나 유라시아지역통합 및 협력안보의 사례로서 다루기도 한다.[6] 그러한 기존연구에 비해 이 글은 러시아의 대외정책 — 특히 포스

an Example of Failed Regionalism?" *Review of International Studies*, Vol.35, 2008, pp. 237-256.

6) 기존 연구의 몇 몇 예를 들면 다음과 같다. 최성권, "집단안보조약기구(CSTO)의 집

트소비에트 공간에 대한 정책 — 의 관점에서 CSTO를 분석하고자 한다. 그리하여 이 글에서는 러시아의 대외정책에서 중시되는 '근외지역'의 안정과 지역안보를 확보하는 가장 중요한 제도적 장치인 CSTO가 등장하게 된 배경과 그것의 성과를 살펴보는 데 주된 목적이 있다. 그러함에 있어 이 글은 먼저 러시아의 대외정책에서 옛 소련지역이 차지하는 비중과 의미를 살펴 본 다음, CSTO 등장의 역사적 맥락을 짚어본다. 그 다음으로 이 글은 러시아가 자신의 대외정책 목표에 비추어 CSTO를 통한 포스트소비에트 지역의 안보와 안정에 어떠한 성과를 거두었으며 어떠한 한계를 보였는가를 살펴보고 CSTO의 향후 발전 전망에 대해서도 분석하고자 한다.

단방위와 협력안보," 『인문사회과학연구』 제17집(2007), 137-166쪽 고재남, "러시아의 중앙아시아정책과 다자주의," 『한국과 국제정치』 제28권 1호(2010년 봄), 199-233쪽; John A. Mowchan, "The Militarization of the Collective Security Treaty Organization," *CSL Issue Paper*, Vol. 6-09, July 2009, pp.1-6; Alexander I. Nikitin, "Post-Soviet Military-Political Integration: The Collective Security Treaty Organization and its Relations with the EU and NATO," *China and Eurasia Forum Quarterly*, Vol.5, No.1, 2007, pp.35-44; Mariya Y. Omelicheva & Lidiya Zubytska, "Failures and Prospects of Regional Organizations: Lessons from the Post-Soviet Space and Beyond," *Whitehead Journal of Diplomacy and International Relations*, Vol.13, No.2, Summer 2012, pp. 87-101; Irina Ionela Pop, "Russia, EU, and the Strengthening of the CSTO in Central Asia," *Caucasian Review of International Affairs*, Vol.3, No.3, Summer 2009, pp.278-290.

II. 푸틴시기의 대외정책과 러시아의 대 CIS 정책

1. 푸틴 1~2기 및 메드베데프 시기의 대외정책 기조

블라디미르 푸틴이 집권을 시작한 2000년 1월에 러시아 정부는 '러시아연방 국가안보개념'과 같은 해 4월에 '러시아연방 군사독트린'을 각각 발표했다. 이 문건들은 국내적으로는 옐친 시기의 경제우선 발전전략의 틀을 유지하면서도 국가의 역할을 강조하게 되었다. 특히 이 문건들은 국가권력의 파편화 현상과 범죄의 만연, 과학기술 발전의 잠재력 약화 등이 국내적인 위협으로 간주하고 이를 극복하기 위해 국가가 중심이 되어 균형적이고 체계적인 발전전략을 수립해야 한다고 지적한다. 대외적으로 이 문건들은 미국의 일극주의에 의해 러시아의 국가이익이 위협을 받게 되었다는 인식하에 국제문제에서 러시아의 적극적인 관여를 주문하고 있다. 특히 핵심적인 러시아의 이익을 방어하기 위해 핵무기의 사용을 포함한 군사안보의 중요성이 지적되어 왔다.[7] 다시 말해, 군사·정치적 안보와 강력한 국가권력은 경제개혁 및 경제개혁 및 발전을 위한 필수적인 전제라는 것이다.

그러한 인식하에 푸틴정부는 2000년 7월 '러시아연방 대외정책 개념'을 공표했다. 이 개념은 기본적으로 옐친정권 후반기의 소위 실용주의적 전방위 외교노선을 계승하고 있다. 새로운 대외정책개념은 개인, 사회 및 국가이익의 방어에 대외정책의 우선순위를 두고 있다. 그러한 목표를 달

7) The Russian Federation, "National Security Conception of the Russian Federation," in Andrei Melville and Tatiana Shakleina (eds.), *Russian Foreign Policy in Transition: Concepts and Realities* (Budapest: Central European University Press, 2005).

성하기 위해 새로운 대외정책개념은 주권 및 영토적 완전성을 확고히 하는 한편으로 주변 국가들과의 선린관계를 유지하면서 경제발전을 위한 국제협력을 도모하는 한편으로 그러한 목적을 위해 국제연합 등 국제기구의 적극적인 역할을 지지한다. 또한 새로운 대외정책개념에서 러시아는 국제분쟁을 통제하고 핵무기 등 대량살상무기의 확산을 억제하는 한편 인권 등 보편적 이슈를 포함한 국제문제를 해결하는 데에 있어서 호혜적인 협력을 이끌어내기 위해 스스로 적극적인 역할을 수행할 것임을 천명하고 있다. 이 문건은 러시아가 민주적이고 다극적 세계질서를 추구할 것이라고 선언하는 한편, 독립국가연합(CIS) 회원국들과의 협력에 특히 중점을 둘 것이라고 밝히고 있다. 또한 이 문건은 유럽연합(EU)과 미국 등 서방국가들을 주요 정치적, 경제적 파트너로 삼을 것이라고 언급하고 있다. 러시아로서는 꾸준히 성장하는 아시아·태평양지역 국가들과의 협력이 중요하며 이는 시베리아와 극동지역에 있어서의 상황호전을 위해 필요하다고 이 문건은 적시하고 있다.[8)]

푸틴의 외교노선은 옐친정부 후반기 예브게니 프리마코프(Евгений Примаков) 외무장관이 추진했던 소위 실용주의적 전방위 외교노선과 상당한 연속성을 보이고 있다. 하지만 푸틴시기의 대외정책은 단지 원칙과 개념의 수준에만 머물러 있는 것이 아닌, 실질적인 대외정책의 수행에서 그러한 원칙과 개념을 적용하려는 노력들을 가시화시켰다. 예컨대, 대미관계에 있어서 국가미사일방어(NMD) 계획에 대해서는 강력하게 반대하면서도 경제부문과 대테러 분야에 있어서는 긴밀한 협력을 추진한 것은 푸틴의 실용주의적이고 현실주의적 대외정책의 한 단면을 보여주는 것이

---

8) The Russian Federation, “Foreign Policy Conception of the Russian Federation,” in Andrei Melville and Tatiana Shakleina (eds.), *Russian Foreign Policy in Transition: Concepts and Realities* (Budapest: Central European University Press, 2005), p.100.

라고 하겠다.

메드베데프 시기 러시아 대외정책의 기본 노선은 푸틴 1~2기 때의 대외정책의 노선과 대동소이하게 전개되었다. 우선, 러시아는 미국 등 특정 국가의 독주에 반대하고 다극적 국제질서를 지향했다. 그러한 목적 하에 러시아는 다층적이고 다방면(multi-vector)적인 외교와 안보정책을 추구해왔다. 또한 러시아는 전통적인 영향력의 범위에 속하는 중앙아시아를 비롯한 독립국가연합(CIS)의 결속을 다지고 자국의 영향력을 강화시키려는 노력을 경주했다. 러시아 정부는 CIS 국가들과 에너지 협력 등 경제협력과 안보협력을 강화함으로써 유라시아 지역통합의 목표를 유지했다. 러시아는 유럽연합 및 유럽 각국과의 에너지, 경제 및 안보협력을 긴밀하게 유지했다.

한편, 상대적으로 자유주의적인 정치적 색채를 띠고 있었던 메드베데프는 푸틴 1~2기와는 다소 차별성을 갖는 정책을 추구하기도 했다. 우선, 러시아는 핵확산 방지 등 국제안보 이슈에 있어서 미국 등 서방국가들과의 협력을 추구해왔다. 그러한 맥락에서 메드베데프 정부는 오바마 행정부의 출범 이후 '리셋 외교'의 틀 속에서 대미 관계를 복원하려는 정책방향을 설정해 미국과의 새로운 협력기조를 발전시켰다. 2010년 4월에 미국과 '새로운 전략핵무기 감축협정(New START)'을 맺는 등 전략적 안정(strategic stability)을 도모하기 위한 대미협력을 추진했다.

메드베데프가 제시한 가장 중요한 국가발전 전략으로는 "현대화"를 들 수 있다. 이 무렵 러시아 연방정부는 러시아 경제 및 사회의 발전역량을 증강시키려는 "현대화" 정책을 위해 정치, 외교, 경제, 문화 등 다방면에서 국제협력을 강화하려는 목표를 설정했다. 대통령 취임 2년차인 2009년 5월에 그는 '러시아 경제현대화 및 기술발전을 위한 대통령위원회'를 출범시킨 이래 에너지, 핵기술, 의료기술, 우주항공 및 통신 분야 등

5개 산업부문에 있어서 기술발전을 도모하는 것을 골자로 하는 현대화 계획을 추진했다. 이를 위해 메드베데프 정부는 선진 기술과 제도를 지니고 있는 서방국가들과의 협력관계를 통한 '현대화동맹(модернизационные альянсы; modernization alliance)'의 필요성을 강조했다.[9]

한편, 메드베데프 정부는 서방과의 관계 및 CIS 국가들과의 관계와 함께 아시아-태평양 국가들과의 관계를 러시아 대외정책의 3대 중점 대상 지역으로 간주했다. 특히 메드베데프 정부는 러시아 경제의 발전과 현대화를 위해 아태지역의 잠재력을 충분히 활용해야 할 필요성을 인식하고 있었다. 메드베데프 정부는 이를 위해 중국, 인도, 일본, 한국 및 아세안(ASEAN) 국가들과의 협력을 강화해야 하며 이는 시베리아 및 극동지역의 사회경제적인 발전을 위해서 긴요하다고 보았다.[10]

2. 푸틴 3기의 러시아 대외정책 기조

제3기 집권을 향한 대통령 선거 유세를 벌이고 있던 2012년 1월 푸틴은 이즈베스티야 신문에 게재한 기고문에서 미국 중심의 일극적 세계질서의 변화를 지적하고 러시아가 이러한 변화에 적극적으로 대처해야 한다고 주문했다. 즉 러시아는 일극질서에서 다극질서로 변화하는 상황에서 세계질서를 구성하는 몇 개의 축 가운데 하나를 담당해야 한다는 것이다.[11] 2012년 5월 크렘린에 복귀한 푸틴 대통령은 2012년 5월 "러시아

9) 제성훈, "메드베데프 정부의 새로운 대외정책 노선: 정책기조, 변화의 원인, 수행과정 분석을 중심으로,"『국제지역연구』 제15권 1호(2011년 4월).

10) http://www.mid.ru/brp_4.nsf/0/AF4C294F4299B097C32577AB001E323E(검색일: 2014.3.8)

11) *Владимир В. Путин* Россия сосредотачивается--вызовы на которые мы

의 대외정책 실행에 관한 행정명령"에서도 유사한 정책기조를 드러냈다. 이 문건에 의하면 러시아는 자국의 장기적인 발전과 경제의 현대화, 그리고 글로벌 시장에서 동등한 파트너로서의 지위를 강화시키는 데 유리한 외부환경을 조성하는 것을 목표로 삼는다는 것이다. 이를 위해 러시아는 국제분쟁의 해결과 국제안보의 유지를 위한 국제연합의 중심적인 역할을 지지하고 브릭스(BRICS), 주요 8개국(G8), 주요 20개국(G20), 상하이협력기구(SCO) 등 국제협력체를 통한 다자협력외교를 적극 활용한다는 것이다. 또한 이 문건은 CIS 국가들 간의 다자협력과 통합의 과정을 발전시켜 나갈 방안을 강구하고, 유럽연합과는 현대화를 위한 동맹관계를 바탕으로 협력관계를 증대시켜 나가야 함을 지적하고 있다. 그리고 미국과는 평등과 내정불간섭의 원칙하에 안정적이고 예측 가능한 관계를 발전시켜 나가는 한편으로 첨단기술 교역 및 경제협력 증진 등 호혜적 협력을 증대시켜 나가야 한다는 점을 이 문건은 지적하고 있다.[12)]

한편, 2012년 2월 일간지 모스콥스키예 노보스티(Московские новости)에 게재된 기고문 "러시아와 변화하는 세계"에서 푸틴은 러시아가 당면하고 있는 국제문제들을 지적했다. 이 기고문에서 푸틴은 유럽배치 MD에 대한 명백한 반대 입장을 표명하고 시리아 문제 등에 대해 미국과 상이한 시각과 해법을 제시함으로써 국제사회에서 러시아의 독자적인 목소리를 내겠다는 점을 분명히 했다. 그 밖에 이 글에서 특히 눈에 띄는 것은 낙후된 극동 시베리아 경제발전의 필요성에 대한 강조와 이 지역의 발전을 위한 아태지역 국가들과의 협력의 중요성에 대한 강조라는 부분이다.[13)]

должны ответить// Известия. 2012. 16. январь.

12) http://news.kremlin.ru/acts/15256/print(검색일: 2013.7.30)

13) *Владимир В. Путин* Россия и меняющийся мир// Московские новости. 2012. 27. февраль.

또한, 2013년 2월에 발표된 "대외정책개념"에서는 다양한 지역적 우선과제들이 제시되어 있는 바, 이 문건에서도 관세동맹, 유라시아경제공동체, 집단안보조약기구 등의 발전을 통한 CIS 지역 내의 통합과정의 발전을 우선적인 과제로 설정되어 있으며 유럽과의 협력, 미국과는 불간섭과 평등한 관계설정, 중국 및 인도와의 우호관계의 발전 등이 주요 과제로 제시되어 있다.[14] 이러한 문건들을 살펴 볼 때 푸틴 3기에 들어와서도 러시아 외교의 기본적인 목표가 이전 정부의 외교노선과 큰 차이가 없이 지속성을 유지하고 있음을 보여준다. 다만, 푸틴 3기에 접어들어 러시아내의 민주주의와 인권에 대한 시비, 시리아 사태, 유럽배치 MD 등 현안에 있어서 러시아는 독자적인 목소리를 더욱 강화시켜 나가고 있으며 그 과정에서 미국과 서유럽과의 갈등과 충돌도 빚어지게 되었다.

요약하자면, 푸틴 1-2기에는 국제유가의 상승국면에 편승한 지속적 경제성장과 에너지 자원이라는 유력한 외교적 무기를 발판으로 삼아 국제무대에서 강대국 러시아의 위상을 확립하고 서방과는 협력과 견제라는 양면적 외교 전략을 채택하면서 러시아의 국익을 최대화하려는 현실주의적 강대국 외교가 지배적인 경향으로 나타났다. 2008년에 등장한 메드베데프 정부 하에서는 러시아 산업을 다각화하고 경제를 비롯한 사회 각 부문에서 현대화를 추진해 내적 역량을 강화시킴으로써 경제적 번영과 부강한 러시아를 지향했다. 푸틴 3기에도 여전히 현대화를 통해 강대국 러시아를 건설하려는 대외정책의 기조가 유지되었다고 하겠다.

한편, 푸틴 3기의 대외정책에서 특히 주목되는 것은 러시아 연방이 아시아 태평양 지역과의 협력을 강화하고 이를 낙후된 시베리아와 극동지

14) http://www.mid.ru/brp_4.nsf/0/76389FEC168189ED44257B2E0039B16D(검색일: 2013.11.2)

역의 지역발전의 원동력으로 삼아야 한다는 점을 강조하고 있다는 점이다. 푸틴은 2012년 12월 12일 러시아 상하양원 의원들이 참석한 가운데 행한 연례 국정연설에서 21세기 러시아의 발전방향은 동방으로 향해야 한다고 강조했다. 푸틴은 일찍이 시베리아와 극동지방은 거대한 잠재력을 지닌 곳이라는 로모노소프(Ломоносов)의 말을 인용하면서 이 지역의 개발을 실현시켜 나가가는 것이 러시아의 중요한 국정목표임을 천명했다.[15] 푸틴은 동시베리아, 극동지방에 대한 정부의 투자계획을 재확인 했으며, 신규기업의 창업, 에너지, 인프라 부문의 투자에 대해서는 대폭적인 세제혜택을 약속하는 등 지역의 개발에 박차를 가할 것이라고 밝혔다.

푸틴 대통령은 2013년 국정연설에서도 비슷한 언급을 한 바 있다. 그는 러시아가 태평양지역으로 외교정책 비중을 재조정함으로써 새로운 경제적 기회를 열수 있음은 물론 이로 인해 러시아는 보다 적극적인 대외정책을 펼칠 수 있는 추가적인 수단을 획득할 수 있을 것이라고 말했다. 이는 러시아의 신동방정책이 일회성 이벤트에 그치는 것이 아니라 푸틴 3기 정부의 지속적이고 주요한 외교정책이라는 점을 강조하는 것이라고 하겠다. 푸틴은 이 연설에서 신동방정책과 긴밀하게 연관되는 러시아 극동지역 및 시베리아지역에 새로이 투자하는 기업인들에 대해서는 소득세, 재산세 등 각종 세금을 5년간 면제하는 것을 포함하는 세제상의 혜택을 제공할 것이라는 구체적인 약속을 하는 한편, 기업활동에 대한 국가관료기관의 간섭을 최소화시킴으로써 투자환경을 개선하는 데 주력할 것임을 밝혔다.[16] 이러한 푸틴의 언급에서 우리는 극동 및 시베리아의 개발이 매우 시급하다는 인식하에 그러한 국내적 목적과 부합하는 대외정책으

15) http://news.kremlin.ru/news/17118/print(검색일: 2013.10.23)

16) http://eng.kremlin.ru/transcripts/6402(검색일: 2014.1.13)

로서 스스로를 동북아 및 아태지역으로 편입시킴으로써 미래의 발전 동력을 동방에서 찾으려는 의지를 읽을 수 있다.[17] 이와 같이 신동방정책에 대한 보다 구체적이고 포괄적인 방향 제시는 푸틴 3기에 접어들어서 나오게 된 것이다.

3. 푸틴의 대 CIS 정책

1990년대 초반 옐친의 소위 '친서방정책'이 적용되던 짧은 기간을 제외하고 러시아 정부는 독립국가연합(CIS)에 대한 지정학적, 안보적, 경제적 중요성을 인식하고 CIS 회원국들과의 협력증진과 우호관계 발전을 중시해왔다.[18] 2000년에 발표된 '러시아연방 대외정책개념'은 러시아의 국가안보를 위해 독립국가연합(CIS) 회원국들과의 양자적, 다자적 협력관계를 적합하게 유지시키는 것이 러시아 대외정책의 우선순위를 차지한다고 천명하고 있다. 2000년 대외정책개념에 따르면 CIS와의 관계는 러시아 국가이익의 유지 및 증진과 이 지역에 거주하고 있는 러시아인들의 권리 보장이라는 고려에 바탕을 두어야 한다는 것이다. 이 문건은 포스트소비에트 공간에서의 분쟁을 예방, 해결하고 이 지역의 안보와 경제협력을 도모하는 것에 대외정책의 우선순위를 두어야 한다고 지적하고 있다.[19] 푸

17) 신범식, "푸틴 3기 러시아의 한반도 정책: 변화하는 동북아에서의 적극적 역할 모색," 『한국과 국제정치』 제29권 제1호(2013년 봄), 123-161쪽.

18) 러시아는 특히 중앙아시아 국가들과의 협력에 심혈을 기울여왔다. 그러나 그렇다고 중앙아시아 지역에만 국한해서 대외안보정책의 기조, 목표, 과제 등을 제시한 러시아 정부의 공식문건은 존재하지 않는다. 고재남, "러시아의 중앙아시아정책과 다자주의," 206쪽.

19) Roy Allison, "Strategic Reassertion in Russia's Central Asia Policy," *International Affairs*, Vol.80, No.2, 2004, pp.277-293.

틴 3기 출범이후 2013년 2월에 발표된 '러시아연방 대외정책개념'에 따르면 집단안보조약기구(CSTO)는 포스트소비에트 공간에서 현대적인 안보시스템의 핵심요소 가운데 하나라고 규정하고 있다.[20)]

이러한 목표 아래 러시아는 CIS의 출범 초기부터 포스트소비에트 공간의 통합에 관심을 두어왔다. 그러한 움직임은 1990년대 중반 북대서양조약기구(NATO)의 동진정책이 본격화됨에 따라 가속도를 내기 시작했다. 특히 1996년 프리마코프가 외무장관직을 맡은 이후 러시아 정부는 안보적, 지정학적, 경제적인 측면에서 CIS 지역의 중요성을 재평가하게 되었다. 그러나 러시아의 그러한 노력은 CIS회원국가들 사이의 다양한 이해관계가 얽히면서 별다른 성과를 내지 못하게 되었다. 무엇보다도 일부 중앙아시아 국가들을 제외하고는 대부분의 CIS 회원국들이 러시아와 거리를 두거나 러시아에 대한 노골적인 반감을 드러냄으로써 러시아 주도의 CIS 통합노력은 결실을 거두기 어렵게 되었다.[21)] 말하자면, 러시아와의 교류와 협력을 중시하는 국가들과 노골적인 반러 성향을 보이는 국가들, 러시아와 적당한 거리를 두면서 그 때 그 때 러시아와 협력을 하거나 미국, 유럽, 또는 중국 등 역외 제3세력과 손을 잡는 국가 등 다양한 유형의 국가들이 존재한다. 이렇듯 지난 수년간 포스트소비에트 공간

---

20) http://www.mid.ru/brp_4nsf/0/76389FEC168189ED44257B2E0039B16D(검색일: 2013.11.10)

21) 예컨대 우크라이나는 러시아의 패권적 행보에 불안감을 가진 나머지 러시아와의 협력 보다는 유럽연합(EU)과의 협력관계 설정에 더 큰 비중을 두었다. 또한 아제르바이잔은 몰도바 등과 함께 러시아를 견제하고 독자적인 대내외 정책을 추진하기 위해 구암(GUUAM)그룹과 같은 별도의 조직체를 운영해오고 있다. 그 밖에 우즈베키스탄은 반러와 친러 사이에서 줄타기를 계속해오고 있으며 투르크메니스탄은 고립주의적인 입장을 유지해오고 있다. 이에 비해 카자흐스탄, 키르기스스탄, 그리고 타지키스탄 등 중앙아시아 국가들과 벨라루스는 대체적으로 러시아와 우호협력관계를 유지해오고 있다.

에서는 다양한 유형의 국가들이 각기 상이한 이익에 기반을 두고 CIS 지역의 주요 이슈에 대응하는 양상의 소위 '지정학적 다원주의(geopolitical pluralism)'가 강화되어 왔다.[22] 이러한 양상의 전개는 러시아의 CIS 통합 노력에 걸림돌로 작용했다.

한편, 포스트소비에트 공간에서의 지정학적 패권을 유지하는 것이 어려워짐에 따라 러시아는 이 지역을 둘러싼 주요 강대국과의 세력균형을 유지하는 쪽으로 입장을 변경했다. 특히 2001년 9.11 사태 이후 미국이 벌인 테러와의 전쟁은 중앙아시아를 비롯한 구소련 권에서의 지정학적 구도에 커다란 변화를 야기했다. 당시 체첸 등 카프카즈 지역과 연관된 테러분자들에 대한 대응책에 부심하고 있던 러시아는 미국의 대테러 전쟁에 동참하게 되면서 중앙아시아에 지역에 있어서 미군의 주둔을 허용하고 아프가니스탄 전쟁을 위한 보급로 및 영공개방을 허용하는 등 미국과의 협력을 추구하게 되면서 중앙아시아 지역에서의 러시아의 배타적이고 패권적인 지위는 다소 약화되었다.[23] 그 이후 중앙아시아 각국은 아제

22) 1990년대 초반만 하더라도 CIS지역에서 러시아의 패권이 통할 수 있었으나 1990년대 후반부터 이 지역에서 미국, 중국, 터키, 인도, 이란 그리고 EU 등 기타 국가들의 영향력이 증대하면서 여러 세력이 공존하는 소위 '지정학적 다원주의'의 현상이 나타나게 되었던 것이다. P. Kubicek, "The Commonwealth of Independent States: an Example of Failed Regionalism?", pp. 237-256.

23) 아프가니스탄의 테러조직을 소탕한다는 명분으로 미국은 우즈베키스탄으로부터 지상군 기지의 사용과 타지키스탄 및 키르기스스탄으로부터 공군기지 사용권을 획득했다. 이들 중앙아시아 국가들은 이러한 기회에 편승해 서방과의 교류협력을 추진하고자 했으며 러시아로서는 이 지역에서의 자국 영향력이 감퇴되는 것을 감수하면서까지 대테러 영역뿐만 아니라 경제협력 등 광범위한 영역에서 미국 등 서방과의 협력을 증진시킬 수 있는 길을 선택하게 된 것이다. 이와 같은 맥락에서 2001년의 9.11 사태는 러시아의 대 CIS 정책에 있어서 중대한 전환점이 되었다. 다시 말해, 9.11 사태 이전에는 러시아가 중앙아시아 지역을 자신의 배타적인 이해관계의 영역으로 간주해 외부세력의 틈입을 허용하지 않았으나 그 이후부터는 중앙아시아 문제도 서방과의 관계에 있어서 하나의 이슈영역으로 포함시키게 된 것이다. Lena Jonson,

르바이잔, 파키스탄, 아프가니스탄, 이란 및 터키 등 인근의 이슬람 국가들과의 경제협력을 강화하는 등 러시아 이외의 여타 국가들과의 교류협력의 외연을 넓혀가게 되었다.[24)]

그러나 그렇다고 해서 러시아가 CIS 지역에 대한 영향력의 우위 유지를 포기한 것은 결코 아니다. 오히려 푸틴시기 들어와서 러시아는 CIS 지역에서의 러시아의 영향력 확대와 이 지역 국가들과의 우호협력 관계의 증진에 외교정책의 최고 우선순위를 두게 되었다. 주지하듯이 푸틴은 처음 집권할 무렵부터 '강한 러시아'를 최고의 국정목표로 삼고 국내적으로는 중앙집권화를 통한 국가기강 확립에 나서고 밖으로는 국제무대에서의 러시아의 위상을 회복하는 데 가장 많은 노력을 경주했다. 이러한 각도에서 CIS에 대한 러시아 영향력의 유지, 확대는 국제사회에서 러시아가 강대국으로 재부상하는 시금석으로 간주되었음은 말할 것도 없다. 푸틴은 CIS 지역을 러시아의 '특권적 이익'과 직결되어 있는 지역으로 간주하고, 이곳에서의 영향력 확보를 강대국으로의 재도약을 위한 교두보로 삼았다.[25)] 그러한 기조는 메드베데프 대통령 집권기를 거쳐 푸틴 3기에 들어와서도 계속 유지되었다.[26)] 2014년 2월 우크라이나의 친서방 시위대

Vladimir Putin and Central Asia: The Shaping of Russian Foreign Policy (New York: I.B Tauris & Co., 2004), p.86 & 191.

24) A. Nikitin, "Russian Foreign Policy in the Fragmented Post-Soviet Space," pp. 7-31.

25) 푸틴은 "독립국가연합 지역을 전투장으로 만들어서는 안되며 이 지역을 협력의 공간으로 만들어야 한다"고 강조했다. *Sunday Telegraph*, Jun. 19, 2005.

26) 2008년 8월 그루지야 전쟁 이후 메드베데프가 제시한 소위 '러시아 대외정책의 5원칙' 가운데 다섯 번째 항목은 다음과 같이 천명하고 있다.: "다른 국가들과 마찬가지로 러시아가 '특권적인 이해관계'를 갖고 있는 지역이 있다. 이러한 지역들은 우리가 특별한 역사적 관계를 공유하고 선린과 친선으로 밀접하게 연결되어 있는 국가들이다. 우리는 이들 국가들에 관련된 사업들에 특별한 관심을 가지고 있으며 우리의 긴밀한 이웃인 이들 국가들과 우호적인 연대를 구축할 것이다." Matte Stak, "Russia's New 'Monroe Doctrine'," in Roger E. Kanet (ed.), *Russian Foreign Policy in the 21st*

에 의해 친러 성향의 야누코비츠(Янукович)가 대통령직에서 축출된 직후 미국 등 서방측의 강력한 반대에도 푸틴정부가 신속하게 크림반도를 병합해버린 사건은 러시아가 우크라이나와 같이 자신의 특권적 이익이 걸려 있는 지역을 매우 중시하고 이 지역의 변화에 대해 극도로 민감하게 반응하고 있음을 보여주는 좋은 사례이다.[27)]

구체적으로 푸틴정부는 당장 CIS 전체의 통합을 위해 노력하기보다는 양자주의, 소지역주의 및 다자주의 등 여러 가지 양태의 접근법을 통해 이 지역에 대한 러시아의 영향력 확대를 꾀했다. 우선 양자주의적 접근은 에너지 협력 등 경제협력 부문에서 두드러진다. 푸틴은 취임초기에 카스피해 연안 국가들에 대한 투자확대를 추구했다. 2001년~2002년 시기에 푸틴정부는 카자흐스탄 및 아제르바이잔과 카스피해 유전의 시추권에 관련된 법적인 문제들을 해결하기 위한 협정을 체결했다. 또한 푸틴은 유럽과 미국에 의해 시도되고 있던 대체 파이프라인의 건설을 막기 위한 노력의 일환으로서 카스피해 연안 산유국으로 하여금 이 지역에서 생산된 원유 가운데 러시아 경유 송유관을 통해 수출하는 물량을 더 늘려줄 것을 제안했다. 이러한 노력은 특히 카자흐스탄의 경우에 먹혀들었다.

Century (London: Palgrave Mcmillan, 2011), p.147.

27) 러시아의 크림반도 병합에 대해서는 다양한 시각이 존재할 수 있다. 예를 들면 크림반도의 세바스토폴에 주둔하고 있는 러시아의 흑해함대를 안정적으로 유지하고 흑해지역은 물론 지중해로의 진출통로를 확보하기 위한 전략적 포석에서 모스크바가 크림반도를 전격적으로 병합했다고 볼 수 있다. 한편, 1954년 흐루쇼프에 의한 크림반도의 우크라이나 양도는 그 자체가 불법적으로 이루어졌다는 의미에서 이번 병합은 그러한 역사상의 비정상을 정상화시킨 것이라는 시각도 존재한다. 그러나 어떻든 거시적인 시각에서 보자면 유라시아 연합을 꿈꾸는 러시아에게 우크라이나의 서방통합은 허용될 수 없는 시나리오이다. 따라서 러시아는 크림반도의 병합을 발판으로 우크라이나를 더욱 압박해 CIS 지역통합을 밀고 나감으로써 CIS 지역의 맹주는 물론 글로벌 강대국으로서의 입지를 다지려는 공세적 외교를 펼쳐 나가고 있는 것으로 보인다.

카자흐스탄은 자국에서 생산된 원유를 BTC(Baku-Tbilisi-Ceyhan) 라인으로 수송시키려던 서방의 노력을 무산시키고 기존의 러시아 송유관을 계속 사용하기로 결정했다. 이러한 결정은 중앙아시아 에너지 협력에 있어서 러시아가 서방에 대해 결정적인 우위를 차지하는 데 크게 기여했다.[28) 이 밖에도 러시아는 2007년 투르크메니스탄과 천연가스 도입에 관한 장기계약을 체결했으며 투르크메니스탄에서 카자흐스탄을 거쳐 러시아로 연결되는 가스관의 개선사업에 대한 합의를 이끌어 내고 우즈베키스탄 에너지 자원에 대한 투자를 증대시키는 데 성공했다.

한편, 푸틴정부는 CIS 회원국 일부를 중심으로 안보 및 경제 분야에서의 다자간 협력체를 발전시켜 포스트소비에트 공간에서 러시아가 중심이 되는 협력구조를 형성하는 데 주력했다. 먼저 경제부문에서의 다자주의적인 접근으로는 유라시아경제공동체(EAEC; 또는 EurAsEC)를 통한 CIS 지역 내의 경제통합 노력을 들 수 있다. 위에서 지적했듯이 1990년대 중반까지 CIS 전체의 통합을 추진하고자 했던 러시아의 노력이 지지부진하게 됨에 따라 푸틴은 CIS 회원국들과의 양자적 관계를 발전시키는 한편으로 몇 몇 CIS 회원국들 사이의 다자적 협력을 도모하는, 소위 소지역주의적 통합노력을 병행하게 되었다. 이러한 각도에서 2000년 10월 러시아를 비롯해서 카자흐스탄, 벨라루스, 키르기스스탄, 타지키스탄 등 5개국이 유라시아경제공동체를 창설했다. 2006년에는 우즈베키스탄이 가입해 회원국 수는 6개국으로 늘어났다. 여기서 한 걸음 더 나아가 러시아는 2010년 7월 카자흐스탄, 벨라루스 등과 함께 역내 경제협력을 활성화시키고 경제통합으로의 초석을 마련하기 위해 관세동맹을 창설하기로 합

28) http://www.eurasianet.org/departments/insight/articles/eav051607.shtml. P. Kubicek, “The Commonwealth of Independent States: an Example of Failed Regionalism?” 재인용.

의했다. 이 관세동맹은 2012년 1월부터 '단일경제공동체(Single Economic Space)'로 격상되어 재출범했다. 이로써 관세동맹 국가 간의 무역은 100% 자유화되었으며 전 세계 총생산의 2.66%에 이르는 공동시장이 형성되었다. 더 나아가 2015년 1월부터는 '유라시아 경제연합(Eurasian Economic Union)'이 출범할 예정이다. 그렇게 되면 역내 1억 7천만명의 인구와 GDP 규모로 2조 4천억 달러에 이르는 경제공동체가 탄생하게 되는 것이다. 이러한 경제통합의 움직임은 CIS 국가 간의 교역과 투자를 활성화함으로써 호혜적인 경제협력을 강화하려는 경제적 이유에 의해 추동되기도 했지만 2000년대 초반 이래 중앙아시아를 비롯한 CIS 지역에서 미국, 중국, EU 등 외부세력의 진출이 점차 늘어나고 있는 현상에 적극적으로 대응하기 위한 러시아의 전략에도 기인하고 있다고 할 것이다.[29)]

III. 집단안보조약기구(CSTO)의 성립과 러시아의 지역안보협력 정책

앞서 지적한 바와 같이 CIS를 통한 포스트소비에트 지역의 통합이 사실상 어려워짐에 따라 러시아는 새로운 형태의 지역협력 구조를 구축하게 되었다. 그 대표적인 예가 유라시아경제공동체(EurAsEC)과 집단안보

29) 실제로 글로벌 금융위기가 옛 소련국가들에게도 상당한 여파를 미치고 있던 2009년 1월 EurAsEC 회원국들은 모스크바에서 정상회담을 갖고 유라시아 개발은행을 통해 공동위기대응기금을 마련하기로 합의했다. 총 100억 달러의 기금 가운데 러시아는 75억달러를 출연하기로 했다. 그 뿐만 아니라 러시아는 키르기스스탄과 벨라루스에 각각 2억 달러씩의 구제 금융을 제공하는 등 쌍무적 협력도 병행했다. 이러한 러시아의 노력은 이 지역에서의 자국의 영향력을 유지하기 위한 전략임은 물론이다. Stephen Aris, "Russia's Approach to Multilateral Cooperation in the Post-Soviet Space: CSTO, EurAsEC and SCO," *Russian Analytical Digest*, 76/10, 2009, pp.2-5

조약기구(CSTO), 그리고 상하이협력기구(SCO) 등이다. 러시아는 CIS 국가들과의 그러한 양자적, 다자적 협력을 통해 자국의 국익을 증대시키는 한편, 지정학적 다원주의라는 현실 속에서 이 지역에 있어서 자국의 영향력을 유지, 확대하고자 했다. 특히 안보 부문에서 옛 소련 지역에 대한 자국의 영향력 증대를 위해 러시아는 집단안보조약기구(CSTO)의 역할을 강조해왔다.

1. 연혁

CSTO는 1992년의 집단안보조약(CST)이 발전적으로 재조직된 것이다. 옛 소련 국가들 간의 협력체인 CIS는 회원국들 사이의 군사협력을 도모하기 위해 집단안보조약(Collective Security Treaty, CST)를 출범시켰다. 1992년 5월 15일 우즈베키스탄의 타슈켄트에서 개최된 CIS 정상회담에서 CST가 체결된 것이다. 최초에는 러시아, 아르메니아, 카자흐스탄, 키르기스스탄, 타지키스탄, 그리고 우즈베키스탄이 회원국으로 참여했다. 그 이후 1993년 9월에는 아제르바이잔이, 12월에는 그루지야와 벨라루스가 각각 새로 합류했으며 이 조약은 1994년 4월 20일자로 정식으로 발효했다. 원래 5년 기한으로 발효된 이 조약의 갱신 시점이 도래한 1999년에 우즈베키스탄, 아제르바이잔, 그리고 그루지야 등 3개국은 서명을 거부하고 이 조약에서 탈퇴했다.

이 조약이 국제기구로 강화, 재조직된 배경에는 국제테러에 대한 공동대응 필요성이 크게 작용했다. 푸틴 대통령은 국제테러에 효과적으로 대처한다는 명분 아래 옛 소련지역 국가들 간의 다자안보협력이 중요하다는 점을 강조했다. 2000년 1월에 열린 CIS 정상회담에서는 CIS 대테러 프로그램을 준비하기 위한 결정이 내려졌으며 같은 해 6월 CIS 국가들은 국제테러와 기타 극단주의에 대응하기 위해 '대테러 센터(Anti-Terrorist Center)'를 설립하기로 결의했다. 대테러 센터는 CIS 산하 조직으로서 테러와 여타 형태의 극단주의에 대처하기 위해 각국의 상이한 법률을 조율하고 테러주의에 대한 공동연구와 정보교환을 수행하며 대테러 활동과 관련해 CIS 기구들의 활동을 조정하는 기능을 맡도록 되어 있었다.[30)]

이처럼 러시아와 중앙아시아 국가들 사이에 테러이슈와 대테러 활동에 관한 공조 필요성에 대한 인식이 공유됨에 따라 러시아는 중앙아시아 국가들을 포함한 CIS 국가들과 군사협력을 강화시키고 더 나아가 지역 안보협력체제를 구축할 수 있는 길을 열었다. 2001년 5월 아제르바이잔의 수도 바쿠에서 열린 CIS 국방장관 회의에서 세르게이 이바노프(Сергей Иванов) 러시아 국방장관은 유라시아 지역에서 일어날 수 있는 국제테러리즘에 보다 효과적으로 대응하기 위해 CIS 차원의 공동대응이 필요함을 강조했다.[31)] 나아가 2001년 5월 아르메니아의 예레반에서 개최된 CST 가맹국 회의에서는 중앙아시아 신속배치군 창설에 관한 최종 결정이 이루어졌다. 신속배치군은 러시아, 카자흐스탄, 키르기스스탄, 및 타지키스탄에서 각각 차출되는 1,500명의 병력으로 구성되며 각 가맹국의 요청에 따라 즉각 활동에 들어가도록 되어 있었다.[32)] 이와 같이 푸틴 대통령은 테러와의 전쟁을 명분으로 삼아 CIS 차원에서의 다자안보체제의 구축과 군사통합에 적극적으로 나서게 되었다. 푸틴의 그러한 행보는 2001

30) L. Jonson, *Vladimir Putin and Central Asia: The Shaping of Russian Foreign Policy*, p. 67.

31) 하지만 CIS 국가들 가운데 구암(GUUAM) 그룹에 속해 있던 그루지야, 우크라이나, 우즈베키스탄, 아제르바이잔, 몰도바 등 5개국은 러시아의 제안을 받아들이지 않았다. *Jamestown Monitor 104*, May. 23, 2001.

32) L. Jonson, *Vladimir Putin and Central Asia: The Shaping of Russian Foreign Policy*, p. 69.

년 9.11 사태를 계기로 더욱 빨라지게 되었다. 마침내 푸틴의 러시아는 카프카즈 및 중앙아시아 내의 과격 이슬람주의자들로부터의 위협에 효과적으로 대처하기 위해 CST를 재조직하고 강화시킬 필요성을 주창했다. 그리하여 CST 창설 10년째 되던 해인 2002년 5월에 CST 회원국들은 '집단안보조약기구(Collective Security Treaty Organizaton, CSTO; Организация Договора о коллективной безопасности, ОДКБ)'의 창설에 합의했으며 같은 해 10월에는 CSTO 헌장이 채택되었다.[33] 출범 당시의 회원국은 러시아, 벨라루스, 아르메니아, 카자흐스탄, 키르기스스탄, 타지키스탄 등이다. 2006년 8월 러시아 소치에서 열린 CSTO 정상회담에서는 우즈베키스탄의 회원국 가입을 결정했다. 또한 2009년 2월 모스크바에서 열린 CSTO 정상회의는 신속집단대응군(Collective Rapid Reaction Force, RRF; Коллективные силы оперативного реагирования, КСОР)을 창설하기로 결정했다.

테러와의 전쟁이라는 요인 이외에도 푸틴이 CST를 새로운 지역안보협력체로 발전시키고자 한 배경으로는 미국의 중앙아시아 진출과 그에 대한 러시아의 대응책 강구라는 차원을 들 수 있다. 9.11 사태 직후 테러와의 전쟁을 선포한 부시 미국 대통령은 10월 7일 아프가니스탄에 대한 공습을 시작했다. 이에 앞서 미국정부는 아프가니스탄 전쟁의 배후 기지를 확보하기 위해 우즈베키스탄 정부와 협상을 벌여 아프가니스탄 국경에서 90마일(약 145㎞) 떨어진 하나바트(Ханабад) 기지에 자국군을 처음으로 파견시켰다. 2002년 2월경에는 우즈베키스탄에 1,500명, 키르기스스탄에 2,000명, 타지키스탄에 300명의 미군이 각각 주둔하게 되었다.[34] 중앙

33) 고재남, "러시아의 중앙아시아정책과 다자주의," 217쪽.

34) L. Jonson, *Vladimir Putin and Central Asia: The Shaping of Russian Foreign Policy*, p. 86.

아시아에서 탈레반의 활동을 원천봉쇄하고 더 나아가 자국의 테러분자들과 탈레반과의 연계를 차단해 러시아와 CIS 지역의 안정을 도모하기 위해 러시아는 미국과 손을 잡고 테러와의 전쟁에 동참하게 되었다. 이러한 맥락에서 러시아는 미국의 중앙아시아 진출을 받아들이게 된 것이다. 러시아는 미국과 손을 잡고 테러와의 전쟁을 수행하는 한편, CIS 차원에서도 대테러 활동의 조정역할을 할 수 있는 지역안보협력체를 필요로 하고 있었다. 한편으로 테러주의의 근절이라는 목표 이외에도 러시아는 중앙아시아 및 CIS 지역에서의 영향력 유지라는 또 다른 국가적 목표를 갖고 있었다. 미국이 중앙아시아에 본격적으로 그 존재감을 드러낸 상황에 대해 우려와 불안감을 갖고 있던 모스크바는 이 지역에서 자신의 위상을 유지하기 위한 노력의 일환으로서 중앙아시아 각국과의 쌍무적 협력을 강화함과 동시에 지역안보협력 시스템의 정비에 나서게 된 것이다.

2. 목적 및 기능

CSTO는 NATO와 유사하게 집단안보 동맹체의 성격을 갖는다. 즉 CSTO 헌장 제 2조는 “어느 한 회원국 또는 여러 회원국들의 안보, 영토적 완전성 및 주권에 위협을 받게 될 경우 회원국들 간에 입장을 조정하고 그러한 위협을 제거하기 위한 조치를 취하기 위해 공동협의를 위한 메커니즘을 즉각 실행에 옮긴다.” 라고 규정하고 있다. 다시 말해 어느 회원국들이 외부로부터 침략을 받게 되면 이는 모든 회원국들에 대한 침략으로 간주해 CSTO의 다른 회원국들은 군사적 원조를 포함해 그러한 침략에 대한 집단적 방어 조치에 개입한다는 것이다.[35]

---

35) *Организация Договора о коллективной безопасности* Basic Facts [Электронный

CSTO는 비단 외부세력의 침략으로부터 가맹국들의 영토적, 경제적 공간을 군사적으로 방어하는 데에 그치지 않고 보다 광범위한 의미에서 지역의 안보와 안정을 유지하는 것을 그 목적으로 한다. 예컨대 CSTO 회원국들은 마약밀매의 방지, 국제테러의 예방과 척결, 그리고 대규모 자연재해의 수습과 복구활동 등에 있어서도 공동으로 대처하도록 되어 있다. 더 나아가 CSTO는 외부세력이 가맹국 각국의 사회 및 국내정치질서를 위협하거나 위협할 가능성이 높을 때 사전에 이를 차단하는 역할도 수행한다.[36)]

3. 조직

CSTO의 최고 의결기구는 집단안보회의(Council of Collective Security, СКБ)로서 가맹국의 국가원수들로 구성된다. 집단안보회의는 CSTO의 활동에 대한 근본적인 문제들을 조직의 목적과 임무를 실현하기 위한 여러 이슈들을 결정하도록 되어 있다. 또한 집단안보회의는 CSTO의 목적을 실현시키는 데 있어서 가맹국들의 활동을 조정하고 통일시키는 기능도 수행한다. CSTO는 각 회원국이 매년 돌아가면서 의장국을 맡는 "순

ресурс] / odkb.gov.ru. Рудим доступа: www.odkb.gov.ru//a/aengl.htm.

36) *Ю. Юргенс (ред.)* ОДКБ: Ответственная Безопасность. М., 2011. С. 21. 그러나 회원국의 국내문제에 CSTO가 개입하는 것에 대해서는 주권침해의 소지가 있어 논란의 여지가 있다. 예를 들어, 2010년 6월 키르기스스탄이 국내의 정치적 혼란을 이유로 CSTO에 개입을 요청했으나 우즈베키스탄, 카자흐스탄 등이 자국 군대의 파견을 반대했다. 2010년 9월 CSTO 사무총장 보르듀자(Николай Бордюжа)는 러시아의 한 언론사와 가진 인터뷰에서 CSTO가 회원국의 국내문제에 대한 치안역할을 맡는 것은 허용될 수 없으며 회원국의 안보 또는 지역의 안보에 중대한 위기 상황이 발생할 경우에 한해서만 개입이 고려될 수 있다고 언급했다. Roger N. Mcdermott, "The Kazakhstan-Russia Axis: Shaping CSTO Transformation," *Working Paper, The Foreign Military Studies Office(FMSO), U.S. Army*, no date (n.d.), pp.1-15.

환 의장국(rotating presidency)" 제도를 채택하고 있다.

외무장관회의(Council of Ministers of Foreign Affairs, СМИД)는 대외정책 영역에 있어서 가맹국간의 상호관계를 조정하는 문제를 다루는 CSTO의 자문기구 겸 집행기구이다. 국방장관회의(Council of Ministers of Defense, CMO) 역시 CSTO의 자문기구 겸 집행기구로서 군사정책, 방위산업 및 군사기술 협력분야에 대해 가맹국 사이의 상호관계를 조정하는 문제를 다룬다. 또한, 각국의 국가안보정책을 조율하는 기구로서 안보회의 서기 위원회(Committee of Secretaries of Councils of Security, КССБ)가 있다. 이것 역시 CSTO의 자문기구 겸 집행기구로서 각 가맹국의 국가안보에 관한 가맹국들 사이의 상호관계를 조정하는 임무를 맡고 있다.

CSTO는 또한 상설 사무국을 두고 제반 조직들의 활동을 보장할 수 있도록 행정 조직을 관리하고, 정보제공 임무를 수행하며, 산하기구들의 활동에 대한 분석과 자문 등 일상적인 행정업무를 총괄하도록 하고 있다. 상설 사무국은 사무총장(General Secretary)이 통괄하도록 하고 있다.

CSTO는 또 다른 상설조직으로서 집단안보에 관련된 가맹국들로 이루어진 연합군대를 통솔하기 위해 합동참모본부(Joint Staff, Обьединенный штаб, ОДКБ)를 두고 있다. 합동참모본부는 상설 사무국과 국방장관회의의 통제를 받으며 군사문제에 대한 제안을 하거나 군사문제에 대한 CSTO의 결정사항을 집행하는 역할을 맡는다. 2006년 12월 1일부터 합동참모본부는 내부의 상설 지휘부를 통해 연합군을 통제하는 임무를 부여받게 되었다. 합동참모본부 휘하에는 약 4,500명으로 이루어진 '신속배치군(rapid deployment force)'을 두고 있다. 이 병력은 주로 중앙아시아 지역에서 대테러 작전의 임무를 수행한다.

한편, 2004년 12월부터 CSTO는 옵서버 자격으로 국제연합(UN) 총회에 참석해오고 있다. 2007년 CSTO는 평화유지군을 설치해 회원국 내부뿐만 아니라 회원국들 간에 그리고 회원국들과 외부 세력 사이의 분쟁이 발생할 경우 그러한 지역의 질서와 치안을 유지하는 역할을 맡게 되었다. 원칙적으로 CSTO 평화유지군은 가맹국 내에서 활동하도록 되어 있다.[37] 또한 CSTO는 역내에서 분쟁이 발생할 경우 반드시 국제연합의 위임을 기다릴 필요는 없지만, 가능한 한 국제연합의 지지 또는 위임을 받아 평화유지활동을 펼칠 수 있도록 대 UN 협력을 추구하고 있는 것으로 알려졌다.[38]

[그림 1] CSTO의 조직구성

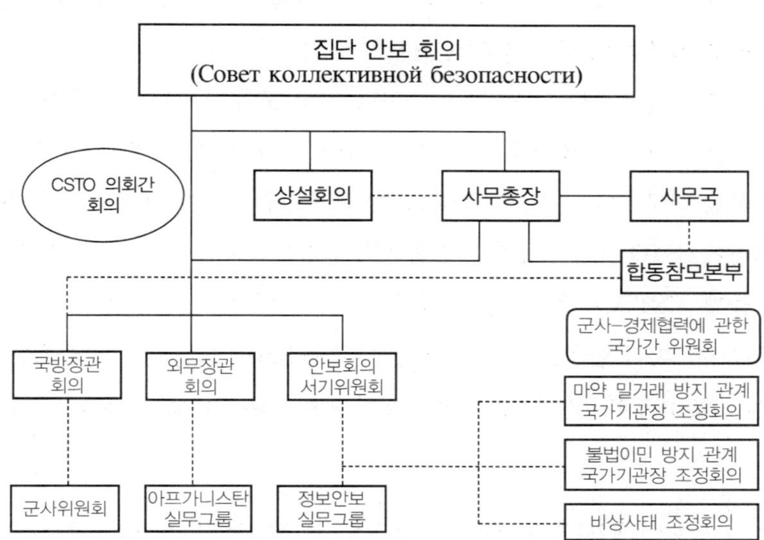

* 자료: http://www.odkb-csto.org/structure/(검색일: 2013.10.1)

37) CSTO 평화유지군 창설에 대한 결정은 2007년 10월의 집단안보회의에서 내려졌지만 실제 부대의 창설은 2010년에 이르러서야 실현되었다. *Ю. Юргенс (ред.)* ОДКБ: Ответственная Безопасность. С. 17.

38) http://www.eurasianet.org/print/32824(검색일: 2013.7.29)

4. 활동내용

러시아를 비롯한 CSTO 가맹국들은 CSTO가 역내 집단안보협력체의 기능을 수행하기 위한 구체적인 활동을 전개해왔다. 첫째 역내의 분쟁과 다양한 형태의 안보위협에 효과적으로 대처하기 위한 신속집단대응군(RRF)의 설치를 들 수 있다. 2009년 2월에 열린 CSTO 정상회의는 역내의 불법적 무장단체, 조직범죄, 마약밀매, 그리고 인명과 주요 시설물을 위협하는 테러에 대응하기 위한 RRF 설치를 결정했다.[39] 출범당시 1,6000명의 규모를 갖고 있던 RRF는 러시아군 8,000명, 카자흐스탄군 4,000명, 그리고 벨라루스, 아르메니아, 키르기스스탄 및 타지키스탄에서 파견된 4,000명의 병력으로 구성되었다. 2011년경 RRF의 규모는 약 2만 명으로 늘어났다. 이러한 RRF의 구성에서도 러시아와 카자흐스탄이 주도적인 역할을 하고 있음을 알 수 있다. 2008년 8월에 발생한 그루지야 전쟁이 이러한 CSTO 군사력 증강의 직접적인 계기로 작용한 것으로 보인다.[40]

둘째, CSTO는 정례적인 군사훈련 및 군사협력을 실시해오고 있다. CSTO는 매년 합동군사훈련 〈국경;루베시(Рубеж)〉 작전을 실시해오고 있다. 2010년 4월 타지키스탄에서 실시된 Рубеж-2010에는 CSTO 가맹국

---

39) 이에 앞서 2007년 10월 CSTO 회원국 정상들은 역내 분쟁을 신속하고 효과적으로 안정시키기 위해 자체 평화유지군을 창설하기로 합의했다. CSTO 평화유지군은 회원국 영토내에서는 국제연합의 위임 없이도 활동할 수 있으며 회원국의 영토가 아닌 CIS 지역 또는 역외 다른 곳에서 일어난 분쟁에 대해서는 국제연합의 위임 아래 활동할 수 있도록 되어 있었다. 대체로 평화유지군은 대규모의 분쟁에 관련된 작전 수행에, RRF는 소규모의 작전에 투입될 것으로 알려졌다. 그러나 평화유지군의 규모와 구성원칙, 훈련방식 등에 대해서는 합의가 이루어지지 않았다. 한편, RRF의 창설에 대해 우즈베키스탄은 주권침해의 소지를 들어 일관되게 반대입장을 견지했다. R.N. Mcdermott, "The Kazakhstan-Russia Axis: Shaping CSTO Transformation," p.9.

40) I. I. Pop, "Russia, EU, and the Strengthening of the CSTO in Central Asia," p.286.

에서 파견된 1,000여명의 병력이 참여해 모의 대테러 작전을 펼쳤다. 한편, 2010년 10월 25일~28일에는 첼랴빈스크에서 RRF 합동군사훈련 〈합동작전-2010; 브자이모데이스트비예(Взаимодействие)-2010)〉이 실시되었다. 이 훈련에는 러시아와 카자흐스탄의 공수부대를 포함해 CSTO 회원국 전체(우즈베키스탄 제외)에서 파견된 1,700명의 병력이 참가했다. 2012년 8월 러시아 첼랴빈스크주 체바르쿨(Чебаркуль)에서 실시된 〈Рубеж-2012〉는 기갑부대를 통한 대테러 공격훈련에 초점을 두었다.[41)]

셋째, CSTO는 합동 군사력을 증진시키기 위한 노력들을 해오고 있다. 2013년 4월 키르기스스탄의 코이 타시(Кой -Таш) 군사기지에서 열린 CSTO 회의에서 공군력을 증강시키기 위한 계획이 발표되었다. 이 자리에서 보르듀자 CSTO 사무총장은 CSTO 회원국 정부들이 집단 공군력을 형성하기 위해 회원국들이 보유한 공군 자산을 공유할 필요가 있다는 데 의견을 같이하고 있다고 밝혔다. '집단 공군전력(Collective Air Force, CAF)'의 운영을 위해 러시아, 벨라루스 및 카자흐스탄은 공격용 헬리콥터를 제공하기로 했으며 CAF는 러시아가 사용하고 있는 키르기스스탄의 칸트(Кант) 공군기지의 전력과 연계해 운영될 것이라고 보도되었다.[42)] 유사한 맥락에서 러시아는 아르메니아 주둔 러시아군과 아르메니아 공군의 현대화를 추진하고 있다. 이와 병행해 러시아는 아르메니아군의 지휘-통제 시스템(command-and-control system)을 CSTO의 지휘-통제 시스템과 통합하는 작업을 추진하고 있는 것으로 보인다.[43)]

---

41) http://www.accessmylibrary.com/article-1G1-299383434/russian-tv-shows-tank(검색일: 2013.8.9)

42) *Владимир Мухин* Зонтик для ОДКБ модернизируют в Канте: Российская авиабаза в Киргзии к 2014 году станет международной // Независимая газета. 2013.17. апрель.

43) http://www.eurasianet.org/print/67216(검색일: 2013.7.29)

넷째, CSTO가 외부 조직과 합동으로 벌인 대테러 및 마약 밀거래 근절 활동이다. 집단안보조약(CST) 시절부터 가맹국들의 주된 관심사 가운데 하나는 지역내부의 마약 밀거래뿐만 아니라 아프가니스탄 등 주변지역으로부터의 마약유입을 봉쇄하는 문제였다. 〈표 1〉에서 보는 바와 같이 CSTO는 2000년대 초반부터 가맹국들뿐만 아니라 관련 국가들도 옵서버로 참여시켜 마약소탕 작전 〈카날(Канал)〉을 매년 실시해오고 있다. 이 작전에 참여하는 옵서버 국가들은 해를 거듭함에 따라 늘어나는 추세이다.

〈표 1〉 CSTO가 주도한 마약과의 전쟁 〈카날(Канал)〉의 결과

실시연도	몰수된 마약 및 마약성분 약제의 수량 (ton)	옵서버 국가
2003	2	없음
2004	10.7	아제르바이잔, 이란, 우즈베키스탄
2005	11.2	아제르바이잔, 이란, 우즈베키스탄, 중국, 우크라이나, 파키스탄
2006	23.9 (마약); 540마약 (선구물질)	아제르바이잔, 이란, 중국, 몽골, 미국, 우즈베키스탄, 우크라이나, 라트비아, 리투아니아, 폴란드, 핀란드, 에스토니아
2007	27.8	아제르바이잔, 아프가니스탄, 이란, 중국, 몽골, 미국, 투르크메니스탄, 우크라이나, 라트비아, 리투아니아, 폴란드, 에스토니아, 인터폴
2008	30 이상	아제르바이잔, 볼리비아, 이란, 스페인, 이탈리아, 콜롬비아, 중국, 라트비아, 리투아니아, 에스토니아, 몽골, 파키스탄, 폴란드, 미국, 우크라이나, 핀란드

2009	115 이상	아제르바이잔, 아프가니스탄, 불가리아, 베네수엘라, 독일, 이란, 이탈리아, 스페인, 중국, 콜롬비아, 라트비아, 리투아니아, 에스토니아, 폴란드, 미국, 터키, 우크라이나
2010	6.6(마약); 40이상(마약 선구물질)	유로폴, 유라시안 그룹, 미국, 중국, 이탈리아, 베네수엘라, 시리아, 터키, 불가리아, 아제르바이잔, 우크라이나, 라트비아, 리투아니아, 에스토니아, 폴란드

* 자료: *Ю. Юргенс (ред.)* ОДКБ: Ответственная Безопасность. С. 11.

다섯째, 러시아는 CSTO를 통해 역내 국가들 사이의 대외정책을 공동으로 조정한다는 명목으로 여타 가맹국들로 하여금 자국의 대외정책 노선에 동조하도록 영향력을 행사해왔다. 예컨대 2011년 9월 러시아는 “집단훈령(collective directives)”라는 문건을 CSTO 회원국들에게 회람시켰는데 이 문건은 2차대전의 역사적 해석, 미사일방어계획(MD) 문제, CSTO와 NATO의 협력, 아프가니스탄 사태, 대테러 및 마약밀매 대처 등에 대한 가맹국의 공통된 인식이 필요함을 지적하고 있다.[44] 특히 서방과 첨예한 대립을 벌이고 있는 시리아 사태의 해결방안과 이란 및 아프가니스탄 사태 등에 대해 러시아는 CSTO 가맹국들로 하여금 러시아와 같은 입장을 취하도록 영향력을 행사해왔다. 실제로 CSTO 외무장관들은 2013년 5월 27일 모스크바에서 회담을 갖고 시리아 문제 해결을 위한 미러 회의의 개최에 대한 러시아의 제안을 지지한다는 입장을 담은 성명을 발표했다.[45] 이렇듯 러시아는 NATO와 EU처럼 주요 국제이슈에 대해 CSTO 회원국들이 유사한 입장을 공유함으로써 CSTO의 효율성을 높이고 이를

44) http://enews.fergananews.com/news.php?id=2127&mode=snews(검색일: 2013.8.7)

45) http://voiceofrussia.com/news/2013_05_27/CSTO-foreign-chiefs-agree-on-Syria-Iran-506/(검색일: 2013.8.7)

통해 자국의 영향력을 제고하려는 노력을 기울이고 있다.

여섯째, 러시아는 CSTO를 통해 유라시아지역에서의 다자안보협력체를 강화시킴과 동시에 중앙아시아 국가들과의 쌍무적 군사, 안보협력을 강화시켜 왔다. 러시아는 근년 들어 우즈베키스탄에 대한 미국의 영향력이 증대되는 것에 대비해 키르기스스탄과 타지키스탄에 대한 쌍무적 경제, 군사협력을 강화시키려는 노력을 기울였다. 2012년 8월 러시아의 이고르 슈발로프(Игорь Швалов) 부총리가, 9월에는 푸틴 대통령이 각각 비쉬켁을 방문해 10억 달러가 넘는 경제원조에 대한 논의를 매듭지었다. 그 대가로 러시아는 원래 2015년에 기한이 끝나는 키르기스스탄의 군사기지 임대를 17년 연장해 2032년까지 그것을 사용할 수 있는 권한을 획득했다.[46] 또한 러시아는 타지키스탄에 대해서도 약 2억달러에 달하는 경제원조를 약속했다. 이는 최근 키르기스스탄 및 타지키스탄이 각각 러시아 군사기지를 연장하기로 한 것에 대한 러시아의 보답이라는 성격도 띠고 있다.[47] 2013년 8월 1일 푸틴 대통령과 에모말리 라흐몬(Эмомали Рахмон) 타지키스탄 대통령은 모스크바에서 열린 정상회담에서 타지키스탄내 러시아군 기지의 사용권을 2042년까지 연장시키는 것에 대한 2012년의 양국합의를 재확인했다. 이와 관련해 러시아는 타지키스탄 군의 현대화를 위해 2억 달러를 지원한다는 2012년의 약속도 재확인했다.[48] 한편, 러시아는 2010년 8월에 1995년의 러시아-아르메니아 상호조약을 개정해 2044

46) http://www.military.com/daily-news/2012/09/20/russia-to-keep-kyrgyzstan-military-base.html(검색일: 2013.8.7)

47) *Иван Сафронов, Сергей Строкань, Елена Черненко* Киргизию и Таджикистан вооружат российскими денгами [Электронный ресурс] / KOMMERSANT.RU. Рудим доступа: http://kommersant.ru/doc/2060903.

48) http://www.rferl.org/content/russia-tajikistan-rahmon-putin/25063000.html(검색일: 2013.8.7)

년까지 아르메니아 군사 기지를 사용할 수 있는 권리를 획득했다. 이는 1995년 조약에서 규정했던 25년간의 기지 사용권을 49년까지로 연장했음을 의미한다.[49)]

IV. CSTO에 대한 평가와 전망

우리는 위에서 CIS 역내의 안보협력기구인 집단안보조약기구의 연혁, 구조 및 활동내역을 살펴 보았다. 이러한 분석에서 알 수 있듯이 CSTO는 가맹국들이 외부로부터의 침략과 같은 안보의 위협에 공동으로 대처할 뿐만 아니라 포스트소비에트 공간에서의 테러, 국제범죄, 가맹국 국내외의 분규에 대처하고 안정과 질서를 유지하기 위한 다자적 협력체로 발전해왔다. 그러한 CSTO의 발전과정에서 러시아의 역할과 영향력이 결정적인 역할을 하게 되었음은 말할 필요도 없다. 그렇다면 CSTO의 조직과 기능 그리고 그 활동을 어떻게 평가할 것인가? CSTO를 평가하기 위해서는 우선 그것이 지향하는 목적과 기능, 다자협력기구로서의 활동 등 다양한 측면을 살펴볼 필요가 있다. 여기서는 이 조직에서 중심적인 역할을 하고 있는 러시아 대외정책의 목표와 전략을 중심으로 살펴보고자 한다.

49) http://en.rian.ru/military_news/20100820/160276128.html(검색일: 2013.8.5)

1. CSTO에 대한 평가: 러시아의 안보협력 정책의 관점에서

러시아는 포스트소비에트 공간에서 자국의 영향력을 유지하는 데 있어서 CSTO를 중추(backbone)로 간주하고 이 조직을 통한 지역안보협력에 주력해왔다. 2008년 7월에 발표된 러시아연방의 대외정책개념은 다음과 같이 CSTO의 역할을 강조하고 있다. "러시아는 CIS 지역에서의 안정을 유지하고 이 지역에서의 안보를 확고히 하기 위해 CSTO를 핵심적인 방편으로 발전시켜 나갈 것이다. 그리하여 러시아는 변화하는 환경에 맞게 CSTO를 다기능적인 통합체로 발전시켜 나감은 물론 유사시 회원국들이 신속하고 효과적인 공동조치를 취할 수 있도록 만드는 등 CSTO를 그 책임영역 내에서 회원국들의 안보를 확실히 지켜줄 수 있는 중심기관으로 변화시키는 데 초점을 둘 것이다."[50]

그러면 CSTO를 통해 러시아는 CIS 지역에서의 영향력의 유지, 강화라는 외교적 목표를 얼마나 달성했을까? 그리고 안보동맹체로서의 CSTO는 얼마나 효과적으로 활동을 해왔나? 아래에서 이러한 문제들을 짚어보기로 한다.

(1) 성과

우선, 모스크바가 CSTO를 통해 이룩한 대외정책상의 성과를 살펴보자. 첫째, CSTO는 포스트소비에트 공간의 안정화와 러시아 이익의 증진에 상당한 역할을 해오고 있다. CIS 지역에 있어서 러시아의 주요 국가이익으로는 외부의 불안요소(테러, 극단주의, 마약밀매, 사이버 범죄, 불법이주 등)로부터 러시아 영토내부에서의 안정을 지키고 외부세력이 이 지역

50) I. I. Pop, "Russia, EU, and the Strengthening of the CSTO in Central Asia," p.285.

에 개입하지 않도록 함으로써 지역의 안보를 확보하며 "영향력의 범위(sphere of influence)"라고 불리는 이 지역에서 전통적인 특권적 이익을 유지하는 일이다. 이러한 맥락에서 CSTO는 그러한 이익들을 상당부분 충족시켜 왔다고 할 수 있다. 러시아는 CSTO를 유라시아지역에서 NATO에 맞먹는 군사 및 정치동맹체로 발전시키려는 노력을 기울여왔다. CSTO는 RRF를 창설해 매년 대테러 및 마약밀거래를 퇴치하기 위한 합동작전을 수행하고 있다. 또한 러시아와 여타 가맹국들은 2010년에 CSTO 내에 평화유지군을 창설해 역내 분쟁에 개입해 그러한 분쟁이 역내의 안보불안요소로 번지지 않도록 하는 활동을 펼쳐오고 있다.

둘째, CSTO는 러시아가 중앙아시아를 포함한 CIS 지역에서 영향력을 유지하는 데 공헌했다고 볼 수 있다. 특히 CSTO RRF의 창설과 제도화는 유라시아지역에서 러시아의 영향력이 공고하게 유지되는데 기여하고 있다. 러시아는 RRF 총병력의 절반을 파견하고 있다. 또한 러시아는 CSTO 공동예산의 50%를 부담함으로써 사실상 CSTO의 운영을 책임지고 있다.[51] CSTO 내부에서의 이러한 압도적인 역할을 바탕으로 러시아는 가맹국들이 주요 국제현안에 대해 공통된 입장과 정책을 마련할 수 있도록 조정하는 역할을 스스로 맡게 됨으로써 역내에서 자국의 영향력을 견고하게 유지해왔다. 나아가 러시아는 아르메니아, 키르기스스탄, 그리고 타지키스탄과 각각 군사기지를 유지하기 위한 쌍무적 협력을 추구하는 한편, 이러한 기지들과 CSTO 차원의 군사협력을 연계시킴으로써 군사, 안보 영역에서 자국의 영향력을 일정한 수준에서 유지하는 데 성공했다. 예컨대, 러시아는 2012년 키르기스스탄과 칸트 공군기지의 사용연장에

51) http://english.ruvr.ru/2013_06_20/CSTO-mission-we-fight-drug-trafficking-illegal-mi.(검색일: 2013.7.29)

합의함으로써 마나스(Манас) 주둔 미군기지의 철수를 기정사실화 시켰다.[52] 나아가 러시아는 칸트에 주둔하고 있는 러시아 공군기지를 CSTO가 추진하고 있는 CAF 연계시킴으로써 시너지 효과를 기대하고 있다.

셋째, CSTO는 NATO, EU, 미국 등 외부 세력의 중앙아시아 및 CIS 진출에 대한 일정한 견제수단으로 작용해왔다.[53] CSTO는 2011년 12월의 정상회의에서 회원국 이외의 제 3국이 역내 국가에 군사기지를 설치, 유지하고자 할 경우 반드시 회원국들의 동의를 얻어야 한다는 원칙을 천명했다. 이에 대해 메드베데프 당시 러시아 대통령은 "이러한 합의에 도달하는 것은 CSTO 내에서 러시아의 입장을 공고화시키는 데 매우 중요하다"고 지적했다.[54]

넷째, CSTO는 러시아 대외정책에 있어서 우군의 역할을 톡톡히 해주고 있다. 예컨대 아랍권에서 일어나고 있는 민주화운동("아랍의 봄")에 대해 서방과 입장을 달리하고 있는 러시아로서는 중국과의 연대는 물론이고 CIS 국가들과도 같은 목소리를 낼 필요가 있다. 이러한 관점에서 러시아는 CSTO를 통한 대외정책의 조율을 도모해왔고, 이는 일정한 성과를 산출했다. CSTO는 2011년 8월 카자흐스탄의 아스타나에서 비공식 정상회담을 갖고 "사이버 위협"에 대한 공동대처 방안에 대해 논의했다. 참가국들은 "아랍의 봄"이 소셜네트워크 서비스(SNS)를 통한 서방의 입김에 의해 추동되었음에 주목하고 이러한 현상이 포스트소비에트 공간에 확산되지 않도록 사이버 상에서의 자유를 제한하는 방안들을 제안했다.[55]

---

52) 마침내 키르기스스탄 주둔 미국 공군은 2014년 6월 3일 폐쇄식을 갖고 12년간의 부대활동을 마감했다. 미공군은 같은 해 7월에 마나스 기지로부터의 철수를 완료했다.

53) J. A. Mowchan, "The Militarization of the Collective Security Treaty Organization," pp. 1-6.

54) http://rt.com/politics/csto-nato-russia-medvedev-kazakhstan-257/(검색일: 2013.7.21)

55) http://russiaprofile.org/politics/43017/print_edition/(검색일: 2013.8.10)

2011년 9월에 실시된 〈첸트르(ЦЕНТР)-2011〉 대테러 합동훈련에는 CSTO 가맹국에서 파견된 12,000명의 병력이 참가해 리비아 및 시리아의 민주화 운동 등 소위 "아랍의 봄"과 이슬람 원리주의자들에 의한 분쟁이 러시아와 중앙아시아 지역에 확산되는 것을 차단하는 데 주안점을 두고 훈련을 펼쳤다. CSTO 차원의 이러한 공조는 가맹국들 사이에 대외정책과 주요 국제이슈에 대한 통일된 입장을 유지시키는 데 기여했다.

(2) 한계점

위에서 살펴본 바와 같이 지난 2002년에 출범한 CSTO는 러시아가 지향하는 유라시아 지역의 안정과 이 지역에 있어서 자국의 영향력 유지에 상당한 기여를 했다. 그럼에도 CSTO는 대내외적으로 만만치 않은 도전에 직면해 있다. 첫째, CSTO가 효과적인 지역안보협력체로 발전하는데 있어서 가장 큰 장애물은 회원국들 사이의 이해관계가 상이하고 서로 복잡하게 얽혀 있다는 점이다.[56] 특히 우즈베키스탄의 가입, 탈퇴, 재가입, 활동유예 등의 변덕스런 행보는 지역안보 협력체로서의 CSTO의 통합능력에 의문을 던져주었다. 러시아의 영향으로부터 자유로운 입지를 확보하는 동시에 중앙아시아 국가들 가운데 기함(flagship)역할을 자임하고 있는 우즈베키스탄은 친러와 친미(또는 친서방) 사이를 오가면서 CIS 내에서도 이단아 같은 존재로 인식되어왔다. CSTO 출범 4년 뒤인 2006년에 회원국으로 가입했던 우즈베키스탄은 역내 군사협력 등 CSTO의 활동에 대해 소극적 또는 비판적인 태도로 일관했다. 급기야 2012년 6월 우즈

56) J. A. Mowchan, "The Militarization of the Collective Security Treaty Organization," pp. 1-6.

베키스탄은 스스로 CSTO 회원국 자격의 정지를 일방적으로 선언했다.[57] 우즈베키스탄의 이러한 자의적인 행보는 국제기구로서의 CSTO의 위상과 러시아의 리더십에 흠집을 내는 결과를 가져왔다. 이러한 우즈베키스탄의 행태는 국제사회에 CSTO의 취약성을 드러내는 역할을 했다. 한편, 벨라루스와 아르메니아의 경우 중앙아시아 지역에서의 분쟁해결이나 안정유지에는 별로 관심이 없다. 그들은 러시아 경제권에 기대어 이익을 취하는 한편으로 대서방 정책의 실패에 대비한 대안마련의 필요성(벨라루스)과 아제르바이잔과의 분쟁에 대비한 방패막이 마련(아르메니아) 등 각기 다른 관심과 목적에 따라 CSTO의 구성원 자격을 유지하고 있다.[58]

둘째, CSTO 운영상의 이슈 — 예컨대, RRF의 구성과 운영 — 에 대해서도 각 가맹국들의 입장에 차이점을 발견할 수 있다. 위에서 지적한 바대로 러시아와 카자흐스탄은 RRF에 가장 활발하게 참여하고 있다. 이에

57) 회원국이 제 3국의 군대를 역내에 주둔시킬 경우 CSTO 집단안보회의(정상회의)의 승인을 얻어야 한다는 CSTO 헌장 조항이 있다. 이러한 이유 때문에 타슈켄트는 NATO군 기지를 유료로 제공하고 미국 등 서방으로부터 군사원조를 얻고자 CSTO의 규제를 우회하는 방법을 통해 스스로 회원국 자격의 정지를 선언했다. 우즈베키스탄의 이러한 일방적인 선언 자체가 CSTO 규정을 위반한 것이라는 것이다. http://valdaiclub.com/near_abroad/45740/print_edition(검색일: 2013.7.22) 우즈베키스탄의 돌출적이고 독불장군식의 행태에 대해서는 여타 회원국의 지도자들이 이미 경고와 불만을 토로했다. 예컨대, 루카셴코 벨라루스 대통령은 우즈베키스탄이 CSTO의 활동에 참여하지 않을 뿐 아니라 정상회의에서 채택된 많은 문건에 서명도 하지 않는 등 회원국으로서의 임무를 등한시했기 때문에 이 조직에서 축출되어야 한다고 주장했다. 그러나 여타 회원국들은 국제사회에 대한 CSTO의 이미지 실추를 우려해 루카셴코의 주장에 명시적으로 동조하지는 않았다. 한 때 메드베데프 대통령의 주요 정책 자문가로 활동했던 유르겐스(Юргенс) 현대발전연구소장 또한 비슷한 이유에서 우즈베키스탄을 CSTO의 발전에 걸림돌로 지목하고, 이 조직의 미래를 위해서는 우즈베키스탄을 탈퇴시켜야 한다고 주장했다. http://www.eurasianet.org/print/64137(검색일: 2013.7.29)

58) http://eng.globalaffairs.ru/redcol/CSTO-must-evolve-into-military-alliance-15196(검색일: 2013.7.21)

비해 타지키스탄과 우즈베키스탄은 RRF의 활동조건과 법적인 지위, 그리고 그것이 중앙아시아 지역의 안정에 끼칠 영향에 대해 회의적인 반응을 보이고 있다. 특히, 우즈베키스탄은 집단신속대응군의 구성에 있어서 균등성 보장을 요구했으며 러시아군의 숫자가 월등히 많은 구성을 들어 러시아의 패권강화와 회원국에 대한 주권침해의 가능성 때문에 RRF에의 참여를 거부했다.[59]

한편, CSTO 회원국내에 주둔하고 있는 러시아군 기지에 대해서도 회원국들 사이에 다른 목소리들이 존재하고 있다. 예를 들면, 호바니시안(Raffi Hovannisian) 아르메니아 전 외무장관은 2010년 8월에 아르메니아 주둔 러시아군 기지사용권이 2044년까지로 연장된 것은 타지키스탄이나 키르기스스탄의 경우와 비교했을 때 불합리한 조건이라고 주장했다. 즉 러시아가 타지키스탄과 키르기스스탄의 군사기지는 유료로 임대하면서 아르메니아의 군사기지를 무료로 사용하는 것은 아르메니아의 주권을 침해하는 행위라는 것이다. 또한, 아르메니아는 러시아가 아제르바이잔에 대해 군사원조를 제공하는 것에 대해 상당한 불만을 갖고 있다.[60] 그리고 우즈베키스탄은 CSTO 신속대응군의 배치와 연계될 수 있는 키르기스스탄의 군사기지를 러시아가 임대한 것에 대해 인접국에 대해 안보불안을 야기하고 민족주의적 갈등을 오히려 부추기고 지역의 불안을 야기시킬 수 있다는 이유로 비판한 바 있다.[61] 이렇듯 일부 회원국들이 러

59) I. I. Pop, "Russia, EU, and the Strengthening of the CSTO in Central Asia," p.287.

60) http://www.foreignpolicyjournal.com/2010/08/13/russian-power-armenian-sovereignt.(검색일: 2013.7.29) 그러나 러시아가 완전히 무상으로 아르메니아 기지 사용을 연장한 것은 아니다. 원래 20년에서 49년까지로 러시아 군기지 사용권을 연장시킨 대가로 러시아는 아르메니아에 대해 최신 무기와 군사장비를 제공할 예정이라고 보도되었다. http://en.rian.ru/military_news/20100820/160276128.html(검색일: 2013.8.9)

61) http://en.wikipedia.org/wiki/Collective_Security_Treaty_Organization(검색일: 2013.7.29)

시아의 행보에 대해 불만과 비판의 목소리를 내고 있는 현상은 CSTO의 내부 단결을 약화시키는 요인으로 작용하고 있다고 할 것이다.

셋째, CSTO의 군사적 활동에 대해서도 회원국들 사이에 견해가 엇갈린다. 예컨대, 2010년 6월의 키르기스스탄 남부에서 발생한 유혈 인종분쟁에 키르기스스탄 정부가 CSTO차원의 개입을 요청했으나 가맹국 각국이 내정간섭이라는 이유로 군대파견을 거부함으로써 러시아도 자국군을 키르기스스탄의 분규지역에 파견하는 것을 포기할 수밖에 없었다.[62] 또한 2008년 8월 그루지야 전쟁 이후 러시아는 CSTO 가맹국들에게 압하지아와 남오세티야의 독립을 승인하도록 요청했음에도 그들은 러시아의 요청을 거부했다.[63] 이는 각국이 러시아와의 공조와 협력 보다는 자신의 내부적 안정을 도모하는 것이 훨씬 더 중요하고 시급한 과제라는 것을 잘 보여준 사례였다. 이는 러시아가 CSTO를 자국 대외정책의 도구로 사용하는 데에는 일정한 한계가 있다는 점을 보여주는 사례라고 할 수 있다.

넷째, 장기적인 관점에서 CSTO가 정치, 군사동맹체로서 발전하기 위해서는 회원국들 사이에 가치와 이념을 공유하고 있어야 한다. 그런데 CSTO 회원국들 사이에는 보편적 가치와 문화라고 할 만한 것이 결여되어 있다. 자유주의와 민주주의를 기반으로 하는 서구의 정치, 안보동맹체와는 달리 CSTO는 명료한 이념을 갖고 있지 않다.[64] 이들 국가들은 각각의 국가이익을 추구하느라 서로 협력을 하기 보다는 경쟁과 갈등의 관계를 유지해왔다. 그들에게는 기껏해야 내정불간섭, 주권의 원칙, 사회 및

특히 "Collective Rapid Reaction Force" 부분을 참고할 것.

62) http://ww.eurasianet.org/print/61283(검색일: 2013.7.29)

63) J. A. Mowchan, "The Militarization of the Collective Security Treaty Organization," p. 5.

64) *Ю. Юргенс (ред.)* ОДКБ: Ответственная Безопасность. С. 25.

내정의 안정, 지역의 안정추구가 가장 큰 관심사라고 할 수 있다. 더구나 대부분의 CSTO 국가들은 권위주의 정치체제라는 공통분모를 갖고 있다. 그러한 의미에서 각국의 안정과 지역의 안보라는 개념도 CSTO 구성 국가들을 이끌고 있는 지도자들의 정치적 생존과 직결되어 있다.[65] 이러한 특성에 기반을 두어 회원국들은 외부세력에 의한 민주화 시도를 가장 크게 경계하고 있다. 위에서 지적한 바와 같이 최근에 일어난 "아랍의 봄"에서 터져 나온 민주화 운동과 그것을 촉발시킨 SNS에 대해 CSTO 회원국 지도자들은 극도로 민감하게 반응하고 있다. 이들 회원국들을 단결시킨 것은 '보편적인 이념과 가치'가 아니라 정권을 위협하는 세력에 맞서 공동으로 대처하려는 '절박한 생존의 전략'이었다. 2011년 8월 카자흐스탄의 아스타나에서 열린 비공식 CSTO 정상회의는 그러한 외부의 민주화 바람이 유라시아지역에 침투하지 못하도록 하기 위한 대책을 논의하는데 초점을 두었다.[66] 권위주의의 연합체 성격을 띠고 있는 CSTO가 만약 민주화의 바람을 비켜나가지 못한다면 정치·군사적 동맹체인 이 조직의 존립과 발전 또한 미궁으로 빠져들 가능성이 매우 높다고 할 것이다.

---

65) Stephen Blank, "Rethinking Central Asia and Its Security Issues," *UNISCI Discussion Paper*, No.28, January 2012, pp.9-33.

66) http://russiaprofile.org/politics/43017/print_edition(검색일: 2013.8.10) CSTO 회원국들을 이끌고 있는 권위주의 지도자들은 이러한 외부로부터의 위협에 직면해 각국의 안정과 질서, 그리고 역내의 안보를 그 어느 때 보다도 절실한 과제로 여기게 되었다. 그리하여 주권침해의 소지가 있다는 이유로 신속대응군(RRF)에 대해 소극적이거나 반대의 입장을 나타냈던 지도자들도 각 가맹국의 국내정치나 지역안보에 불안이 야기되는 경우 RRF가 적극적으로 개입해야 한다고 주장하게 되었다.

2. CSTO의 발전전망

CSTO의 장래에 대해서는 정치군사적 동맹체로서의 기능이라는 실제적 측면과 이론적 측면으로 나누어 살펴볼 필요가 있다. 우선 실제적인 정치군사적 동맹조직이란 측면을 살펴보자. 위에서 우리는 CSTO 회원국들 사이의 이해관계가 매우 복잡하게 얽혀 있음을 보았다. 이렇듯 CSTO 구성국들 사이에 이해관계가 서로 분산되어 있는 상황에서 회원국들 사이의 협력의 밀도는 떨어질 수밖에 없다. 더구나 회원국 상호간의 갈등 가능성도 존재하고 있는 상황에서는 내부적 응집력이 더욱 떨어질 수밖에 없다. 더 나아가 러시아를 제외한 각 회원국들은 NATO의 '평화를 위한 파트너십(Partnership for Peace; PFP)' 프로그램에 참여하는 등 서방과의 협력기회도 열어두고 있기 때문에 러시아가 주도하는 CSTO가 체계적인 동맹체로서의 기능을 발휘하기는 쉽지 않아 보인다.

그런 한편으로, 중앙아시아와 그 주변지역에는 국경지대의 불안정, 테러위협의 상존, 마약밀매의 성행, 이슬람 극단주의 세력의 존재 등으로 인해 안보상의 불안이 가시지 않고 있다. 특히 2014년 미군과 NATO군의 전투 병력이 아프가니스탄에서 철수하게 되면 이슬람 극단주의의 활동이 중앙아시아로 확산될 수 있어 이 지역의 안보불안은 가중될 전망이다. 이에 대해 CSTO 회원국들은 이미 높은 관심을 갖고 대책을 논의해오고 있다. 미군과 NATO군의 아프가니스탄 철수 이후 이 지역을 안정시키는 문제에 있어서 CSTO가 핵심적인 역할을 맡게 될 것이다. 이를 위해 CSTO는 회원국 간의 긴밀한 협력관계를 유지해야 함은 물론 UN, NATO, OSCE 등 역외의 행위자들과도 협력관계를 유지할 필요가 있을 것이다.

이러한 상황을 고려한다면 러시아가 중심이 되는 CSTO 차원의 안보협력은 일정한 수준에서 유지될 가능성이 높다. CSTO는 포스트소비에트 공간의 통합기능을 사실상 상실한 CIS를 대신해 이 지역에서의 정치 및 군사안보협력을 다루는 주요 행위자 가운데 하나의 역할을 담당할 것이다. 그러나 포스트소비에트 공간에서 다양한 세력이 경쟁을 벌이는 지정학적 다원주의의 양상이 현실적으로 존재하고 있으므로 이 지역에서 안보와 안정성을 유지하기 위해서는 CSTO 뿐만 아니라 여타 행위자들의 협력과 공동노력이 필요하다. OSCE, NATO, UN, 국제적십자사 등 유라시아 및 글로벌 안보 및 인도주의 활동과 관련된 기구들이 CSTO의 협력 파트너가 될 수 있을 것이다.[67] CSTO는 이러한 국제기구들과의 협력을 통해 포스트소비에트 공간에서의 안보와 사회적 안정을 기하는 데 기여할 수 있을 것이다. 특히 CSTO의 주요 기능 가운데 상당 부분이 국제범죄, 테러, 마약밀매 등에 대처하는 소위 '연성안보(soft security)' 분야에 관련되어 있음을 고려할 때 역외의 주요 기구들과의 협력은 시너지 효과를 낼 수 있을 것이다.[68] 다만, 그러한 협력이 실현되기 위해서는 러시아와 그 동맹국들이 포스트소비에트 공간에서의 지정학적 다원주의를 인정하는 것이 전제되어야 한다. 그러나 푸틴의 러시아는 포스트소비에트 공간에 대한 특권적 이익을 포기할 가능성이 낮다. 따라서 당분간 러시아가 주도적으로 CSTO와 역외 기구들과의 협력을 적극적으로 모색할 가능성 또한 그리 높아 보이지 않는다.

그 다음으로 이론적인 측면에서 CSTO의 논리와 향후 전망을 살펴보자. CSTO의 발전전망을 예측하는 데 있어서 이른 바 '패권안정론(hegemonic stability)'에서 말하는 패권국에 의한 협력 레짐으로의 발전경로

67) *Ю. Юргенс (ред.)* ОДКБ: Ответственная Безопасность. С. 65.

68) A. I. Nikitin, "Post-Soviet Military-Political Integration: The Collective Security Treaty Organization and its Relations with the EU and NATO," pp. 15-44.

는 가능성이 높은 전망인가? 패권안정론의 시각에서 CSTO의 발전전망을 하는 데 있어서 관건은 러시아의 국력이다. 러시아는 과연 패권안정론에서 말하는 패권국(hegemon)의 자격과 역량을 갖추고 있는가?[69)]

패권 국가는 자신의 압도적인 영향력을 행사함으로써 자국의 국가이익을 실현하는 한편으로 국제사회에 자유무역 시스템 등 공공재(public goods)를 제공함으로써 구성 국가들이 골고루 혜택을 얻도록 할 수 있어야 한다. 그리하여 패권 국가는 국제사회의 구성 국가들로부터 인정과 추종을 불러일으킴으로써 리더십을 발휘할 수 있다는 것이다. 이 이론에 따르면 1930년대의 경우와 같이 패권국이 존재하지 않을 경우 국제사회는 혼란에 빠질 수 있다는 것이다.[70)] 물론 패권안정론에서 말하는 패권국은 글로벌 차원의 리더십을 가진 국가를 의미한다. 유라시아 지역에서의 러시아의 역할을 논의하는 것은 지역적 차원의 리더십에 관한 것이다. 러시아는 과연 포스트소비에트 공간에서 그러한 지역적 패권국가의 역할을 담당하고 있는가? 러시아가 지역적 차원에서 패권국의 역할을 충분히 수행하고 있다고 보기는 어렵다. 러시아는 구성 국가들을 자신의 영향권으로 끌어들이기에 충분한 공공재(월등한 경제력을 바탕으로 한 보편적인 무역, 금융 및 서비스 교역체제와 지역안보 동맹체의 확보 등)를 제공할 만한 물질적인 자원, 관련 국가들을 공통의 목표와 비전으로써 관련국가들 사

69) 국제정치이론에 나오는 '패권안정론(hegemonic stability)'의 시각으로 볼 때 러시아의 압도적인 경제력과 군사력이 지역안보협력체를 만들어 냈고 이러한 협력체를 통한 국가 간 정책의 조율이 지역의 안정유지에 기여했다는 해석도 있다. 다음을 참조. M. Y. Omelicheva & L. Zubytska, "Failures and Prospects of Regional Organizations: Lessons from the Post-Soviet Space and Beyond," pp. 87-101.

70) Charles Kindleberger, *The World in Depression, 1929-1939* (Berkeley: University of California Press, 1973); Robert Gilpin, *U.S. Power and the Multinational Corporation* (New York: Basic Books, 1975).

이의 연대감을 형성시킬 정도의 지지와 정당성, 그리고 이념적인 자원 등을 결여하고 있다. 다만 러시아와 그 동맹국들은 대테러, 마약밀매 근절, 국경선의 안정 등 한정된 영역에 있어서 이익을 공유하고 있으면서 이를 바탕으로 느슨한 형태의 다자적인 협력을 이끌어오고 있다. 한편으로 러시아는 다자협력의 부족한 부분을 쌍무적인 관계를 통해 보완하는 전략을 사용하고 있다. 즉 러시아는 CSTO 가맹국들을 자신의 영향권 아래에 붙들어 두기 위해 양자관계에 바탕을 두고 상대국에 대한 환심을 사거나 압박을 가하는 행태를 보이고 있다. 이렇듯 러시아는 포스트소비에트 국가들을 묶을 수 있는 이념이나 그랜드 디자인이 담긴 비전과 제도를 바탕으로 자신의 리더십을 발휘하기 보다는 사안별로(case-by-case) 지역 내 국가들과 접촉하고 협상하는 과정을 통해 현안들을 해결해 나가려고 하는 행태를 보이고 있다. 또한, 러시아가 아니더라도 중앙아시아 및 CIS국가들은 EU, 미국, 중국 등 여타 역외 강대국들과의 협력을 할 수 있는 대안적인 카드를 쥐고 있기도 하다. 다시 말해 이들 역외 세력들이 이 지역에서 러시아의 영향력을 상당 부분 잠식시켰으며, 장래에는 러시아의 지위를 대신할 가능성도 배제할 수 없다.[71] 이러한 상황을 고려해 볼 때 포스트소비에트 공간에서 러시아가 갖고 있는 위상과 역할은 패권안정론에서 말하는 패권국의 그것과는 상당한 괴리를 나타내는 것이다. 따라서 CSTO가 러시아를 중심으로 견고하고 안정된 협력을 지속적으로 발전시켜 나가는 것은 쉽지 않은 일이다.

그럼에도 다자주의(multilateralism) 이론의 측면에서 본다면 CSTO는 일정한 수준에서 어느 정도 그 기능을 유지할 수는 있을 것으로 보인다. 공

71) R. Deyermond, "Matrioshka Hegemony?: Multi-levelled Hegemonic Competition and Security in Post-Soveit Central Asia," pp.151-173.

동의 현안이 존재하고, 그것을 해결하기 위해 관련국들이 협력을 해야 하는 상황 아래서는 강대국에 의한 일방주의나 특정 국가의 고립주의 모두 실현 가능성이 적은 경우의 수이다. 결국 그렇다면 다자주의에 입각한 협력이 포스트소비에트 국가들의 합리적인 선택일 것이다. 예컨대 우즈베키스탄의 고립주의는 장기적으로 보아 자국의 국가이익에 도움이 되는 선택이라고 보기는 어려울 것이다.

한편, 다자협력의 문제점으로 지적되는 "다자주의의 오류(fallacy of multilateraism)"[72]가 러시아를 제외한 나머지 회원국의 전략적 선택이 되기는 어렵다. 왜냐하면 유라시아지역에서의 안보협력에서 의제설정을 하고 규범과 제도의 틀을 만들고 그것을 운영하는 데 있어서 러시아가 압도적인 역할과 기여를 해왔기 때문이다. 오히려 CSTO의 회원국들은 이 기구의 틀 속에서 상대적으로 강력한 힘을 보유한 러시아의 정책에 편승해 자국의 이익을 지키려고 할 것이다. 그 반대의 경우로 거론되는 "일방주의의 오류(fallacy of unilateralism)"[73] 또한 포스트소비에트 공간에 대한 러시아의 정책 옵션이 될 가능성은 낮다. CSTO는 러시아가 유라시아 지역에서 자신의 특권적 이익을 지키고 외부의 경쟁자들의 틈입을 최소화하

72) '다자주의의 오류'는 강대국을 포함한 모든 관련 당사국가들에게 도움이 되는 긍정적이고 새로운 정책제안을 추구하기 보다는 특정 그룹의 국가들이 다자주의 협력을 명목으로 강대국을 포함해 다른 국가 또는 국가군의 정책제안을 반대하거나 무산시키려고 할 때 발생하는 문제점이라고 볼 수 있다. 이러한 경우 다자협력의 성공조건은 강대국이 그럼에도 자제력을 발휘해 그러한 다자협력에 참여하는 것이다. Charles Doran, "The Two Sides of Multilateral Cooperation," in I. William Zartman and Saadia Touval(eds.), *International Cooperation: The Extents and Limits of Multilateralism* (Cambridge: Cambridge University Press, 2010), pp.49-51.

73) '일방주의의 오류'는 강대국의 입장에서 자신이 상대적으로 강력한 경제력과 군사력을 갖고 있기 때문에 다른 국가들과의 협력 없이 일방적으로 정책을 결정하고 집행하더라도 그러한 자신의 행동에 대해 국제사회로부터 존중과 정당성을 획득할 수 있을 것이라고 믿는 경우에 발생하는 문제점이다. *Ibid.*

면서 자신의 영향력을 유지하기 위해 설립되고 발전되어 온 다자협력체이다. 따라서 러시아는 여타 포스트소비에트 국가들을 무시하고 일방주의적인 행동을 하지는 않을 것이다. 다만, 다수의 CIS 국가들이 러시아의 패권적 행보에 대해 우려와 불안감을 갖고 있는 것을 고려할 때 CSTO 차원의 협력 아젠다를 러시아가 독점할 경우 협력이 원활하게 이루어지지 않을 가능성이 있다. 그러므로 오히려 카자흐스탄 등 다른 회원국들이 이니셔티브를 쥐고 협력에 대한 합의를 이루어간다면 그 성공 가능성은 훨씬 더 커질 수 있을 것이다.

러시아는 포스트소비에트 지역의 안정을 도모하고 외부세력으로부터 자신의 영향력을 유지하는 것을 대외정책의 주요 목표로 삼는다. 이를 위해 러시아는 안보적인 측면에서 쌍무적 관계뿐만 아니라 CSTO의 제도적 틀 속에서 중앙아시아국가들을 포함한 CIS 국가들과의 다자협력을 이끌어 갈 것이다. 또한 CSTO의 여타 회원국들도 러시아의 경제력과 군사력에 기대어 모스크바와의 양자 관계를 발전시키는 한편으로 다자협력의 형태로 자국과 지역의 안보와 안정을 이끌어내려는 목표를 공유하고 있다. 따라서 CSTO에 참여하는 포스트소비에트 국가들은 러시아의 주도하에 다자협력의 틀 속에서 지역의 안정과 자국의 안보를 위해 일정한 수준의 협력을 지속해 나갈 것으로 보인다.

V. 맺음말

앞에서 살펴본 바와 같이 CSTO는 2002년 중앙아시아를 비롯한 옛 소련지역에서 국제테러와 마약밀매, 이슬람극단주의 등에 효과적으로 대처하고 지역의 안정을 꾀하기 위한 소지역 안보협력체로서 출범했다. 이 조직의 창설과 운영에서 중심역할을 해온 러시아의 입장에서는 CSTO는 이러한 공동 안보협력의 채널이라는 의미 이외에도 자국의 영향력을 유지하기 위한 유력한 제도적 장치로 간주된다.

지난 10여년간 집단안보조약기구의 활동과 이 조직에서의 러시아의 역할에 대해서 살펴보았거니와 이 조직을 통해 러시아는 자신의 대 CIS 정책을 활발하게 전개해왔다. 일단 CSTO는 CIS 차원에서 포스트소비에트 공간의 통합이 사실상 좌초함에 따라 그 대안으로 등장한 소지역주의 협력의 대표적인 영역으로 부각되었다. CSTO의 지위에 대해서는 의견이 크게 엇갈린다. 일부 논자들은 '진정한 안보동맹체'라고 평가하기도 한다.[74] 하지만 다른 각도에서 이 기구는 아직까지 현대적인 안보체제로 발전하지 못한 채 상징적인 조직에 머물러 있다는 시각도 있다.[75]

어떻든 그동안 CSTO는 일정한 성과를 거두어 왔다는 사실을 부인하기는 어려울 것이다. 예컨대, CSTO는 신속대응군을 창설해 회원국들과 유라시아 지역내에서의 분규, 국제범죄, 이슬람 극단주의 세력의 침투에 대처하기 위한 훈련을 거듭해오면서 합동군사력을 강화시켜왔다. 또한 이 기구는 실제로 마약밀거래를 막기 위한 합동작전을 펼쳐 꾸준한 성과

---

74) *Виктория Панпилова* ОКДБ не должна стаь ремейком НАТО // Независимая газета. 2003. 20. май.

75) http://valdaiclub.com/near_abroad/45300/print_edition(검색일: 2013.7.14)

를 거두기도 했다. 그리고 CSTO는 주요 국제문제에 대한 가맹국들 사이의 정책을 조율하는 역할도 수행해왔다.

그럼에도 이 조직은 많은 취약점과 한계도 지니고 있다. 우선, 러시아와 여타 회원국들 사이의 관계를 볼 때 국가마다 편차가 존재하고 있다. 카자흐스탄과 같이 러시아와 긴밀한 관계를 유지하고 있는 국가들부터 우즈베키스탄처럼 극단적으로 독립적인 행보를 보이는 국가들까지 그 입장과 행태가 매우 상이하다. 또한 타지키스탄과 우즈베키스탄의 관계, 벨라루스와 우즈베키스탄 관계 등과 같이 회원국들 사이에 갈등과 분쟁이 일어날 경우, 이 기구의 주도국가인 러시아로서는 회원국들 사이의 입장 차이를 어떻게 조정할 것인가라는 도전에 직면할 것이다. 그리고 CSTO 헌장에서 명시하고 있는 내정불간섭의 원칙과 지역 내의 정치, 사회적 안정이라는 목표를 어떻게 조화시키는가라는 문제도 러시아와 CSTO에게 큰 골칫거리이다.[76] 나아가 CSTO 회원국들을 포함한 CIS 국가들은 러시아뿐만 아니라 서구에 대해서도 협력의 창을 열어 두고 다방면적인 외교(multi-vectored diplomacy)의 전략을 펼치고 있다. 예컨대 CSTO 회원국으로서 러시아와 정치, 군사적 동맹체를 맺고 있는 카자흐스탄, 아르메니아, 키르기스스탄, 타지키스탄 등은 NATO의 PFP 프로그램에 참여하고 있다.[77] 그리고 CSTO의 재정 및 아젠더 설정 등 운영 면에서 러시아의 독주가 두드러지고 있는 상황에서 여타 국가들은 한편으

76) 예컨대, 루카센코 벨라루스 대통령은 2010년 4월 키르기스스탄 정변에서 축출된 바키예프 전 키르기스스탄 대통령을 CSTO가 지켜주는 역할을 해주지 못했다는 점에 대해 실망감을 표출했다. http://en.wikipedia.org/wiki/Collective_Security_Treaty_Organization(검색일: 2013.7.29)

77) 이들 국가들은 "협력의 통로가 둘인 것이 하나인 것 보다 낫다(Two pipes are better than one)"라는 논리로 서방 또는 중국과 협력관계를 다변화하려고 시도하는 경향을 보인다. http://en.rian.ru/military_news/20120413/172808422-print.html(검색일: 2013.8.5)

로는 러시아에 대한 의존을 지속하면서도 다른 한편으로는 러시아의 패권적 행보에 비판적인 입장을 취하기도 한다. 요컨대 정치 · 군사동맹체로서의 CSTO는 내적인 응집력이 상당히 취약하다는 약점을 안고 있다.

한편, 러시아는 CSTO를 몇몇 포스트소비에트 국가 간의 폐쇄적이고 배타적인 조직으로 묶어둘 것이 아니라 역외의 다른 정치, 안보조직과 협력과 연대를 모색할 필요가 있다는 주장도 있다.[78] 어차피 CSTO는 그 규모나 재정능력, 회원국들 사이의 결속력, 공유가치 등등의 관점에서 NATO에 필적하는 조직으로는 보기 어렵다.[79] 그러므로 CSTO는 한정된 영역에서 회원국들 사이의 공통이익을 증진시키는 협력체로 활동할 수 있도록 스스로의 존재를 재정의해야 한다는 것이다.

하지만 푸틴 대통령의 정치적 성향과 정책의 궤도를 살펴볼 때 중앙아시아를 비롯한 포스트소비에트 공간에서 러시아의 지배적 위치를 포기하려 들지는 않을 것임은 분명해 보인다. 한편, 러시아는 중앙아시아 지역에서의 중국의 영향력 증대를 매우 불편하게 바라보고 있는 실정이다. 그리하여 모스크바는 상하이협력기구(SCO)를 통한 러중 협력에도 점차 회의적인 태도를 보이고 있는 상황이다. 그러한 맥락에서 러시아는 중앙아시아를 비롯한 포스트소비에트 공간에서의 지역협력에 있어서 SCO의 역할을 제한하려고 할 것이고 그 대신 CSTO의 역할을 강화시키려고 할 것이다.

---

78) A. I. Nikitin, “Post-Soviet Military-Political Integration: The Collective Security Treaty Organization and its Relations with the EU and NATO,” pp. 35-44.

79) http://en.rian.ru/analysis/20120413/172808422-print.thml(검색일: 2013.7.14)

참고문헌

고재남. “러시아의 중앙아시아정책과 다자주의.” 『한국과 국제정치』. 26권 1호. 2010년. 199-233쪽.

최성권. “집단안보조약기구(CSTO)의 집단방위와 협력안보.” 『인문사회과학연구』. 제17집. 2007년. 137-166쪽.

Allison, Roy. "Strategic Reassertion in Russia's Central Asia Policy." *International Affairs*. Vol. 80. No. 2. 2004. pp. 277-293.

Aris, Stephen. "Russia's Approach to Multilateral Cooperation in the Post-Soviet Space: CSTO, EurAsEC and SCO." *Russian Analytical Digest*, 76/10. 2009. pp. 2-5.

Blank, Stephen. “Rethinking Central Asia and Its Security Issues.” *UNISCI Discussion Paper*. No. 28. January 2012. pp. 9-33.

Buszynski, Leszek. “Russia's New Role in Central Asia.” *Asian Survey*. Vol. 45. No.4. 2005. pp. 546-565.

Deyermond, Ruth. “Matrioshka Hegemony?: Multi-levelled Hegemonic Competition and Security in Post-Soveit Central Asia.” *Review of International Studies*. Vol. 35. 2009. pp. 151-173.

Doran, Charles. “The Two Sides of Multilateral Cooperation,” in I. William Zartman and Saadia Touval(eds.). *International Cooperation: The Extents and Limits of Multilateralism*. Cambridge: Cambridge University Press, 2010.

Frickenstein, Scott G., “Views & Analyses: The Resurgence of Russian Interests in Central Asia.” *Air and Space Power Journal*. Vol. 24. No. 1. Spring 2010. pp. 67-74.

Gilpin, Robert. *U.S. Power and the Multinational Corporation*. New York: Basic Books, 1975.

Jonson, Lena. *Keeping the Peace in the CIS: The Evolution of Russian Policy. Discussion Paper 81*. London: Royal Institute of International Affairs, 1999.

Jonson, Lena. *Vladimir Putin and Central Asia: The Shaping of Russian Foreign Policy*. New York: I.B Tauris & Co., 2004.

Kindleberger, Charles. *The World in Depression, 1929-1939*. Berkeley:

University of California Press, 1973.

Kubicek, Paul. "The Commonwealth of Independent States: an Example of Failed Regionalism?" *Review of International Studies*. Vol. 35. 2008. pp. 237-256.

Mcdermott, Roger N. "The Kazakhstan-Russia Axis: Shaping CSTO Transformation." *Working Paper, The Foreign Military Studies Office(FMSO), U.S. Army*. No date(n.d.).

Mowchan, John A. "The Militarization of the Collective Security Treaty Organization." *CSL Issue Paper*. Vol. 6-09. July 2009. pp. 1-6.

Mankoff, Jeffrey. *Russian Foreign Policy: The Return of Great Power Politics[2nd edition]*. Lanham, MD: Rowman & Littlefield Publishers, 2012.

Nikitin, Alexander I. "Russian Foreign Policy in the Fragmented Post-Soviet Space." *International Journal on World Peace*. Vol. 25. No. 2. June 2008. pp. 7-31.

Nikitin, Alexander I. "Post-Soviet Military-Political Integration: The Collective Security Treaty Organization and its Relations with the EU and NATO." *China and Eurasia Forum Quarterly*. Vol. 5. No. 1. 2007. pp. 35-44.

Omelicheva, Mariya Y. & Lidiya, Zubytska. "Failures and Prospects of Regional Organizations: Lessons from the Post-Soviet Space and Beyond." *Whitehead Journal of Diplomacy and International Relations*. Vol. 13. No. 2. Summer 2012. pp. 87-101.

Peyrouse, Sebastien. Jos Boonstra and Marlene Laruelle. "Security and Development Approaches to Central Asia: The EU Campared to China and Russia." *Working Paper 11(May 2012). EUCAM, Ministry of Foreign Affairs, Finland.*

Petersen, Alexandros. and Katinka, Barysch. *Russia, China and the Geopolitics of Energy in Central Asia.* London: Center for European Reform, 2011.

Pop, Irina Ionela. "Russia, EU, and the Strengthening of the CSTO in Central Asia." *Caucasian Review of International Affairs*. Vol. 3. No. 3. Summer 2009. pp. 278-290.

Stak, Matte. "Russia's New 'Monroe Doctrine'," In Roger E. Kanet (ed.). *Russian Foreign Policy in the 21st Century*. London: Palgrave

Mcmillan, 2011.
Sunday Telegraph. Jun. 19, 2005.

http://en.rian.ru/analysis/20120413/172808422-print.thml(검색일: 2013.7.14)
http://eng.globalaffairs.ru/redcol/CSTO-must-evolve-into-military-alliance-15196(검색일: 2013.7.21)
http://russiaprofile.org/politics/43017/print_edition/(검색일: 2013.8.10)
http://valdaiclub.com/near_abroad/45300/print_edition(검색일: 2013.7.14)
http://valdaiclub.com/near_abroad/45740/print_edition/(검색일: 2013.7.14)

Владимир Мухин Зонтик для ОДКБ модернизируют в Канте: Российская авиабаза в Киргзии к 2014 году станет международной // Независимая газета. 2013.17. Апрель.
Иван Сафронов, Сергей Строкань, Елена Черненко Киргизию и Таджикистан вооружат российскими денгами [Электронный ресурс] / KOMMERSANT.RU. Рудим доступа: HYPERLINK “http//kommersant.ru/doc/2060903” http://kommersant.ru/doc/2060903.
Организация Договора о коллективной безопасности Basic Facts [Электронный ресурс] / odkb.gov.ru. Рудим доступа: HYPERLINK “http//www.odkb.gov.ru//a/aengl.htm”www.odkb.gov.ru//a/aengl.htm.
Ю. Юргенс (ред.) ОДКБ: Ответственная Безопасность. М., 2011.

제3장

러시아 권위주의 시장경제의 발전과 국제자본의 역할*

이상준**

I. 서론

2000년대 들어서 러시아 민주주의는 퇴보하였으나 경제는 높은 성장세를 보여주었다. 권위주의 시대가 열렸다는 평가를 받는 상황에서 경제성장이 가능하였던 것은 비록 정치체제가 권위주의화 되었지만 러시아 경제가 국제체제로의 편입을 지속적으로 추진하면서 GDP 대비 대외무역의 비중이 계속 커졌고 외국인 투자유입이 증가한 것에 힘입었기 때문이다. 러시아가 보유한 풍부한 대외준비자산은 러시아 경제로 외국자본유입이 커진 것으로 보여준다.

1993-2001년 사이에 러시아로 유입된 외국인직접투자 유입액은 GDP 대비 0.87%였으며 누적 액은 GDP 대비 4.0%였다. 이는 대부분의 동유럽

---

* 이 글은 『슬라브연구』 제30권 2호(2014)에 게재된 "러시아 권위주의 시장경제의 발전과 국제자본의 역할"이며 한국외국어대학교 국제지역연구센터 러시아연구소의 허가를 얻은 후 수정·보완하여 여기에 싣는다.

** 국민대학교 국제학부 교수.

국가보다 적은 수준이었고 심지어는 우크라이나의 유입액(GDP대비 1.28%)과 누적액(GDP 대비 5.8%)보다도 적은 수준이었다.[1] 이러한 상황은 2000년대 들어서면서 크게 변화되었다. 2002년부터 러시아로 유입되기 시작한 외국인 직접투자 규모는 크게 증가하였는데 2006년에 유입된 외국인직접투자는 2002년의 8.3배에 달하는 230억 유로였다. 이는 GDP대비 3%에 이르는 규모이며 중국의 비중과 비슷한 수준이었다. 이러한 변화를 이끌어내는 데 있어 외국인 투자환경이 크게 개선된 것도 아니었다. 세계은행의 투자 환경 보고서는 여전히 러시아의 투자환경이 90위권에 머물고 있음을 보여준다.[2]

권위주의 정권은 자신들의 정치적인 목적에 의하여 경제를 운용하기에 자유로운 기업환경이 조성되지 않아 경제성장에 부정적이라는 것이 일반적인 믿음이다. 과거 단일 국가 시장경제에서는 국민국가의 지리적 경계 안에서 국가는 기업의 투자환경을 규정하는 결정적인 행위자였다. 그러나 글로벌화가 가속화되면서 개별 국가의 제도와 정책이 개별 국민국가의 물리적 경계를 넘어서는 힘에 의하여 결정되는 경우가 증가하였다. 그 결과 국가는 정책 입안자가 아닌 수용자가 되는 경향이 크게 증가하였다. 이러한 상황에서 과거와 달리 권위주의 정권을 유지하면서 국가발전을 유지하기 위해서는 국제자본과의 협력이 중요하게 된다. 국제자본은 부족한 자본을 확충하여 투자와 경제성장을 촉진시킬 수 있는 논리는 국제자본을 적극적으로 유치하는 정책으로 발현된다.

---

1) WIIW, *Handbook of Statistics: Countries in Transition 2002* (Vienna, 2003); Goran Vuksic, "Foreign Direct Investment and Export Performance of the Transition Countries in Central and Eastern Europe," *12th Dubrovnik Economic Conference Symposium*, Jun. 28, 2006, p.9 재인용.

2) World Bank, *Doing Business Report 2014* (Washington D.C.: World Bank, 2014).

푸틴 정권과 국제자본간 암묵적인 협력은 크게 증가하였다. 푸틴이 집권한 이후 정치적 안정을 바탕으로 러시아 정부의 재정 건전성과 능력은 크게 개선되었다. 러시아가 2008년 320억 달러로 조성하기 시작한 국부펀드는 2014년 4월 1일 현재 기준으로 875억 달러로 세배 가까이 증가하였다.[3] 글로벌 시장의 유동성 증대와 신흥시장국가의 경제성장에 힘입어 국제유가가 크게 상승하였고 이 덕분에 외환보유고는 약 5천억 불에 달하고 있다.[4] 석유, 천연가스, 철, 비철 금속 등 자원분야에 종사하는 기업들의 이익을 증가하면서 이들 기업의 주식과 채권을 매입하기 위하여 외국자본 유입도 크게 늘어났다.

1998년 금융위기 이후 러시아 경제가 회복하고 성장한 이유로 루블화의 평가절하로 인한 러시아 기업의 가격 경쟁력 회복 및 노동생산성 증가, 국제시장에서의 에너지 가격 상승, 정치안정에 따른 정책의 예측가능성이 커진 것으로 분석된다.[5] 정치체제가 권위주의화 되었지만 국제신용평가기관은 러시아의 투자등급을 계속적으로 상향조정하였고 그로 인해 국제시장에서의 자금조달금리가 국내시장에 비하여 계속 낮아지게 되었다. 보다 낮은 금리로 보다 많은 수익을 내게 되면서 해당 기업들의 주식가격은 계속적으로 상승하였고 투자와 소비로 이어지면서 경제는 성장할 수 있었다. 글로벌 금융자본가의 입장에서도 낮은 금리의 선진시장에서 자금을 조달하여 보다 수익이 높으면서도 위험도가 낮아진 러시아 시장으로의 자본 투자를 늘려나갔다. 이러한 패턴은 글로벌 금융위기

---

3) *Министерство финансов Россиской Федерации* [Электронный ресурс] / MINFIN.RU. Рудим доступа: http://www1.minfin.ru/ru/

4) *Федеральная служба государственной статистики* [Электронный ресурс] / GKS.RU. Рудим доступа: http://www.gks.ru/

5) http://www.imf.org/external/pubs/nft/2003/russia(검색일 2014.4.10)

가 발생하기 이전까지 지속되었다.

이 연구는 러시아 권위주의 시장경제 체제가 형성되고 발전하는 과정에서 국제자본이 기여한 역할에 관한 것을 구체적으로 분석하고자 한다. 먼저 권위주의 정권과 국제자본과의 일반적인 관계가 러시아에서는 어떻게 발현되었는지를 살펴본다. 그리고 글로벌 금융위기의 여파로 권위주의 체제와 국제금융자본과의 관계에 어떠한 변화가 있었는지를 분석하여 향후 러시아 자본주의 발전의 방향성을 전망하고자 한다.

II. 권위주의와 국제자본의 일반적인 관계

1. 권위주의 정권 유지와 국제자본과의 협력 필요성

신자유주의 시대 권위주의 국가와 자본의 관계는 국내적으로 국한되지 않는다. 저발전 상태에 놓여 있는 대부분의 권위주의 국가들은 자본과 불가피한 협력 관계를 유지하는 경향을 보인다. 국제적인 금융 및 전지구적인 생산 연결망을 가진 거대 다국적 기업이 출현하면서 이들의 협상력은 크게 증가하였다. 그러나 여전히 국민국가의 경계는 기업의 투자와 생산 활동을 제약하는 요인으로서 작용한다.

경제발전을 추진하고자 하는 저발전 국가에 있어서는 거대자본과의 협력이 절대적으로 필요하다. 그러나 자본을 보유한 세력이 정치적인 영향력을 발휘하여 자신들의 권력 안정성을 해치는 것을 경계하기에 선별적인 협력이 필요하게 된다. 실제 권위주의 정권은 자본에 대한 선별적인 징벌을 끊임없이 시행하면서 자본을 보유한 세력이 반대 정치세력화 되는 것을 방지한다.[6] 이처럼 권위주의 체제와 금융자본은 협력할 수도 충돌할 수도 있다. 하지만 현실적으로 국민국가의 경계를 넘나들면서 보다 많은 이익을 실현시킬 수 있는 글로벌 자본은 굳이 권력과 충돌을 원하지는 않는다. 오히려 대부분 자본가들은 정치적인 권력에 관심을 가지기보다는 권력에 기대어 보다 쉽게 이익을 확대하는 전략을 추구한다.[7]

저발전 상태 혹은 선진국을 따라잡으려는 권위주의 국가는 내부적으로 자본축적이 충분하지 않기에 결국 자본을 국제적으로 확보해야만 한다. 일반적으로 저발전 국가로 국제 자본이 유입되는 경로는 크게 국제원조, 자원을 포함한 상품의 수출, 저임금 노동력을 활용한 제품 생산 및 수출, 해외인력송출로 벌어들이는 이주송금 등이다. 다음 [그림 1]은 개발도상국으로 유입된 외국자본이 외국인 직접투자. 이주 송금, ODA 순으로 많음을 보여주고 있다. 물론 모든 개발도상국이 권위주의 국가는 아니지만 개발도상국으로의 흘러들어가는 자본 총량의 패턴은 권위주의 국가에서도 큰 차이를 보이지는 않을 것으로 추론된다.

개발도상국으로 유입되는 자본의 흐름이 지역적으로 균등하게 유지되는 것은 아니다. 자본 유입은 자본의 한계수익률 뿐 아니라 정치적인 안정에도 영향을 받는다. 특히 금융위기를 전후로 자본유출입의 변동성이 높아지면서 취약한 경제구조를 가진 개발도상국들은 금융자본이 빠져나가는 것을 방지하기 위하여 국내적으로 합의가 되지 않은 정책을 글로벌 자본에 제공하기도 한다. 이러한 경향은 권위주의 국가에서 더욱 용이하게 이루어진다.

---

6) Dan Slater & Fenner Sofia, "State Power and Staying Power," *Journal of International Affairs*, Vol. 65, No. 1, Fall/Winter 2011, pp. 15-29.

7) Konstantin Sonin, "Why the Rich May Favor Poor Protection of Property Rights," *Journal of Comparative Economics*, Vol. 31 No. 4, 2003, pp. 715-731.

[그림 1] 개발도상국으로의 FDI, ODA, 이주 송금 (1990-2010)

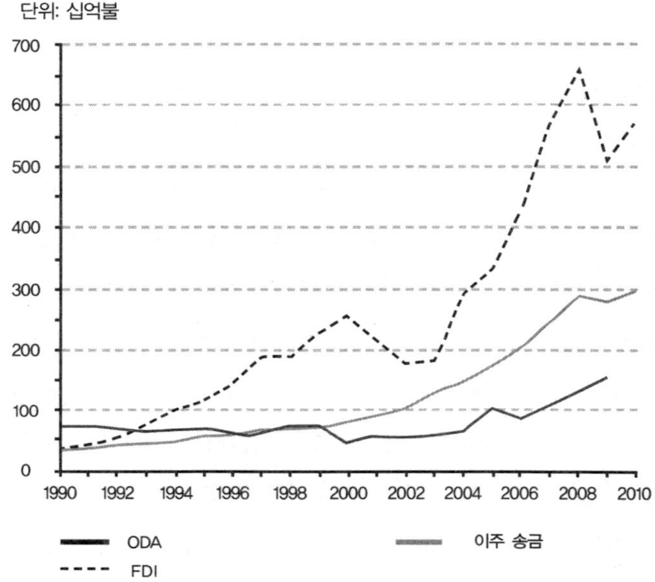

*자료: UNCTAD, *Development and Globalization 2012* (Geneva: UNCTAD, 2012), p. 18.

2. 권위주의 국가로의 국제자본 유입 유형

국제원조는 냉전 시대 저발전 국가로 흘러들어가는 중요한 자금 원천이었다. 개발도상국들은 필요에 따라 미국 혹은 소련을 지지하거나 그렇지 않으면 비동맹국가로 남으면서 선진국의 원조를 받아 통치에 필요한 자금을 획득하였다. 정권 유지를 위해서는 선진국과의 협력이 중요하였다. 또한 국내의 성숙되지 않은 시민사회에 대한 배려는 중요하지 않았다. 한편 냉전의 원리에 따른 자기편으로 끌어들이기 위한 원조로 권력층의 전횡과 부패로 원조가 경제발전에 기여하는 경우는 드물었다. 오히려 원조에 힘입어 정권이 권위주의화 되는 경우도 많았으며 이렇게 되면서 경제발전보다는 경제파탄으로 이어지는 경우도 많았다. 경제가 파탄에 빠지면 쿠데타와 혁명 등에 의하여 정권 전복으로 이어지는 악순환이 계속되었다.[8)]

그래서 냉전 이후 국제사회에서 원조에 대한 비판적인 시각이 크게 증가하였으며 일련의 개발원조 총회를 거쳐 새롭게 개발협력원조를 평가하는 기준들이 마련되었다. 이에 따라 원조는 보다 엄밀하게 평가됨에 따라 선진국으로부터 저발전국가로 들어가는 현금형태의 국제원조는 점차 줄어들었다. 이러한 이유로 과거와 달리 국제원조는 정권을 유지하고 공고히 하는데 그 효용가치를 점차 잃게 되었다.[9)]

보다 일반적으로 국제자본이 권위주의 국가로 흘러들어가는 방식은 자원과 상품의 수출을 통한 외화 획득이다. 과거로부터 자원부국은 자원을 내다팔아 이를 가지고 경제발전 정책을 추진하였고 또 자신들의 정권유지를 위한 통치자금으로 사용하였다. 그리고 자원부국은 민주주의보다는 권위주의 정치체제로 운용되는 경우가 많아졌다. 자원을 내다팔아 얼마를 벌여 들였는지, 또 이 돈들을 어떻게 사용하였지 알 수가 없는 상태에서 국가가 운영되는 경우가 비일비재하였다. 이렇게 자원개발과 그 반대급부로 국제자본이 유입되더라도 권위주의 국가의 경제여건은 개선되지 않고 오히려 낮은 성장세를 보이게 됨에 따라 "자원의 저주"라 명명되는 병폐적인 현상이 발생하였다.[10)] 어찌되었던 국제시장에 환금성이 높

---

8) William Easterly and Ross Levine, "Africa's Growth Tragedy: Politics and Ethnic Divisions," *Quarterly Journal of Economics*, Vol. 112, No. 4, November 1997, pp. 1203–1250.

9) Joseph Wright, "How Foreign Aid Can Foster Democratization in Authoritarian Regimes," *American Journal of Political Science*, Vol. 53, No. 3, 2009, pp. 552–571.

10) Michael Ross, "The Political Economy of the Resource Curse," *World Politics*, Vol.

은 자원은 정권유지에 매력적인 자금 원천이었다.

권위주의 정권으로 자본이 유입되는 방식은 자원 수출의 반대급부로 지불하는 결제대금이 주를 이룬다. 국제금융시장에서 투자자들은 자원과 상품을 안정적으로 확보하기 위하여 장기적으로 계약을 체결하여 권위주의 정권으로 안정적인 자금유입을 돕고 있다. 권위주의 정권이 국제금융자본과 협상력에서 다소 우위를 가지게 된 것은 자원가격의 불확실성에 있다([그림 2] 참조).

더욱이 화석연료의 고갈 위기를 포함한 자원시장의 커다란 불확실성은 자원을 보유하거나 통제하는 권위주의 정권에 힘을 실어주게 된다. 안정적인 자원을 확보하면서 수익성을 극대화할 수 있는 수단이 있다면 기업들은 권위주의 국가로의 투자도 마다하지 않고 있다.

자원을 보유하고 있는 국가들도 직접적으로 자원을 개발하여 자본 축적을 보다 많이 하고자 한다. 그래서 첫 번째로 선호하는 방안은 자체적으로 자원을 개발하는 것이다. 자원개발과 관련된 기술적 지식이 보편화되고 또 이를 실현할 수 있는 자본이 있다면 권위주의 국가들은 자체적인 자원개발 기업을 보유하고자 한다. 국영석유기업(NOC)는 대표적인 사례이다. 러시아는 자체적인 기술력을 바탕으로 국영석유회사와 국영가스회사를 운영하고 있다. 뿐만 아니라 자신들의 국영자원기업을 통하여 해외진출을 추진하면서 적극적으로 국제자본 시장을 활용하고 있다.

51, 1999, pp. 297-322.

[그림 2] 석유가격(WTI 현물가) 변동 추이

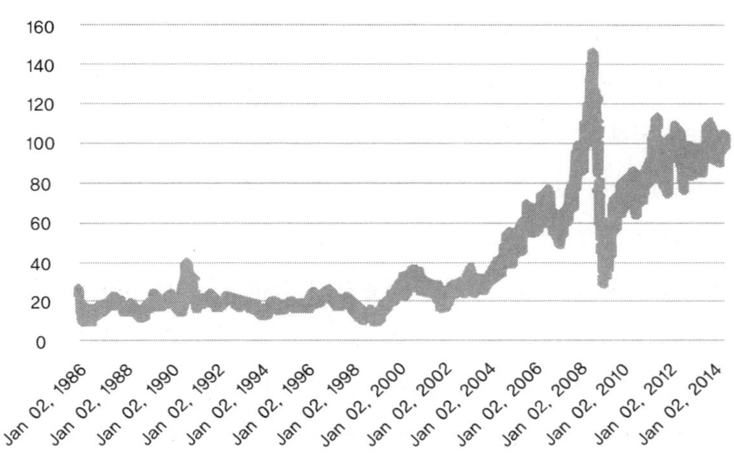

*자료: http://www.eia.gov(검색일: 2014.4.10)

모든 자원을 자체적으로 당장 개발하기 어렵다면 자원개발 자체를 장기적인 관점에서 진행하고 느리더라도 자체적으로 자본 축적이 이루어지기를 바라는 경우도 있다. 이럴 경우 폐쇄 정책을 시행하면서 자원개발 관련 기술도 자체적으로 확보하기를 원한다. 투르크메니스탄, 우즈베키스탄 등이 이러한 유형에 속하는 대표적인 사례이다.[11] CIS 지역 이외에서는 개방 이전의 미얀마가 후자에 해당된다.

자원부국이 자본을 확보하는 두 번째 방식은 자원 개발에 외국자본을 제한적이고 선별적으로 허용하면서 대신 이들의 참여를 통하여 안정적인 자본을 확보하는 방식으로 국제자본과의 협력을 추진하는 것이다. 외

11) P. Luong & E. Weinthal, "Prelude to the Resource Curse : Explaining Oil and Gas Development Strategies in the Soviet Successor States and Beyond," *Comparative Political Studies*, Vol. 34, No 4, 2001, pp. 367-399.

국자본의 참여를 허용하지만 전면적으로 허용하기 보다는 생산물 공유 방식을 통하여 개발된 자원을 현물로 받아 이를 개발재원으로 활용할 수 있도록 국영회사를 운영한다. 카자흐스탄, 아제르바이잔이 대표적인 경우이다. 이들 국가들은 자원개발로 벌어들인 자본을 안정적으로 관리하기 위하여 국부펀드를 운영하고 있다.[12)]

옛날이나 지금이나 환금성이 높은 천연자원은 권위주의 정권의 통치에 필요한 자본 확충에 중요한 수단이 되고 있다. 식민지에서 독립하면서 국유화를 통하여 국제자본의 천연자원 소유권을 박탈하기도 하였다. 최근에는 이러한 막무가내 식의 국유화는 국제금융시장의 큰 반발을 불러일으키고 장기적으로 자본 확충에도 부정적인 영향을 끼친다고 판단하여 점차적으로 국제금융자본과 타협하는 방식을 선호하기 시작하였다. 또한 국유화된 기업을 국제금융시장에 상장시키거나 혹은 자신들의 천연자원을 담보로 자금을 빌려오는 경우도 많아지고 있다. 또한 자국내 새로운 천연자원 개발을 위하여 새로운 광산이나 유전을 개발하기 위해서는 국제자본과 협력하여 개발하는 사례도 크게 증가하고 있다. 따라서 권위주의 정권은 천연자원을 매개로 국제자본과 직간접적으로 연결되어 있다고 할 수 있다.

천연자원이 부족한 권위주의 국가는 노동집약적인 제품 혹은 농작물을 생산하여 이를 해외시장에 내다팔아서 자본을 확보한다.[13)] 이러한 기반을 마련하기 어려운 경우에는 해외로 노동자들을 내보내어 이들이 벌

12) 조영관, 『에너지 수출국 국부펀드의 특징과 시사점』 (서울: 대외경제정책연구원, 2012년).

13) 김성진, “중앙아시아 국가들의 국제이주: 현황과 요인,” 『중소연구』 제 37권 4호(2014년), 251-289쪽; 김영진, “중앙아시아의 노동 이주 현황과 사회경제적 영향,” 『슬라브연구』 제 28권 1호(2012년), 1-26쪽.

어들인 외화를 송금 받아서 부족한 자본을 확보하고 있다. 키르기스 공화국과 타지키스탄이 대표적인 사례이다. 부존자원이 많더라도 천연자원의 개발을 통하여 자본을 확충하는 것이 빠르게 진행되지 못하는 경우에도 노동을 매개로 자본을 확보하는 경우가 있다. 우즈베키스탄은 이의 대표적인 사례이다.[14] 위에서 언급한 방식이외에도 관광 등으로 자본을 확보하기도 한다. 관광이 자본 확보에 있어 중요한 국가로는 우즈베키스탄이 있으며 재스민 혁명 이전의 이집트도 이러한 유형의 국가였다. 또한 비도덕적이거나 범죄와 연관되어 자본을 확충하는 경우도 있는데 탈레반 마약의 국제 운송 경로가 된 타지키스탄이 이러한 경우이다.

권위주의 정권은 기본적으로 정권의 안위에 영향을 주지 않는다면 국제자본을 환영하는 경향을 보인다. 특히 저발전상태에 처한 권위주의 국가들은 국가발전에 필요한 통치자금을 확보하기 위하여 국제자본의 협력이 절대적으로 필요하다. 다만 권위주의 정권이 경제성장을 어느 정도 할 수 있는 기반을 확보한 다음에는 국제자본에 대한 태도는 바뀔 수 있다. 그러나 아무리 폐쇄적인 정책을 견지하는 권위주의 정권이라도 글로벌 경제에서 국제화의 흐름에서 완전히 자유로울 수 없다는 점에서 국제자본의 영향을 제한적으로 받고 있으며 어느 정도 선까지는 협력을 하고 있다.

14) A. Mansoor & B. Quillin, *Migration and remittances: Eastern Europe and the Former Soviet Union, Europe and Central Asia Region Edition* (Washington D.C.: World Bank, 2006).

III. 1990년대 러시아 경제와 국제자본의 역할

러시아의 체제전환 과정에서 국제자본의 역할은 중요하였다. 오랜 기간 자본주의 세계 체제와 단절되어 독자적인 국제 분업체제를 만들었지만 실패로 귀결되었기 때문이다.[15] 그로 인해 소련해체 직후 러시아는 자본부족으로 어려움에 처했었다. 당시 국제채무는 1,000억불에 달하였다. 외채부족 문제를 해결하기 위해서는 국제채무기관들과의 협력이 필요하였다. 이 협력을 주도하였던 조직은 IMF 등 국제금융기구들이었다. 국가재정이 취약한 상황에서 탄생한 러시아는 체제전환 초기 국제자본을 유치하기 위하여 저자세를 취할 수밖에 없었다.

하지만 이들과의 관계가 처음 기대한대로 원활하게 진행되지 않았다. 1992년 국제금융기구로부터 빌릴 수 있었던 금융자본은 10억불에 불과하였고 그 다음해에도 기대한 규모 이하로만 자본을 빌려올 수 있었다. 개혁세력이 원하는 만큼의 지원이 국제사회로부터 전달되지 않게 됨에 따라 1992년 여름부터 중앙은행 총재가 보수파의 상징인 게라셴코(Геращенко)로 바뀌었다. 그러면서 통화금융 정책은 재정정책과 엇박자를 내게 되었다. 시장경제 개혁 프로그램은 체제전환 저항세력에 의하여 제대로 진행될 수 없게 되었다. 재정난은 쉽게 해소되지 못하였다. 사회주의 생산 시스템이 붕괴된 이후 러시아는 생산이 감소하고 그로 인해 재정수입을 증대할 수 있는 방법을 찾을 수 없게 되었다.

다음 〈표 1〉은 러시아가 IMF로 빌려온 차관을 보여주고 있는데 체제전환 초기의 차관규모가 러시아 경제규모에 비하여 턱없이 부족하다는

15) 이상준, "소련 및 동구권 몰락의 국제정치경제: CMEA를 중심으로," 『슬라브학보』 제 27권 4호(2012년), 453-484쪽.

것을 알 수 있다. 당시 러시아가 당장 갚아 나가야할 채무는 고사하고 통상적인 무역거래를 필요한 외환규모 수준에도 턱없이 모자라는 규모였다. 러시아의 취약한 거시경제 상황은 국제자본의 러시아 유입을 저해하는 요인이 되었다.

〈표 1〉 러시아의 IMF 차관 도입 내역[16)]

(단위: 백만 불)

프로그램	승인날짜	폐기날짜	승인금액	인출금액
SBA	1992. 8. 5	1993. 1. 4	1,049.7	1,049.7
STF	1993. 6. 30		1,574.3	1,573.3
STF	1994. 4. 20		1,574.3	1,574.3
SBA	1995. 4. 11	1996. 3. 26	6,411.4	6,411.4
EFF	1996. 5. 26	1999. 3. 36	18,990.4	8,310.9
SBA	1999. 7. 28	2000. 12. 27	4,529.3	647.0

* 자료: http://www.imf.org(검색일: 2014.4.10)

16) SBA(Stand-by-Agreement)는 협약체결가맹국이 협약내용의 일부로서 합의된 정책준수사항 등 제반신용인출조건(conditionality)을 충족하였을 경우 협약 한도내에서 일정기간마다 일정액을 인출할 수 있는 제도; STF(Systemic Transformation Facility)는 체제전환국가의 신용공여를 위하여 한시적으로 운영한 특별 신용제도; EFF(Extended Fund Facility)는 구조적인 문제와 저성장으로 인하여 장기적으로 국제수지 악화를 겪고 있는 가맹국들에게 비교적 장기의 자금을 지원해주는 신용제도

〈표 2〉 1990년대 초반 러시아로의 외국자본 유입

(단위: 백만 불)

연도	민간자본 순 유입	외국인직접투자 순 유입	국제시장 발행		포트폴리오 순 유입
			주식	채권	
1990	5,600	0	0	0	0
1991	200	0	0	0	0
1992	10,800	700	0	0	0
1993	3,100	700	0	0	0
1994	300	637	5	0	271
1995	1,100	2,017	23	347	141
1996	3,600	1,708	808	1,100	–

* 자료: World Bank, *Global Finance Development* (Washington D.C.: World Bank, 1997).

따라서 부족한 외환확보는 러시아 경제의 핵심적인 경제정책 가운데 하나가 되었다. 당시 러시아가 국가재정 상태를 개선할 수 있는 방법은 무역수지 흑자를 최대한 증가시키거나 외국자본을 충분하게 끌어들이는 것이었지만 이 두 가지 방법은 실효성을 가지지 못하였다. 우선 1990년대의 원자재 가격 하락안정세로 인하여 원자재 수출에 의한 외환소득을 충분히 확보하기는 어려웠다. 또한 취약한 제도적 기반으로 인하여 들어오는 외환조차도 제대로 관리할 수 없었고 많은 자본이 자본도피라는 이름으로 오히려 국제금융시장으로 빠져나가는 추세가 지속되었다. 실제 체제전환 이후 러시아는 무역수지 적자를 기록한 적이 없었다. 국제자본가들은 러시아 시장을 투자대상지역으로 고려하지 않게 되었고 아주 적은 규모의 외국자본만이 러시아로 유입되었다. 그나마 대부분의 자본은 환금성이 높은 자원 및 유통분야로 집중되는 양상을 보였다.

〈표 3〉 GDP 대비 저축, 투자, 외국인 자본 및 자본도피

(단위: %)

연도	저축	투자	민간자본 순유입	FDI 순유입	자본도피
1991	40	39	–	0	–
1992	37	32	2.5	0	3.3 (5.7)
1993	32	26	0.8	0.2	2.7 (5.7)
1994	29	27	0.1	0.2	3.5
1995	26	25	0.3	0.6	2.2

*자료: World Bank, Global Finance Development (Washington D.C.: World Bank, 1997); Konstatin Loukine, *Capital Flight from Russia as Reported in the Russian Press* (unpublished manuscript, 1997).

앞의 〈표 3〉에서처럼 러시아로 들어오는 자본 못지않게 많은 러시아 자본이 해외로 빠져나가는 자본도피 현상이 나타났는데 이는 체제전환의 제도적 취약성으로 인한 것이었으며 자본의 해외 유출은 상당기간 지속되었다. 여기서 나타난 한 가지 흥미로운 현상은 조세회피국가들로 빠져나간 자본들이 나중에 다시 외국자본이 되어 러시아로 회귀하였다는 것이다. 물론 이 역시 2000년대의 일이었다. 1990년대 체제전환 이후 혼란스러운 시장 상황은 외국자본은 물론이거니와 국제시장을 통하여 러시아로 마땅히 들어와야 하는 자본들도 국제금융시장의 채널을 통하여 러시아에서 빠져나갔다는 것이다.

러시아 경제 상황을 더욱 어렵게 한 것은 체제전환 초기에 외환을 확보할 수 있는 다른 마땅한 수단이 없었다는 것이다. 평균적인 임금은 낮았지만 노동생산성은 더욱 낮았으며 생산이외에 추가적으로 발생하는 물류비용 및 관료적 행정비용은 상당히 높았다. 이러한 이유로 제조업은 위축되었고 그 결과 외환 보유고는 계속 감소할 수밖에 없었다. 해외로

이주하여 국제노동시장에 참여한 사람들은 높은 수준의 기술을 가지고 있었던 덕분에 선진국으로 이주할 수 있었다. 하지만 그들이 이주한 선진국이 생활비 부담이 커서 러시아로의 외화송금은 별로 많지 않았고 이에 따른 외화획득도 적을 수밖에 없었다. 특히 1990년대가 저유가 시대였기에(앞의 [그림 1] 참조) 러시아가 무역수지 흑자를 기록하였음에도 자본도피와 맞물려 경상수지 흑자가 크지 않았다. 1998년 금융위기 직전 러시아의 외화보유고는 불과 122억불에 불과했으며 대외부채의 규모는 1,964억불에 달하는 것으로 추산되었다.[17)]

한편 러시아는 체제전환 초기부터 국제자본을 적극적으로 유치할 수 있는 가능성을 배제하였다. 사유화 과정에서 적절하게 외국자본을 유치할 수 있는 첫 번째 기회를 놓쳤으며 사유화 이후에는 기업지배구조의 불투명성과 자산 빼돌리기로 두 번째 기회를 잃었다.[18)] 1996년 정부단기채권(GKO)시장으로의 투자가능성이 생겨나면서 국제자본의 러시아 국채시장 참여가 러시아 금융가들과 협력으로 가능하게 되었다. 그러나 러시아의 자본상환 능력이 없다는 것이 알려지고 1997년 아시아 금융위기로 신흥시장에 대한 위험도가 재평가되면서 러시아는 외환위기를 겪게 되었다.

17) 최병희, "러시아의 최근 외채재조정 동향과 전망," 『KIEP 세계경제』 2월호(1999년), 77쪽.

18) 이상준, "사유화이후 러시아 기업지배구조와 기업간 관계의 변화와 연속성," 『슬라브학보』 제18권 2호(2003년), 117-141쪽; 이상준, "러시아 기업구조조정의 내부적 제약으로서의 기업지배구조," 『중소연구』 제26권 2호(2002년), 82-100쪽.

IV. 푸틴 집권 이후 러시아 경제와 국제자본의 역할

1998년 외환위기 이후 루블화의 평가절하로 인하여 러시아 제조업의 경쟁력이 살아나면서 러시아 경제는 다시 회복세를 보였다. 그러나 국제자본이 본격적으로 러시아 시장에 관심을 보이기 시작한 것은 2001년 911이후 글로벌 유동성이 증가한 이후였다. 아시아 국가들의 외환위기는 신흥시장 국가들의 외환 확대를 경쟁적으로 부추겼고 미국의 저금리 정책은 주식과 부동산 가격을 상승시켰으며 신흥시장으로 가격상승효과가 전이되었고 국제 상품시장의 원자재 가격도 상승시켰다.[19)]

푸틴이 집권하면서 러시아는 국가가 자본과의 관계는 재설정되는 기간을 거쳤다. 푸틴은 집권이후 올리가르히에게 정치에 관여하지 말라고 경고하였고 올리가르히 가운데 언론을 통하여 정치적으로 대항하였던 베레조프스키와 구신스키는 추방되었다. 올리가르히와의 관계가 결정적으로 변화하기 시작한 것은 유코스 사태였다. 러시아 정치가 권위주의화되면서 사적 소유권이 제대로 보장받을 수 없을지도 모른다는 염려가 있었다. 다행이도 그 이상의 다른 조치는 없었다. 국제금융시장은 유코스 사태가 러시아 권력의 임의성을 보여주고 러시아 시장의 불확실성이 다시 커지는 것이 아닌지를 우려하였다. 국제금융자본이 염려하는 사태가 더 이상 없게 됨에 따라 국제자본의 러시아 시장 참여는 조심스럽게 다시 증가하였다.

2002년 무디스는 러시아의 신용등급을 B3에서 B2로 상향조정하였지만 투자적격 등급보다는 한참 낮게 평가하였다. 다른 신용평가기관들도

---

19) 이상준, "포스트 크라이시스 세계와 한·러 경제협력," 『슬라브연구』 제27권 1호(2011년), 1-34쪽.

BBB-로 모두 낮은 투자등급을 부여하였다. 그러나 2002년을 시작으로 러시아의 신용등급은 계속 상승하여 점차적으로 투자적격으로 상향조정되었다 (〈표 4〉 참조). 2004년에는 새로운 외환관리법을 통하여 외환거래의 자유를 보장함에 따라 외국자본들의 유입이 크게 늘어나기 시작하였다.[20)]

푸틴이 집권 초기부터 국제자본이 적극적으로 러시아 시장에 관심을 가진 것이 아니었다. 푸틴 역시 집권 초기에는 권력의 안정에 방점을 두었다. 푸틴은 자신의 리더십을 강화하기 위하여 기존의 권력집단이었던 시미야와 올리가르히 등으로부터 자율성을 확보하고 자신에게 충성할 수 있는 권력집단을 형성하기 시작하는 것이었다. 그에게는 권력의 안정적인 확보가 우선시되었다. 그리고 정부의 정책을 집행하는데 필요한 자원을 통제하기 시작하였고 정부 재정능력을 취약하게 하였던 재정연방주의 제도를 대폭 손질하였다.[21)]

〈표 4〉 주요 신용평가기관의 러시아 국채 신용등급

변경일	신용평가기관	변경전	변경후
'98. 8	S&P	–	CCC
'98. 8	Moody's	–	B2
'98. 8	Fitch	–	B–
'02. 12	S&P	CCC	BB
'03. 8	Fitch	BB–	BB+
'03. 10	Moody's	B2	Baa3
'05. 1	S&P	BB+	BBB–

20) IMF, "Liberalizing Capital Flows and Managing Outflows," *IMF*, Mar. 2012, p. 34.

21) 추가영, 이상준, "Fiscal Federalism and Regional Economic Growth in Russia during 2000-2007: A Panel Data Approach," 『러시아연구』 제22권 1-1호(2013년), 183-200쪽.

‘05. 8	Fitch	BBB-	BBB(Negative)
‘05. 10	Moody's	Baa3	Baa2
‘05. 12	S&P	BBB-	BBB(Negative)
‘06. 7	Fitch	BBB(Negative)	BBB+(Stable)
‘06. 9	S&P	BBB(Negative)	BBB+(Stable)
'08. 12	S&P	BBB+(Stable)	BBB(Negative)
'08. 12	Moody's	Baa1(Positive)	Baa1(Stable)
'09. 2	Fitch	BBB+(Stable)	BBB(Negative)
‘09. 12	S&P	BBB(Negative)	BBB(Stable)
‘10. 1	Fitch	BBB(Negative)	BBB(Stable)
‘14. 4	S&P	BBB	BBB-

*자료: http://keri.koreaexim.go.kr/(검색일: 2014.4.10)

올리가르히에 의해서 국가의 정책이 포획되었던 관계가 다시 정상화되었고 권력의 수직화가 진행되면서 국가의 능력은 강화되었다. 또한 경제적 지배력을 강화하기 위하여 천연가스, 석유 등의 자원을 신속하게 독점하였다. 이로 인하여 국가는 일사분란하게 자본을 직간접적으로 통제할 수 있게 되었다.

이러한 과정에서 국제적으로 자본을 획득할 수 있는 방법은 자원을 수출하여 얻는 외화소득이었다. 2003년 전후로 가파르게 치솟는 자원의 가격 덕분에 국가와 자본의 어느 정도의 긴장관계는 해소될 수 있었다. 또한 리더십을 어느 정도 확고하게 다진 푸틴은 더 이상 올리가르히에게 징벌을 내리지 않았다. 한편 이미 많은 올리가르히들은 자신의 재산을 안전하게 지키기 위한 방법으로 기업지배구조를 투명하게 개선하는 작업을 어느 정도 완료하였고 정치적 위험을 회피하기 위하여 보다 적극적으로 기업의 국제화를 추진하였다. 러시아 기업들의 해외자본 유출은 2000년 32억불, 2005년 128억불을 넘어서면서 2010년에는 517억불에 도달하게 되었다. 2010년의 세계 전체의 외국인직접투자에서 러시아의 비중은 4%로 증가하였다.[22] 그래서 국가의 통제가 과거와 달리 더 이상 직접적으로 심각하게 영향을 끼치지 않게 되는 원인이 되기도 하였다.[23] 국내적으로 국가와 자본의 관계가 새롭게 정립된 다음부터 푸틴은 적극적으로 국제자본을 활용하기 시작하였다.

국가와 자본간 껄끄러운 갈등이 완전히 사라지지는 않았지만 러시아 정부는 국제자본과의 관계를 반드시 부정적인 측면으로만 몰아가지는 않았다. 이 시기를 거치면서 국가와 국제 자본과의 관계는 갈등/경쟁 혹은 협력의 유형으로 구분되는 양상을 보여주었다.

국가와 국제자본 간 관계의 첫 번째 유형은 국가와 글로벌 자본이 갈등하거나 혹은 국가에 의하여 배척당하는 것이다. 이러한 유형은 자원분야에서 진출한 기존의 외국 기업에서 나타나는 현상이었다. 대표적인 사례는 코빅타 가스전 및 사할린 II 개발취소이다. 환경문제와 관련된 이슈를 가지고 러시아는 국제자본이 참여하는 위 프로젝트들의 개발 허가를 취소하였다. 이러한 조치들은 자원은 러시아인 모두에게 귀속한다는 일반인들의 지지 속에서 진행되었다. 이 지역에서의 자원개발이 초기에는 투자성공에 대한 불확실성이 높아 다국적기업의 투자와 기술에 의존해야 했었지만 러시아 기업의 자본력이 커지고 또 시장의 불확실성이 줄어들면서 러시아 국가의 개입이 가능해지면서 이러한 갈등이 표면화 된 것이다.

이러한 갈등관계는 석유 및 에너지 자원 관련 분야로 외국자본이 들어

---

22) UNCTAD, '*Non-Equity Modes of International Production and Development*' *World Investment Report* (New York and Geneva: UNCTAD, 2011).

23) K. Liuhto & Vahtra P., "Foreign operations of Russia's largest industrial corporations – building a typology," *Transnational Corporations*, Vol. 16, No. 1, 2007, pp. 117-144; K. Kalotay & Sulstarova A., "Modelling Russian outward FDI," *Journal of International Management*, Vol. 16, 2010, pp. 131-142.

오는데 있어 불리함으로 작용하였다. 그러나 좀 더 시간적 기간을 길게 가지고 살펴보면 석유 산업으로 직접투자 형태의 자본 유입은 줄어들었지만 석유 분야 기업의 해외상장 혹은 자본 차입을 통한 외국자본 유입은 크게 증가하였다. 이러한 추세는 권위주의 정권의 계획시계가 상대적으로 매우 길어지게 됨에 따라 불확실성은 사라지게 되었고 단기적인 자본 유출입을 통한 이익 실현이 가능하게 됨에 따라 나타난 현상이다. 그리고 자본의 입장에서도 재산권과 계약권이 권위주의 정권에 의하여 빼앗기는 위험이 발생하게 됨에 따라 석유산업으로의 직접적인 투자를 회피하고 대신 포트폴리오 투자 혹은 신용제공을 선택한 결과이다. 특히 푸틴의 재임기간이 길어지고 또 유코스 사태 이후 더 이상 갈등요소가 없게 됨에 따라 석유 산업 분야 기업들의 회사채 매입 그리고 해외주식시장에 공개되는 공모 주식들을 사들이면서 러시아로의 자본투자와 대출을 진행하기 시작하였다.[24)]

국제자본시장을 통하여 자본을 조달하게 됨에 따라 러시아 석유분야의 기업들의 재무능력은 크게 향상되었다. 이들은 다시 자신들의 부를 극대화하기 위하여 다시 중앙아시아의 자원개발과 유럽의 자원 판매망에 대한 투자를 진행하면서 자신들의 덩치를 계속하여 키웠다. 이러한 성장과정을 통하여 탄생한 러시아의 초대형 자원개발 기업들은 러시아 내부 뿐 아니라 근외 지역의 자본개발권과 운송망을 독점적으로 지배하면서 마침내 국제자본과 경쟁관계를 만들게 된다.

물론 러시아가 지배하는 운송망에 대항하는 BTC(바쿠-트빌리시-세이한 송유관), BTE(바쿠-트빌리시-에르주름 가스관), SPC(남 코카서스 가스관) 등

24) 이상준, "러시아 권위주의 국가와 대기업: 경제성장 vs. 경제침체," 『슬라브학보』 제25권 2호(2010년), 29-62쪽.

석유 및 천연가스의 운송망들이 새롭게 연결되기도 하였지만 나부코와 사우스 스트림의 경쟁에서 알 수 있듯이 러시아 에너지 자본과 국제 에너지 자본의 경쟁은 어느 한쪽의 일방적인 승리로 귀결되지는 않고 있다.[25)]

두 번째 관계는 국가와 자본의 협력관계이다. 국가발전과 정권유지에 필요한 자본을 확보하기 위하여 러시아는 협력도 적극 활용하고 있다. 특히 러시아는 자체생산으로는 경쟁력을 확보할 수 없는 산업분야에 대해서는 적극적 개방을 추구하였다. 선별적인 협력을 추진하는 과정은 미래의 불확실성, 기술의 복잡성 및 융합 정도, 자본투자의 시간적 지평 등에 의하여 결정되었다. 오늘날 상트페테르부르크 인근 지역에 자동차산업의 클러스터가 형성된 것도 국가와 국제자본의 협력에 의한 것이다. 자동차 산업의 기술적 발전과 다른 산업과의 융합이 빠르게 진행됨에 따라 러시아는 자국의 자본과 기술로는 국제시장과의 격차를 줄이기 어렵다고 판단하였다. 그래서 글로벌 자동차 메이커들이 경쟁적으로 러시아 시장으로 들어올 수 있도록 적극적으로 지원하였다.

물론 자동차산업의 기술이전 속도를 가속화하기 위하여 러시아는 로스테흐놀로기야를 동원하여 볼가를 생산하는 가즈사를 인수하고 거대한 군산복합체의 한 부분으로 편입하였다.[26)] 경쟁력을 상실한 자동차산업을 과감하게 개방한 결과 자동차산업은 완전경쟁시장과 가까운 시장으

---

25) 이상준, "흑해경제권에 대한 러시아의 전략: 에너지 관점에서,"『동유럽발칸연구』제 27권(2011년), 81-106쪽.

26) 로스테흐놀로기(Ростехнологии)는 2007년 푸틴에 의하여 설립된 비영리목적의 국가기업이다. 2007년 소형자동차 기업 아프토바즈 25%지분, 트럭분야 카마즈 37.7% 지분. 비행기 제작 로스아비아 50%+1주, 와미맥스 통신기업 스카르텔 25.1% 지분, 피렐리와 합작하여 타이어 생산하는 합작기업 설립, 군산복합체 아바론프롬 51% 지분, 테흐프롬 엑스포르트 100% 지분, 아에로 항공우주 기기 51%의 지분을 사들였다. http://rostec.ru/(검색일 2014.4.10)

로 변화되었다. 러시아시장에서 외국자본간 경쟁을 최대화하여 발생하는 완전경쟁의 후생효과를 극대화하도록 하였다. 그 대신 러시아는 러시아가 필요로 하는 기술도입과 고용창출 등의 다양한 정책의 실현 가능성을 높일 수 있었다. 이와 유사한 분야로는 가전, 이동통신 산업 등이 있다.[27)]

자동차 산업이 시장을 매개로 높은 기술력을 보유한 외국자본을 러시아 끌어들였다면 과학기술분야는 러시아의 기술력을 보고 외국자본이 들어오도록 유도하는 방식으로 국제자본과의 협력을 추진하였다. 파격적인 조건을 내세워 조성된 스콜코보(Сколково Ннновационный центр)는 러시아의 기술력을 한곳에 모아서 국제투자자본과의 연결성을 높이는 시도였다. 현재까지 스콜코보의 성과는 기대한 만큼 크지 않은 실정이지만 이미 러시아가 가진 IT 소프트웨어 분야의 기술력을 획득하기 위하여 삼성 등의 기업들이 스콜코보 단지에 투자하고 참여하고 있다.[28)] 러시아는 현대화 정책을 추진하면서 계속적으로 국제자본이 관심을 가질 수 있는 기술 분야를 스콜코보와 다른 테크노 파크 등을 통하여 선보이고 있다. 특히 최근 경제성장이 낮아지는 장기적인 추세로 접어들면서 잠재성장력을 높이기 위하여 과학기술분야의 높은 개발 위험을 분담시키기 위하여 국제자본과의 적극적인 참여를 촉구하고 있다.

국가와 자본의 협력 관계에서 나타나는 다른 하나의 특징은 2008년 글로벌 금융위기 이후 EU의 에너지 믹스전략의 변동 등에 따라 신흥시장과의 협력을 강화하려는 노력이 커졌다는 것이다. 특히 글로벌 금융위기 이후 세계 경제의 주요 한축으로 부상한 중국과 여전히 높은 성장세를

27) 이상준, “Strong State and Big Business in Russia: Is It Enough for the Development?”『슬라브연구』제 25권 1호(2009년), 137-169쪽.

28) 이상준, “러시아 경제와 현대화 전략: 주요 산업발전 전략과 정책,”『슬라브학보』제 29권 1호(2014년), 191-228쪽.

보이고 있는 한국을 비롯한 아시아태평양 국가와의 협력을 강화하기 위하여 아태지역 국가와의 협력을 적극적으로 추진하였다. APEC 정상회담을 블라디보스토크에 개최하는 것과 동시에 극동개발전략에 대한 청사진을 제시하면서 아태지역 국가들의 자본을 적극적으로 유치하고자 노력을 기울이고 있다.[29] 이러한 노력은 ESPO 파이프라인 건설을 완공하는 등 러시아 국내적 수출 인프라를 조성하여 아태지역으로부터 외국 자본 유입이 한층 용이하게 하도록 노력하고 있다. 2014년 5월 중국과의 가스 협력을 타결한 것도 러시아의 외국자본 유치 노력이 중국의 에너지 정책과 연결되어 성사된 것이라 할 수 있다.

V. 결론을 대신하여

권위주의 체제는 민주주의 체제에 비하여 보다 자의적으로 국가 권력을 이용하여 기업 활동을 규제하거나 심지어 국유화 등을 통하여 자산을 몰수할 수 있는 가능성이 높다. 하지만 권위주의도 역사적으로 발달되어 온 하나의 제도로서 안정적이며 가치를 내포하고 있다. 경제성장은 단순히 법치주의, 민주주의로 표현되는 정치적인 현상을 넘어서는 복합적인 요소가 상호작용하여 낳은 결과라는 점에서 권위주의 제도가 민주주의에 비하여 열등하다는 관점은 지양되어야 한다. 특히 글로벌화가 진행되는 상황에서 권위주의가 반드시 열등한 정치체제가 아닐 수 있다는 것을 많은 권위주의 국가들이 보여주고 있다. 러시아의 사례 역시 여기에 해당된다.

---

29) 김학기, "러시아의 극동개발전략과 우리의 대응," 『산업경제분석』 (2013년 6월), 51-61쪽.

러시아경제로의 외국자본이 유입은 체제전환 초기보다는 2000년대 러시아가 권위주의 체제로 회귀하면서 더욱 증가하는 양상을 보여주었다. 체제전환 초기의 혼란스러운 시기보다 권위주의 체제이기는 하지만 정치적인 안정을 이룬 시기에 외국자본 유입이 늘어난 것은 시사하는 바가 크다. 그 이유는 시장경제가 전지구적으로 확산됨에 따라 국경을 자유롭게 넘나드는 국제자본가들은 보다 많은 수익을 보장받을 수 있는 국가에 투자하기를 원하는 것을 보여주기 때문이다. 투자자들의 주된 관심은 투자한 국가에서의 기대수익률과 과실송금의 보장이다. 높은 수익을 안전하게 가져나올 수 있다면 투자국가의 정치체제가 민주주의인지 권위주의인지는 관심 밖이라는 것이다. 러시아 기업의 투명성이 국제적인 기준으로 엄격하리만큼 크게 개선되지 않았다. 또한 세계은행이 밝힌 러시아의 기업투자환경이 크게 개선된 것도 아니었다. 권위주의가 강화되는 과정에서 기업과 은행의 시스템이 괄목할 만큼 개선되지 않았고 또한 투자환경이 개선되지 않았음에도 러시아로의 외국자본 유입이 증가한 것은 대규모 자본의 수익성이 확보될 수 있는 자원이라는 매력적인 상품이 있었기 때문이었다. 그리고 국제자본은 권위주의 체제에도 불구하고 높은 경제적 성과를 달성케 하였다.

국제자본가들은 정치체제의 안정성과 정책의 예측 가능성을 최우선적으로 고려하여 투자한다. 과거 냉전체제에서는 국유화에 의한 몰수 가능성이 높았었지만 냉전 이후 신자유주의에 의한 글로벌화가 가속화되고 또한 개발도상국 사이의 경쟁이 치열하게 전개되었다. 그리고 금융 자본의 이동이 과거에 비하여 훨씬 더 쉬워지면서 과거와 달리 권위주의 정권은 국제자본과의 협력관계를 유지하는 경향을 보인다. 요약하자면 국제금융시장의 조건하에서 권위주의 체제는 국제자본과의 협력을 통하여 체제 유지에 필요한 자본을 확보하고 나가서 경제 발전을 이루게 하였다.

신자유주의가 본격적으로 형성되면서 권위주의 체제와 국제자본의 이해관계가 맞아 떨어지는 국가에서는 권위주의 정권과 국제자본 사이의 암묵적인 협력이 가속화되었다. 이들 간 협력은 국제시장에 환금성이 높은 상품(석유, 천연가스, 금, 면화 등)을 개별 국가가 보유하고 있는지에 따라서 더욱 잘 진행되었다. 신자유주의가 확산되는 가운데 일부 개발도상국은 적극적 혹은 수동적으로 시장경제를 추진하면서도 권위주의 체제를 계속 유지하였다. 이러한 특징이 가장 잘 나타나는 지역은 러시아를 비롯한 카자흐스탄, 아제르바이잔, 우즈베키스탄 등 CIS국가들이다. 이들 국가들도 자국이 보유한 자원(석유, 천연가스, 면화, 금)을 바탕으로 국제자본과 간혹 갈등을 보이기도 하였지만 이러한 과정을 통하여 협력에 필요한 나름의 타협점을 찾아나가면서 자국의 정치체제를 유지하는 수단으로서 국제자본을 적극 활용하면서 정권안정을 유지할 수 있게 되었다. 또한 러시아 기업들이 경쟁력을 상실한 분야로는 적극적인 협력을 추진하였다. 자동차, 가전, 이동통신 산업의 성장과 외국자본 참여가 자유롭게 이루어진 것은 이를 보여준다.

국제자본에 의하여 권위주의 체제유지에 필요한 자본을 확보하였던 국가들은 일련의 금융위기를 통하여 정치체제의 균열이 발생하는 일들을 종종 경험하였다. 1997년 금융위기로 아시아의 발전국가가 몰락하였고 2008년 금융위기 이후 발생한 국제금융자본 흐름의 감소로 재스민 혁명이 발생하여 중동과 아프리카의 권위주의 체제가 몰락하는 것도 목격할 수 있었다. 그렇지만 모든 권위주의 체제가 한꺼번에 무너지는 것은 아니었다. 다행이도 금융위기가 발생하였지만 CIS 국가들에서는 정치체제의 위기가 발생하지 않았다. 글로벌 금융위기에도 불구하고 키르기스 공화국을 제외한 CIS 지역의 대다수 국가들의 정치 체제는 안정적인 모습을 보이고 있다. 푸틴도 일련의 반대 시위에 직면하였지만 3번째 임기를 무사히 시작할 수 있었다.

그러나 러시아의 성장세는 권위주의 체제가 강화되어 사적 재산권을 제대로 보장하지 않는 상황에서 지속되었다. 그리고 푸틴의 권력을 통제하고 감시할 수 있는 언론 및 시민사회의 역할은 제한적이고 부패는 여전히 높은 수준이라는 러시아 경제성장은 계속 가능할 것인지에 대한 강한 의문이 있다. 글로벌 금융위기 이후 자원가격의 하락으로 러시아 경제가 급격하게 마이너스 성장을 기록한 사실은 이러한 의구심을 버릴 수 없게 한다. 경제활동에서 대기업의 비중은 더욱 커졌고 소득과 자본의 불평등이 줄어들 기미가 없기에 지속적으로 경제성장을 뒷받침할 수 있는 사회적 동력은 소멸되고 있다. 2013년부터 러시아 경제는 급격하게 저성장 국면으로 접어들고 있다. 그리고 2014년 우크라이나 사태로 인한 지정학적 위험이 높아진 상태에서 러시아의 국제신용도는 다시금 한 단계 낮아지는 어려움에 처하였다.

그나마 다행인 것은 러시아가 다른 권위주의 개발도상국가와 달리 세계질서에 상당한 영향력을 행사할 수 있는 국가라는 점에서 국제금융자본과의 관계에서 높은 협상력을 가질 수 있었다. 러시아는 지난 10여년간 권위주의가 강화되는 상황에서도 국제금융과 선별적인 협력을 추진할 수 있었다. 권위주의 체제가 강화되는 상황에서 러시아는 비록 권위주의 체제가 강화되는 상황이었지만 때로는 국제자본과 갈등하거나 경쟁하는 모습을 보여주었지만 협력도 동시에 추구하였다. 러시아 권위주의 시장경제와 신자유주의 세계의 국제금융자본이 서로의 이해를 충족시키면서 암묵적인 협력도 많았던 점은 러시아 경제성장의 주된 원동력이었다.

권위주의 제도가 국제자본과의 협력이 용이할 수 있다. 실제 푸틴의 재임기간이 길어질수록 푸틴의 정책의 자율성은 커지고 보다 폭 넓은 사회적 이해관계를 반영한 정책을 수행할 수 있는 가능성은 커질 수 있다. 또한 국제자본을 유치하고 유입시키는데 보다 효율적으로 작동할 수도 있다. 하지만 절대 통치자도 언젠가는 죽는다는 점에서 권력의 승계가 논의되기 시작하는 시점에서 국제자본과의 갈등 혹은 충돌이 커질 가능성도 배제할 수 없다. 그만큼 푸틴에게 주어진 통치기간 내 자본가와 신뢰할 수 있는 약속과 제도를 만드는 것이 중요할 것이다.

참고문헌

김성진. "중앙아시아 국가들의 국제이주: 현황과 요인."『중소연구』. 제37권 4호. 2014년. 251-289쪽.

김영진. "중앙아시아의 노동 이주 현황과 사회경제적 영향."『슬라브연구』. 제28권 1호. 2012년. 1-26쪽.

김학기. "러시아의 극동개발전략과 우리의 대응."『산업경제분석』. 2013년 06월. 51-61쪽.

이상준. "러시아 기업구조조정의 내부적 제약으로서의 기업지배구조."『중소연구』. 제26권 2호. 2002년. 82-100쪽.

______. "사유화이후 러시아 기업지배구조와 기업간 관계의 변화와 연속성."『슬라브학보』. 제18권 2호. 2003년. 117-141쪽.

______. "Strong State and Big Business in Russia: Is It Enough for the Development?"『슬라브연구』. 제25권 1호. 2009년. 137-169쪽.

______. "러시아 권위주의 국가와 대기업: 경제성장 vs. 경제침체."『슬라브학보』. 제25권 2호. 2010년.

______. "포스트 크라이시스 세계와 한-러 경제협력."『슬라브연구』. 제27권 1호. 2011년. 29-62쪽.

______. "흑해경제권에 대한 러시아의 전략: 에너지 관점에서."『동유럽발칸연구』. 제27권. 2011년. 81-106쪽.

______. "소련 및 동구권 몰락의 국제정치경제: CMEA를 중심으로."『슬라브학보』. 제27권 4호. 2012년. 453-484쪽.

______. "러시아 경제와 현대화 전략: 주요 산업발전 전략과 정책."『슬라브학보』. 제29권 1호. 2014년. 191-228쪽.

조영관.『에너지 수출국 국부펀드의 특징과 시사점』. 서울: 대외경제정책연구원, 2012년.

추가영, 이상준. "Fiscal Federalism and Regional Economic Growth in Russia during 2000-2007 : A Panel Data Approach."『러시아연구』. 제22권 1-1호. 2013년. 183-200쪽.

최병희. "러시아의 최근 외채재조정 동향과 전망."『KIEP 세계경제』. 2월호. 1999년. 77쪽.

Easterly, William. & Levine, Ross. "Africa's Growth Tragedy: Politics and Ethnic Divisions." *Quarterly Journal of Economics*. Vol. 112. No. 4.

November 1997. pp. 1203–1250.

IMF. *Liberalizing Capital Flows and Managing Outflows*. Washington D.C.: IMF, 2012.

Kalotay, K. & A. Sulstarova. "Modelling Russian outward FDI." *Journal of International Management*. Vol. 16. 2010. pp. 131-142.

Liuhto, K. & P. Vahtra. "Foreign operations of Russia's largest industrial corporations building a typology." *Transnational Corporations*. Vol. 16. No. 1. 2007. pp. 117-144.

Loukine, Konstatin. *Capital Flight from Russia as Reported in the Russian Press*. unpublished manuscript, 1997.

Luong, P. Weinthal, E. "Prelude to the Resource Curse: Explaining Oil and Gas Development Strategies in the Soviet Successor States and Beyond." *Comparative Political Studies*. Vol. 34. No. 4. 2001. pp. 367-399.

Mansoor, A. and Quillin, B. *Migration and remittances: Eastern Europe and the Former Soviet Union[Europe and Central Asia Region Edition]*. Washington D.C.: World Bank, 2006.

Ross, Michael. "The Political Economy of the Resource Curse." *World Politics*. Vol. 51. 1999. pp. 297-322.

Slater, Dan. and Sofia, Fenner. "State Power and Staying Power." *Journal of International Affairs*. Vol. 65. No. 1. Fall/Winter 2011. pp. 15-29.

Sonin, Konstantin. "Why the Rich May Favor Poor Protection of Property Rights." *Journal of Comparative Economics*. Vol. 31. No. 4. 2003. pp. 715-731.

UNCTAD. *'Non-Equity Modes of International Production and Development' World Investment Report.* New York and Geneva: UNCTAD, 2011.

UNCTAD. Development and Globalization 2012. Geneva: UNCTAD, 2012.

Vuksic, Goran. "Foreign Direct Investment and Export Performance of the Transition Countries in Central and Eastern Europe." *12th Dubrovnik Economic Conference Symposium*. 28 June, 2006. p.9.

WIIW. *Handbook of Statistics: Countries in Transition 2002*. Vienna, 2003.

World Bank. *Global Finance Development*. Washington D.C.: World Bank, 1997.

World Bank. *Doing Business Report 2014*. Washington D.C.: World Bank, 2014.

Wright, Joseph. "How Foreign Aid Can Foster Democratization in Authoritarian Regimes." *American Journal of Political Science*. Vol. 53. No. 3. 2009. pp. 552–571.

http://www.eia.gov(검색일: 2014.4.10)

http://www.imf.org(검색일: 2014.04.10)

http://www.imf.org/external/pubs/nft/2003/russia(검색일: 2014.4.10)

http://keri.koreaexim.go.kr/(검색일: 2014.4.10)

http://rostec.ru/(검색일: 2014.4.10)

Федеральная служба государственной статистики [Электронный ресурс] / GKS.RU. Рудим доступа: http://www.gks.ru/

Министерство финансов Россииской Федерации [Электронный ресурс] / MINFIN.RU. Рудим доступа: http://www1.minfin.ru/ru/

제4장

푸틴시기 러시아 경제 성장 요인*

소비시장 확대를 중심으로

김상원**

I. 머리말

푸틴은 집권 1기에 해당하는 2000년 3월부터 2004년 5월 기간 동안 강력한 러시아 건설을 추구하며 중앙집권적 연방 체제를 확립하였다. 그리고 집권 2기인 2004년 5월부터 2008년 5월까지는 국민 생활수준 향상 및 지속적인 경제성장, 민주주의 발전, 에너지 산업 육성을 최우선 국정과제로 제시하면서 지속적인 개혁을 추진하였다. 이 결과 푸틴 대통령이 집권한 8년간 러시아 경제는 1998년 모라토리움으로 인한 국가 부도위기에서 순 채권국으로 전환하였고, GDP규모는 세계 10위, 외환 보유액은 세계 3위의 경제실적을 달성하였다.

이러한 경제 성장 기조 유지로 신흥 경제 대국으로서의 러시아에 대

* 이 글은 『동유럽발칸연구』 제 38권 1호(2014)에 게재된 "푸틴시기 러시아 경제 성장 요인: 소비시장 확대를 중심으로"이며 한국외국어대학교 동유럽발칸연구소의 허가를 얻어 여기에 싣는다.

** 국민대학교 국제학부 교수

한 국제적인 관심도가 높아지고 있다. 또한 국제적으로는 러시아가 중장기적 유망 시장이라는 평가가 높아지고 있다. 국제금융기관들은 러시아를 장기적으로 투자가 유망한 국가로 평가하면서, 세계에서 가장 급성장하는 중국, 인도와 같은 등급으로 평가하기도 하였다. 국제금융평가 시장에서 러시아에 대해 높은 평가를 하는 이유는 고유가를 배경으로 하는 국내 소비 급증에 있다.

구체적으로 살펴보면 푸틴 집권 1기와 2기 기간 동안 러시아 경제는 견조한 추이를 보이며 성장하였다. 특히 개인 소비 증가세가 가속되면서, 경제 성장의 주요한 요인으로 작용하였다. 즉 GDP 성장에 대한 개인 소비 기여도는 매년 증가하였다. 한 가지 문제점은 설비 투자가 뚜렷하게 증가하지 않은 가운데, 소비 확대를 통해 수입 제품의 증가가 이루어져 순수출 폭을 줄이는 요인으로 작용하였다. 하지만 개인 소비 주도의 경제 성장은 분명 이 시기의 주요 흐름이었다. 개인 소비가 지속적으로 이루어진 경위는 고용 환경 개선으로 소득 수준이 꾸준히 증가하였고, 소비자들의 소비 성향 변화로 더 다양한 제품들의 수입과 더불어 소비가 이루어졌다. 즉 고용 부분에서 경제 호황에 따른 고용율의 안정세로 이 기간 동안 실업률이 지속적으로 하락한 것도 크게 작용했다. 소득 환경 또한 지속적으로 명목 임금의 증가와 더불어 실질 소득 증가가 소비자들의 소비 비율의 향상으로 이어졌다. 소매 판매 부분에서 지난 기간 동안 소득 증가에 맞는 증가세를 보이고 있다.

다른 측면에서 살펴보면 국가 소비 구조 변화의 측면을 들 수 있다. 러시아의 경우 전통적으로 소득 수준이 높고, 고용 기회가 많은 곳은 모스크바이고, 다음은 상트페테르부르크이다. 이 두 도시의 경우 개인 소비뿐만 아니라 설비 투자와 주택 투자를 포함해 러시아 경제 성장의 견인차 역할을 해왔다. 반대로 지방의 경우 상대적으로 취업 기회가 적어 소득 수준이 낮기 때문에 인구가 유출되는 양극화 구조를 보여 왔다. 그러나 이 기간 동안 점차적으로 구조적인 변화가 일어났다. 지방에서 소득 증가가 도시 지역을 상회하는 경우가 발생하였고, 실질 소비 증가액도 지방이 도시를 능가하는 곳도 있었다. 이는 에너지 산업이 기반인 지방에서 나타난 현상이기는 하지만, 가격 상승에 따라 재정의 자유도가 확대되어 지방의 재정 지원이 확충되는 긍정적인 현상이기도 하였다. 러시아 전체 지역에서 낙후된 지역으로 자주 언급되는 시베리아 및 극동지역의 경우 중국과의 석유 및 가스 파이프라인 연결, 사할린 가스 파이프라인 완공, 동시베리아-태평양파이프라인(ВСТО:Восточная Сибирь Тихий океан) 개통[1])을 비롯한 에너지 개발의 확산으로 지방의 활발한 경제개발이 진행되고 있기 때문에 향후 긍정적인 효과를 미칠 것이다. 따라서 시베리아 및 극동지역은 이 기간 동안 대폭적인 소비 증가가 이루어졌다. 소득 및 소비 수준이 향상 되었음에도 불구하고 러시아의 중앙지역과의 격차는 여전히 크지만, 반대로 보면 지방 경제의 성장 여지는 아직도 충분한 잠재력이 있다고 할 수 있다.

현재 러시아 경제의 주소는 이상과 같이 푸틴의 집권 1기와 2기를 거치면서 기초가 마련되었다고 할 수 있다. 그동안 러시아 경제에 대한 평가는 에너지 산업의 성장에 초점을 맞추어 설명하여왔다. 그러나 에너지 산업 성장의 혜택에 따른 국내 소비 시장의 확대도 큰 역할을 했다고 할 수 있다. 따라서 이 글은 푸틴의 집권 1기와 2기인 2000년에서 2007년까지의 러시아 경제 성장 동인으로 기존의 에너지 산업이 아닌 소비 시장의 확대에 따른 원인과 결과를 살펴보기로 한다. 이를 통해 시장의 성장 가능성

---

1) 2009년 시베리아 이르쿠츠크주의 타이셰트에서 아무르주의 스코보로디노를 잇는 2694km 길이의 ESPO 1차 구간 부분이 가동된 데 이어 2012년 4739km의 파이프라인 전 노선이 완공 개통됐다. http://kremlin.ru/news/17187(검색일: 2013.11.11)

과 현재 러시아 정부가 주장하고 있는 경제 현대화 그리고 혁신이 내부 시장을 통해서 발현될 수 있을지를 가늠해보고자 한다.

II. 러시아 경제의 변화 양상

푸틴의 첫 번째 집권기는 1998년 금융위기로 큰 경제적 타격을 입었지만, 서방의 이자 탕감과 국제 유가의 상승으로 1999년 이후 5년간 연평균 6.4%의 높은 성장세를 지속하였다. 러시아 정부가 부채를 축소하고 지출을 삭감하는데 성공을 거둔 가장 큰 이유는 푸틴의 강력한 지도력이 밑바탕에 깔려 있었다. 이 기간 동안 푸틴은 500여개 개혁 법안을 추진하여 기업환경 및 외국인투자 활성화를 위한 개선노력을 지속하였다. 구조적 개혁이 실시된 2001년에는 법인세 인하 등 조세개혁, 토지법, 연금, 사법제도, 노동 분야 개혁까지 개혁에 필요한 심의만 70여개에 이르렀다. 특히 주목할 점은 개인소득세율을 13%로 단일화하고, 연금제도를 개혁해 고질적이던 적자 재정 문제를 해결했다는 것이다.[2)]

푸틴은 국제유가의 상승을 바탕으로 2006년부터 비 석유 산업의 진흥 전략에 본격적으로 착수하고 지속 가능한 경제 성장을 추진하였다. 즉 1998년 모라토리엄 이후 루블화 평가절하에 따른 국내생산의 경쟁력 회복과 수입 대체 효과로 이어진 경제 성장 기조가 에너지 수출과 더불어 소비 창출로 이어졌다. 특히 이 기간 동안 평균 소득 상승률이 연 평균 30%에 달해 수입차와 수입 가전 중심 구매자가 급증하여 소비 붐을 견

2) *Доценко Е.Ю. et als*. Государственное регулирование экономики. Санкт-Петербург, 2010. С. 49-69.

인하였다. 모스크바와 상트페테르부르크는 물론이고 지방 도시에도 소비가 늘어나고, 내수 시장의 성장으로 외자 기업의 진출이 증가하기 시작하였다.

러시아는 에너지 등 전략 산업을 제외하면 외자 기업에 대해 개방적인 정책을 취하고 있다. 그러나 중국과 같은 산업의 국산화에 대한 구체적인 정책은 미비한 상태이다. 따라서 2006년부터 특별 경제 구역에 투자를 시작하고 외자 기업에 대한 우대 조치를 내놓았다.

1. 1998년 외환위기 이후 경제

1991년 소련 붕괴 이후 러시아는 사회주의에서 자본주의로의 체제전환을 실시하면서 극심한 경제적 침체와 하이퍼인플레이션에 시달렸던 어려운 시기도 경험했다. 사회주의 계획경제에서 시장경제로의 전환을 위해 실시하였던 급진적인 정책으로 가격 자유화와 동시에 재정적자에 대한 긴축정책도 실시되어 경제는 급속한 혼란에 빠진 것이었다. 짧은 기간 동안에 시장 시스템의 구축과 함께 국가구조와 운영 시스템의 전환이 동시에 진행되면서 정치 및 경제는 물론 사회 전체가 무질서 속에 빠진 모습이었다. 특히 사회주의 경제의 단점을 극복하고자 실시되었던 시장 경제 시스템으로의 전환은 국가 소유의 기업을 사유화 하면서 이권, 자산을 포함한 경제적 부의 대부분이 옐친과 그의 측근들에게 집중되는 결과를 낳았다. 이들은 국가 소유의 재산을 양도 및 재판매하는 과정에서 엄청난 이익을 얻었고, 올리가르히라는 신흥 재벌을 형성하기도 하였다.[3]

---

3) *Кара-Мурза С. Г.* Подрыв рационального мышления и рефлексивное управление//Рефлексивные процессы и управление. 2003. Том3. No 2. C.16-34.

이들은 정치에도 영향력을 확대하여 각종 이권에 개입하였고, 이를 통해 얻어진 수익을 자산의 안정적 운영을 위해 다양한 해외지역에 페이퍼 컴퍼니를 설립하여 자본 도피를 실시하였다. 국가의 자산이 소수의 권력집단인 올리가르히에 귀속되면서 국부는 1990년대 지속적으로 유출되었다. 이들의 행위는 국민들의 큰 반감을 불러 일으켰지만, 적절한 제동장치가 부재한 가운데 정부에 대한 국민의 신뢰는 하락하였다. 이는 러시아의 대외 신인도를 떨어지게 만드는 주요한 원인으로 작용하였다.[4)]

이 결과 1998년 8월 러시아는 외환위기가 발생하였다. 이 여파로 인하여 대외 의존가 높았던 러시아도 영향을 받아 외환 위기가 발발한 것이다. 루블의 가치는 달러 대비 약 4분의 1로 크게 평가 절하되었고, 국채 400억 달러에 대한 채무 불이행으로 재정도 파탄에 직면하였다. 특히 러시아 시장에서 가장 취약한 구조 중 하나였던 은행 시스템의 붕괴와 은행들의 파산으로 상당한 개인 금융 자산이 손실되었다. 아마도 이러한 사회의 불합리한 부의 분배구조가 강한 국가 건설을 주장했던 푸틴에 대한 국민들의 강한 지지로 변모한 것으로 보인다. 2000년부터 2001년까지는 물가 상승은 지속되었고, 급여 체불로 인한 파업의 빈발, 기업의 파산 등으로 국가 경제와 국민 생활은 여전히 안정되지 못하였다. 러시아 경제가 안정적인 성장에 오르기 시작한 것은 국제 유가가 급등한 2003년 이후이다. 2003년부터 수출이 전년 대비 30% 가까운 성장하면서, 거의 고갈되었던 외환보유고도 600억 달러 넘는 수준으로 회복되면서, 평가절하되었던 루블화도 다시 가치가 상승하기 시작하다. 이후, 러시아 경제는 매우 호조세를 보였다. 푸틴이 집권했던 8년 동안 명목 GDP가 무려 6.6배나 늘어났고 실질 경제성장률도 72%에 달했는데 이는 연평균 7.0%에

4) Edwin Bacon, *Contemporary Russia* (N.Y.: Palgrave Macmillan, 2010), pp. 127-147.

해당하는 고도성장이다. 같은 기간 세계 경제의 연평균 성장률이 4.1%, 동유럽 16개국의 연평균 성장률이 5.5%, 신흥시장과 개발도상국의 평균 성장률이 6.3% 증가에 그친 것을 고려한다면 이 시기 러시아가 얼마나 급속한 경제성장을 이루었는지를 알 수 있다.[5] 2007년 실질 GDP 성장률은 8.1 %라는 높은 성장률을 기록하고, 2003년 이후 5년 연속 6%를 상회하는 높은 성장을 기록했다. 러시아의 GDP를 수요 항목별로 보면 개인 소비가 경기 확대의 어느 정도 견인 역할을 하였는지 알 수 있다. GDP의 실질 개인 소비는 2004년 이후 4년 연속 전년 대비 10 % 이상의 높은 성장을 계속하고 있었으며, 세계 주요 국가 중에서도 유례없는 만큼 개인 소비가 급성장하고 있었다. 또한 2007년에는 고정자본형성의 주체인 투자의 성장도 가속화되고 있었으며 소비와 투자로 형성되는 내수의 성장 기여도 역시 10%를 초과했음을 알 수 있다. 1998년 발생한 러시아 외환위기는 러시아 경제가 크게 침체에 빠진 것뿐만 아니라, 러시아 국채 가격 폭락이 주요 헤지 펀드 파탄으로 이어지는 등 국가 금융 시장을 혼란에 빠뜨리고 세계 속에서 러시아 경제에 대한 매우 부정적인 견해가 지배적이었던 사실에 비추어 보아 놀라운 성과를 거둔 것이다. 그러나 푸틴의 집권기를 통해 분명 러시아 경제는 강하고 성장력이 풍부한 경제로 탈바꿈하였다는 것을 보여주고 있다.

5) IMF, *World Economic and Financial Survey: World Economic Outlook Database* (Washington D.C.: IMF, 2008).

〈표 1〉 러시아 실질 GDP 성장률과 수요 항목별 변화

(단위: %)

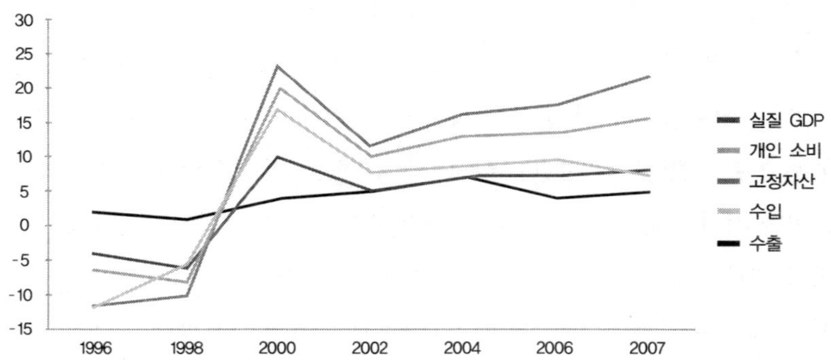

*자료: *Федеральная служба государственной статистики РФ* Российский статистический ежегодник. М., 각 년도.

2. 소비시장으로서의 잠재력

러시아의 서부 지역은 약 1억 명의 인구가 거주하기 때문에 독일의 약 8,300만 명, 영국과 프랑스의 각각 약 6,000만 명과 비교해서 유럽지역 러시아는 유럽에서 가장 큰 시장을 형성하고 있다고 할 수 있다. 푸틴 집권기의 중간 시점인 2005년을 기준으로 보면 러시아의 1인당 GDP는 5,347달러이지만, 이는 상대적으로 열악한 시베리아 및 극동지역을 포함한 평균값이기 때문에 절대 낮은 액수는 아니다. 일반적으로 모스크바의 1인당 평균 소득은 전국 평균의 3배 이상이므로 유럽지역 러시아의 1인당 GDP는 2005년 기준으로 평가해도 1만 달러 이상의 1억 명의 시장이 존재했다고 할 수 있다.[6] 2005년 당시 급성장하는 중국의 상하이 지역 1인

---

6) *Шевяков А.Ю.* Экономическое неравенство: тормоз демографического роста//

당 GDP는 6,000달러를 넘는 수준이지만 유럽지역 러시아 수준은 이를 상회하고 있었다. 유럽 러시아 시장의 매력이 얼마나 큰지 알 수 있다.

이러한 매력도에 힘입어 서방의 기업들은 2000년대에 들어오면서 발전하는 러시아에 대한 강한 신뢰 속에서 러시아 시장으로 진출하기 시작했다. 소비 시장으로서 부상했던 주요 도시는 공식적인 모스크바 인구가 1,000만 명을 넘었고, 상트페테르부르크가 인구가 약 500만 명, 이 외에 100만 명 넘는 도시가 11개나 존재했다. 이러한 인구 100만 명 이상의 13개 도시는 대부분 유럽 러시아에 집중하고 있으며[7], 이 지역이 러시아 소비 시장의 성장 동력으로 등장하였다.

문제는 인구 감소가 지속적으로 일어나고 있는 것이었다. 통계에 따르면 러시아 인구는 소련 붕괴 이후 1992년을 정점으로 감소하고 있었다. 총 인구는 1992년부터 2005년까지 550만명 감소하여, 2005년 1억 4,320만명을 기록하였다.[8] 전반적인 러시아 인구 감소의 요인으로 제시되는 것은 1990년대의 경제 침체, 어려운 자연 환경, 음주 습관, 의료 및 공중보건의 지연 등이다. 그러나 경제가 발전하고 풍요해지면서 평균 수명이 늘어나고 2006년부터는 육아에 대한 경제 지원도 시작했기 때문에 출산율도 향후 개선될 것으로 평가되고 있다. 또한 러시아는 미국에 이어 이민자가 많은 국가이며 지금도 주민등록이 되지 않은 인구로 여겨지는 이주자가 러시아 전역에서 1,500만 명 정도가 존재한다고 알려져 있다. 이러한 이주자의 대부분은 러시아 주변 CIS 국가에서 유입된 사람들이다.

Журнал новой экономической ассоциации. 2011. No 9. С. 197-201.

7) *Родионова И.А.* Экономическая География и Региональная Экономика. Москва, 2006. С. 48-50.

8) *Федеральная служба государственной статистики РФ* Российский статистический ежегодник. Москва: Росстат, 각 년도.

수도 모스크바의 인구는 2005년 기준 공식적으로 1,000만 명이지만, 이외에도 이주자가 수백만은 있다고 평가된다.

2000년대에 고도성장 결과 국민 소득은 크게 향상되고 있으며, 1인당 실질 GDP는 2004년 28%, 2005년 33% 이상의 신장세를 보이고 있다. 모스크바의 평균적인 도시 직장인 가구의 경우 부부 합산 월평균 소득은 2,500달러, 가족 구성에 따라 다르지만 여기에서 임대료와 공과금 등의 생활비를 공제하면 1,500달러에서 2,000달러 정도의 가처분 소득이 남는다. 주택의 운영비용과 대중교통 비용도 저렴하다. 연금, 고용 보험, 의료보험도 기업 부담이다. 이러한 조건으로 명목 임금 이상으로 가처분 소득이 크다. 경제 활성화와 더불어 할부 및 신용 카드의 보급이 늘어서 소비는 매우 활동적이다.

이러한 긍정적인 환경 조성으로 소매 매출은 지속적으로 성장하였다. 모스크바와 상트페테르부르크와 같은 대도시뿐만 아니라 지방의 중소도시에서의 소비도 동시에 성장하였다. 러시아의 경우 도시형 국가로 형성되어 있기 때문에 농촌 인구는 상대적으로 적은 편이다. 또한 중국과는 달리, 도시와 농촌 소비의 이중 구조와 같은 복잡성이 없기 때문에 전국적인 수준에서 소비가 동시에 성장할 수 있었다. 특히 소비 시장의 확대와 더불어 소비재 상품을 공급할 수 있는 대형 쇼핑몰이 2000년을 기준으로 준공되면서 소비 확대를 일으켰다.[9)] 대표적인 쇼핑몰은 스웨덴의 가구 판매 업체인 이케아, 프랑스의 대기업 GMS의 아샨 등이 있다.

도시 거주하는 중산층은 보통 30대, 40대의 젊은 세대가 중심이라고 보여 진다. 이 세대는 유년기에 공산주의 시대의 소련을 경험하고 있지

---

9) *ИКЕА* Открылся первый магазин ИКЕА в Москве [Электронный ресурс] / IKEA. COM Рудим доступа: http://www.ikea.com/ms/ru_RU/about_ikea/the_ikea_way/history/2000.html.

만, 이후 페레스트로이카의 진행과 소련의 붕괴로 다른 세대보다 빠르게 서방과 시장경제에 대한 정보를 접해서 소비자로서의 기호는 서유럽의 소비자와 그다지 다르지 않다. 즉 그들에게 마케팅과 홍보 선전, 상품 기획에서 러시아 지역 기업보다 오히려 외국계 기업이 더 유리한 위치에 있었다.

이 소비 계층은 IT와 같은 신기술에 대한 적응력이 높아서 휴대 전화는 물론, 인터넷 사용에 아무 문제가 없다. 2005년 기준으로 러시아 인터넷 가구 보급률은 15% 정도이지만, 모스크바에서는 43%로 서구 선진국의 보급률 50% 정도 수준이다.[10] 러시아는 소비 시장 형성 초기 인터넷 콘텐츠 규제가 없었기 때문에 해외 정보에 직접 액세스 할 수 있는 도시형 중산층의 생활 및 소비 패턴은 매우 서구화되었다고 할 수 있다.

3. 개인 소비

러시아 개인 소비의 증가를 가장 잘 반영하는 지표 중 하나가 외국 브랜드 승용차의 판매 급증이다. 이 기간 동안 러시아 승용차 시장에서 외제 브랜드의 점유율이 급속히 확대되었으며, 2007년에는 수입차 및 현지 생산 차량을 맞춘 외국 브랜드의 신차 점유율이 50%를 상회하였다.[11] 러시아 국내 기업이 생산하는 국산차는 가격 저렴하다는 것 이외에 다른

10) *Федеральное агентство по печати и массовым коммуникациям* Интернет в России: Состояние, тенденции и перспективы развития. Москва: НИЦ Экономика, 2013.

11) *Авто Ревю* Структура автомобильного рынка России в 2007 году [Электронный ресурс] / AUTOREVIEW.RU Рудим доступа: http://www.autoreview.ru/archive/2008/03/stat/.

부분에서는 경쟁력이 크게 뒤 떨어진다. 따라서 러시아의 소득 수준의 향상과 더불어 상대적으로 고가인 외제 브랜드 자동차 판매가 매년 증가할 수 있었다. 이는 러시아의 자동차 구매자들이 가격이 비싸더라도 품질이 좋고 신뢰성이 높은 제품을 원하는 방향으로 소비 성향이 바뀌었음을 나타내는 징표이기도 하다. 이러한 외국 자동차의 판매 점유율 급증에서 나타난 것처럼 러시아 소비 시장의 특징이 품질도 좋고 비싼 가격을 지향하고 있음을 보여주기도 한다. 또한 자동차 가격대별 판매액을 보더라도 높은 가격 자동차 판매가 증가하고 있는 것을 알 수 있다. 특히 모스크바에서는 고액 차를 현금으로 구입하는 사용자가 많은 것으로 주목받고 있다.

고급차 소비 성향이 강하게 나타나는 러시아 소비 시장의 특징은 승용차 시장뿐만 아니라 가전제품 시장에서도 관찰되고 있다. 러시아 가전제품 시장은 2000년부터 2005년 상반기까지 어떤 제품도 많이 팔린 일종의 버블 시기이며, 시장 규모는 매년 전년 대비 20% 대라는 높은 신장률로 추이 해왔다. 2005년 후반 이후는 가전제품 시장 전체의 성장률은 10%대로 다소 저하하고 있으며, 또한 제품에 따라 매출이 다르게 나오기 시작하고 있다.[12] 즉 구형 또는 저 부가가치 제품 중에는 판매 대수가 전년 대비 미달 되고 있는 경우가 있다. 그러나 평면 TV, 하이파이, 홈시어터 등 최신형 고 부가가치 형 상품에 대해서는 매출은 늘고 있다. 또한 전국 규모의 가전 유통 판매점이 확대되는 추세이기 때문에 모스크바나 상트페테르부르크와 같은 중앙의 도시뿐만 아니라 지방 도시까지도 이 판매 채널을 통해서 판매가 더욱 확대될 것이다. 2000년대 후반으로 가면서 가

12) *Казанцев Т.В.* Продажи бытовой техники и электроники (БЭТ) в России [Электронный ресурс] / MARKETING.SPB.RU Рудим доступа: http://www.marketing.spb.ru/mr/consumer/household_appliances.htm?printversion.

전 시장 전체는 거품이 빠지는 상황에서 하향 안정세를 보이고 있지만 고가 상품을 중심으로는 지속적인 제품 시장의 확대가 지속적으로 성장할 것으로 전망되고 있다.

〈표 2〉 실업율과 실질소득 추이

(단위: %)

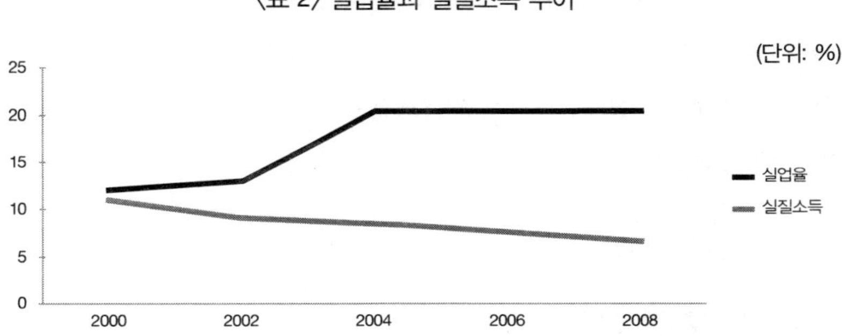

* 자료: *Федеральная служба государственной статистики РФ* Российский статистический ежегодник. Москва: Росстат, 각 년도.

이러한 외제 자동차나 고가 전자제품 시장의 확대를 통해서 나타나는 개인 소비 시장의 성장 배경은 먼저 고용과 소득 환경의 개선이 가장 큰 원인이라고 할 수 있다. 실질적으로 푸틴 정권이 출범한 2000년 이후 계속 전년 대비 10% 전후의 높은 성장률을 유지하고 있다. 또한 실업률도 8년간 하락을 계속하고 있다. 실업률은 푸틴 정부 출범 전인 1999년 말에는 12%에 달하고 있었지만, 2008년에는 6%대로 절반으로 감소하고 있다. 이것은 사실상 완전 고용에 가까운 상태로 볼 수 있다. 러시아는 노동 수급이 부족하기 때문에 2003년부터 임금이 급상승하고 있다. 달러 환율 기반의 평균 임금을 보면 1999년부터 2008년까지 9년간 10배 증가하는 것을 알 수 있다. 예를 들어, 평균 화폐 소득 계층별 분포를 보면 저소득층의 비율이 감소하고 고소득층의 비율이 증가하고 있다는 것을 알 수 있다. 최소 생활비 즉 2006년 시점에서 월간 2,400 루블에 못 미치는 소득인 2,000 루블 이하의 계층은 2003년에는 전체의 18%에 도달했지만, 2006년에는 4%로 비율이 감소하고 있다.[13] 한편, 월수입 7,000 루블 이상 계층의 비율은 2003년에는 전체의 20%에 불과했으나, 2006년에는 전체의 50%를 넘고 있다. 따라서 소득 수준이 전반적으로 상승하고 고소득층이 증가하고 있다는 것을 배경으로, 러시아 가계에 생필품 이외의 상품과 서비스를 살 여유가 생겨나고 있다. 이런 상황이 개인 소비를 끌어 올리는 요인이 되고 있다.

III. 소비시장 확대의 요인

러시아 경제가 안정적인 성장에 오르기 시작한 것은 우선 국제금융기구의 국가 부채 연기 및 탕감과 국제 유가가의 상승 때문이다. 정치적 안정과 더불어 국내외 경제 환경의 호전으로 수출이 매년 급격히 상승하기 시작했다. 이 결과 1998년 금융위기로 고갈되었던 외환보유고도 점차 확대되기 시작하였다. 이는 끝없이 평가절하 되었던 루블화의 가치 상승을 이끄는 원동력이 되었다. 물론 그동안 루블화의 가치절하가 부정적인 영향만을 미친 것은 아니었다. 이로 인하여 석유 및 가스 중심의 에너지 산업 수출 경쟁력을 높였고, 국내의 수입 대체 산업도 자극하고 지지부진하였던 공업 생산을 회복시키는 계기가 되기도 하였다. 이외에도 복잡하고 높았던 세제 시스템 개혁이 경제성장의 큰 요인으로 작용하였다.

---

13) *Федеральная служба государственной статистики РФ* Российский статистический ежегодник. Москва: Росстат, 각 년도.

그리고 1990년대의 경제 시스템의 붕괴 요인 중 근본적인 것은 재정 적자에 있었다. 계획경제를 운영하였던 소련 시기에는 시장경제에서 운영하던 세금이라는 개념이 존재하지 않았기 때문에 새로운 시장경제 시스템에 적응하지 못했던 러시아에서 국민과 기업들에게 높은 납세 의식을 요구하는 것은 상당히 무리한 요구일 수도 있었다. 푸틴은 시장경제 질서 확립을 위해 우선 40% 이상이었던 기업 법인세를 24%로, 개인 소득세는 일률적으로 13%로 대폭 낮췄다.[14)] 부유층을 보면, 소득세가 13%라는 것은 매우 높은 수준이어서 상당한 조세 저항이 있었다고 할 수 있다. 2012년 기준으로 복지제도가 좋은 북유럽 국가들이 평균 24%를 넘고, 서유럽의 대부분의 국가들도 평균 20%를 넘기고 있다. 30%에 달했던 소득세율의 인하는 러시아 고소득자들의 국내 회귀를 도모할 수 있는 좋은 방안이기도 하였다. 즉 세율 인하는 러시아 국내에 자산을 남기고자 하는 방향으로 의식의 변화를 낳고, 자본 도피가 만연했던 상황을 어느 정도 종식시켜, 납세를 촉진하는 결과로 이어진 것이다.

에너지 산업 중 대표적인 석유와 천연 가스의 판매 수입과 세금 개혁으로 러시아는 재정 파탄에 빠졌던 1990년대 최악의 상황을 벗어났다. 1990년대 후반에는 연간 500억 달러에 달했던 자본 도피도 매년 줄어드는 추세를 보였다. 이 결과 자본의 국내 회귀도 늘어가면서 루블화의 안정화 기조가 형성되고, 국제유가의 고공 행진으로 경제의 고성장이 지속적으로 이루어졌다.

---

14) *Николаев И.А.* Из Кризиса - За счет богатых. Москва: ФБК, 2013. С. 4.

1. 국제유가의 상승

러시아 경제 확장을 지원하는 가장 큰 요인은 고유가이다. 수출의 60%를 에너지 자원이 차지하는 러시아는 고유가에 따른 무역 흑자가 급증하고 있어, 이 소득 이전이 내수 확대를 가져오는 원동력이 되었다. 2003년부터 상승세를 이어가기 시작한 이후 국제 원유 가격은 2006년 후반에 일단 하락했지만, 2007년 봄 이후 다시 오름세로 돌아서 2008년에 들어가면서 결국 배럴당 100달러를 넘었다.[15] 세계 투자 자금이 원유 거래 시장에 모이면서 고성장에 따른 에너지 소비가 급증하는 수요 대변동 요인으로 작동하면서 러시아 경제 호조의 원동력이 된 것이다. 이에 따라 러시아는 큰 폭의 무역 흑자가 지속되었고, 러시아 경제의 고성장의 요인이 되었다.

에너지 산업의 호조는 개인 소비의 증가를 일으켰다. 고유가는 러시아로 거액의 소득 이전을 발생시켰고, 러시아의 산업 부문 중 특히 자원 에너지 부문은 그 혜택을 받았다. 또한 에너지 가격의 상승은 소유주 및 노동자의 소득 증가를 통해 소비 성향을 크게 변화시켰다. 이러한 상황은 러시아의 업종별 임금을 보면 쉽게 알 수 있다. 물론 높은 수익을 올리고 있는 에너지 채굴 관련 업종이 가장 높으며, 이는 금융업 종사자들보다 높은 추세를 보였다. 그러나 러시아 GDP에서 에너지 산업 부문의 성장률을 보면, 푸틴 집권 1기 동안은 성장이 침체하고 있는 상황을 볼 수 있다. 이것은 자원 에너지 산업의 높은 수익성은 생산 확대에 의한 것이 아니라, 오로지 가격 상승에 따른 것임을 의미하는 것이다. 즉, 러시아의 자원 에너지 산업의 고수익은 러시아 자신의 생산성 향상 등 자구 노력에

---

15) 한국석유공사 석유정보센터 해외조사팀, 『주간 해외유가 동향』 (서울: 한국석유공사, 2008), 2쪽.

의한 것이 아니라, 어디까지나 국제 시장에서의 자원 가격 상승이라는 외생적인 요인에 의해 초래된 것이라고 할 수 있다.

〈표 3〉 러시아 경제 성장률과 유가 상승률

(단위: %)

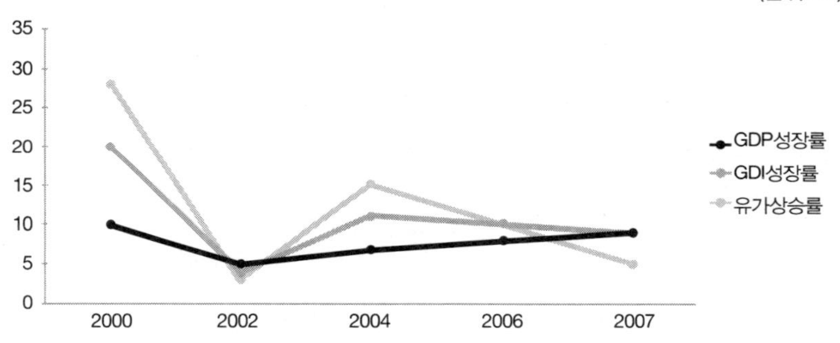

* 자료: *Федеральная служба государственной статистики РФ* Российский статистический ежегодник. Москва: Росстат, 각 년도.

그러나 현실적으로는 자원 에너지 관련 업종의 고수익이 국내 소비를 이끌고 있는 사실을 부인할 수는 없다. 대표적으로 러시아 국내의 지역별 자동차 보유 대수를 보면, 모스크바, 상트페테르부르크 두 도시 외에도, 서시베리아의 소수 민족 자치주인 한티-만시 자치주에서 보유율이 매우 높은 것을 보면 알 수 있다. 서시베리아의 지역의 자동차 보급률이 높은 이유는 이 지방이 석유와 천연 가스의 생산지이기 때문에 소득 수준이 높은 에너지 채굴 기업 직원이 많은 지역에서 자동차를 구입하고 있기 때문으로 볼 수 있다. 이러한 사례에서 볼 수 있듯이, 자원 에너지 관련 업종이 많이 집적하고 있는 지역에서는 전반적으로 소비가 호조이다. 또한 모스크바에서 소비가 급증하고 있는 배경에는 자원 에너지 기업의 본사가 모스크바에 있으며 그 관리자와 직원이 고소득을 얻고 소비를 확대시키고 있기 때문이다.

이러한 소비 현상은 러시아의 GDP 증가와 마찬가지로 생산부문별 증가율을 보면, 유가가 상승하기 시작한 2003년 이후 2007년까지 오일 머니 유입에 힘입어 건설업, 도소매업, 금융업, 부동산업 등 내수부문이 성장하기 시작하였다. 그러나 제조업 부문의 성장률은 5년 동안 연평균 6.6%로 GDP 성장률 평균치인 7.3%에 미치지 못하였는데, 이는 외국인 투자의 대부분이 주로 에너지 자원 개발을 위한 인프라, 건설 부문에 집중되었기 때문이다.[16] 또한 국내 제조업의 미발달로 주요 소비재의 해외 의존도는 오히려 상승하였다.

〈표 4〉 주민 천 명당 자동차 보유대수

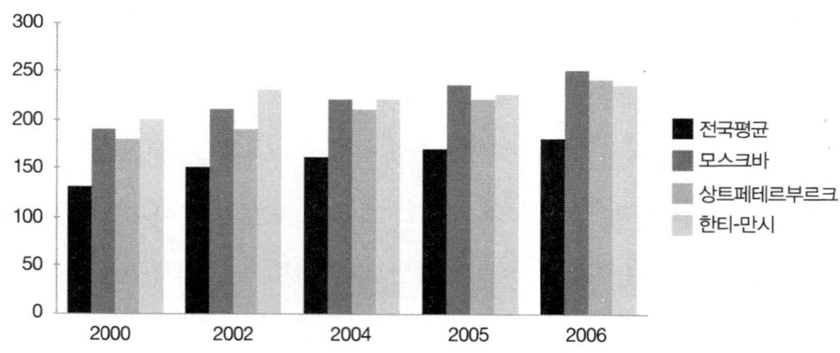

* 자료: *Федеральная служба государственной статистики РФ* Российский статистический ежегодник. Москва: Росстат, 각 년도.

고유가는 또한 루블화 가치 상승으로 연계되어 소비 및 수입 확대에 기여하였다. 러시아 소비와 수입이 확대되고 있는 배경으로 고용과 소득

---

16) ***Федеральная служба государственной статистики РФ*** Российский статистический ежегодник. Москва: Росстат, 2009. С. 359-371.

환경의 개선과 함께 루블화 가치 상승이 크다고 할 수 있다. 물론 루블화 가치 상승의 주요 원인도 원유 가격 상승이라고 할 수 있다. 루블화의 명목 환율을 보면 고유가에 따른 외화 유입 증가를 통해 2003년 이후 루블 강세가 이어졌다. 이 외에도, 러시아 국내의 인플레이션 율이 10% 전후의 높은 성장을 계속 유지해 왔기 때문에, 루블 실질 환율이 크게 상승하였다. 루블의 실질 환율은 러시아 외환위기 직후인 1999년에 비해 100% 이상 상승하였다.[17] 이 루블화 상승이 수입 구매력을 높여 러시아 소비와 수입의 확대를 유지하였다.

그러나 한편으로, 루블화의 가치 상승은 수입품의 가격 경쟁력을 높이고 국내 산업의 생산 증가를 방해하는 측면도 있다. 루블 상승은 러시아의 국제 경쟁력을 저하시키고 자원 에너지 이외의 수출 산업의 발전을 저해할 수 있는 부분도 있다는 것을 인지할 필요가 있다. 지금 2013년 현재에도 나타나듯이 셰일가스의 출현과 국제유가의 하락으로 에너지 생산 및 수출에 어떤 차질이 발생하여 에너지 이외 산업의 국제 경쟁력이 낮은 러시아는 과거와 같은 큰 폭의 무역 흑자가 상실됨으로써 저성장 기조를 보일 수도 있다.

국내 시장의 호황은 러시아가 국제 금융 시장에서 거액의 자금 조달이 과거보다 훨씬 더 용이해졌다는 것이다. 국내 금융기관들의 이자가 높은 상황에서 외국으로부터 쉽게 차입되는 자금은 러시아의 경기 확대를 뒷받침하고 있는 또 다른 도구이기도 하다. 2007년 자본 수지는 1992년에 러시아가 시장 경제로 이행 시작한 이래 최대 흑자를 기록하였다. 자본 수지의 대폭 흑자 기록 요인은 금융 부문 및 은행 이외의 민간 기업에

17) ***Федеральная служба государственной статистики РФ*** Российский статистический ежегодник. Москва: Росстат, 2005. С. 694-695.

의한 해외에서의 자금 조달이 급증했기 때문이고 특히 은행이 아닌 민간 기업의 자본 수지 흑자가 매우 커지고 있다.

2. 재정적 안정

재정 흑자의 달성도 러시아 소비 및 내수 시장의 확대를 도모한 요인이 되었다. 1998년 러시아 외환위기의 근본 원인은 정부의 재정 적자였다. 1990년대에는 유가가 낮은 수준으로 원유 수출 관련 수익도 부진하여, 러시아 정부는 대폭적인 재정 적자에 빠져 있었다. 이것을 보충하기 위해 러시아 정부는 거액의 국채를 발행했다. 당시 환율이 거의 고정되어 있던 적도 있고, 환율 위험이 작다고 본 외국 투자자가 대량으로 러시아 국채를 구입했다. 하지만 부채는 지속적으로 증가하였고, 러시아 정부의 상환 능력에 대한 의구심이 높아지자 외국인들은 국채와 루블을 대량의 매도하면서 사태가 급속도록 악화된 것이다. 결국 러시아 정부는 경직적인 환율을 유지할 수 없게 되자, 변동 환율제로 이행함과 동시에 화폐의 가치를 뒷받침 할 수 있는 실물경제의 악화로 환율은 단기간에 급락했다. 곧 이어 국채에 대한 디폴트도 발생하였다. 이것이, 러시아 외환위기 발생의 배경이다.

그러나 2000년 이후 러시아 재정 흑자가 확대되었고, 또한 외환 보유액도 2008년에는 5,200억 달러로 중국, 일본에 이어 세계 3위를 기록하기도 했다. 재정과 대외 지불 능력 면에서 러시아는 건전한 양상을 보이면서 외국인 투자도 증가하였고, 실물 경제도 따라서 성장하기 시작했다. 이러한 안전성은 안정화 기금이 창설되면서 더욱 견고해졌다. 안정화 기금은 유가 하락의 위험에 대비하는 것을 기본 목적으로 2004년 1월에 창설되었다. 이 기금은 원유 채굴 세 및 수출 세금의 수입이 적립되어 향후 유가가 하락하면 재정 적자를 보전하기 위해 사용된다. 이 기금의 잔액은 석유 관련 세율의 인상과 유가 상승에 시너지 효과로 급속하게 늘어났다. 자원 에너지 이외 분야의 산업 경쟁력이 낮은 러시아는 원유 가격이 하락하면 무역 흑자는 축소, 환율도 하락하고 경제 고성장을 유지할 수 없게 될 가능성이 있었다. 그러나 거액의 안정화 기금을 외환 시장 개입 자금으로 사용하면 러시아는 원유 가격이 하락했을 때, 환율 급락을 방지하고 실물 경제에 부정적 영향을 줄일 수이다. 이러한 효과는 2008년 글로벌 금융위기 이후 이를 극복하기 위한 방법으로 사용되면서 러시아 경제가 빠르게 회복하는 일조하였다. 2008년 2월에 안정화 기금은 준비 기금과 복지 기금으로 분할되었다.[18]

〈표 5〉 재정수지 추이

(단위: %)

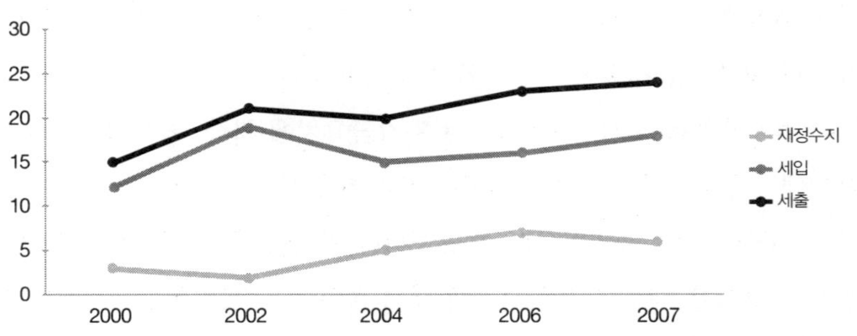

* 자료: *Федеральная служба государственной статистики РФ* Российский статистический ежегодник. Москва: Росстат, 각 년도.

---

18) *Иностранные проектов регионов России* Стабилизационный фонд [Электронный ресурс] / INVESTINGINRUSSIA.RU. Рудим доступа: http://www.investinginrussia.ru/rus/ppp/stabfund.

3. 신용의 증가

러시아는 푸틴 집권 1기와 2기 동안 세계적 고유가에 힘입은 지속적인 경제성장으로 에너지 산업 및 서비스 산업 성장뿐만 아니라 국민들의 소득수준이 크게 향상되었다. 이에 따라 주택, 자동차, 고급 가전제품 등에 대한 수요도 함께 증가하였다. 이러한 상황을 반영하여 러시아 은행들은 적극적인 소매금융시장에 진출하여 모기지론, 자동차할부금융 등 소매금융을 확대하였다. 이 시기 동안 러시아의 실질가처분소득은 2004년 7.8%, 2005년 8.8%, 2006년 11.8%로 매년 급격한 성장세를 보였다.[19)]

소매금융 시장에서 이러한 소비 성장세와 맞물려 소매금융 규모도 2002년 1,445억 루블에서 2006년 1조 2,892억 루블로 크게 증가하였다. 이 따라 소매금융이 총여신에서 차지하는 비율은 2002년 6.9%에서 2006년 18.6%로 크게 증가하였으며, GDP에서 차지하는 비율도 1.3%에서 6.0%로 약 4.5배 증가하였다. 이 시기 많은 경제 전문가들은 러시아 금융시장 규모의 성장세를 감안하면 GDP 대비 소매금융비율이 2007 9.0%, 2009년 10.1% 등 지속적으로 증가할 것이라고 예측하였다.

러시아 은행들은 사업 확장을 위해 자금유치에 적극 나서기도 하였다. 초기에는 상위 5위의 은행이 그 다음에는 50위까지의 은행들이 순차적으로 신디케이트론 도입과 채권을 발행하여 자금을 유치하였다. 성장률이 높은 은행들은 대부분 특정산업에 대해 특화되어 있거나 실물부문에 대한 비중이 높은 편이었다. 특히 소매금융 부문이 가장 높은 성장률을 보였으며 대다수의 은행들이 소매금융 시장 개척에 적극적이었으며, 이 은행들의 특징은 자기 자본 증가율이 높은 것으로 나타났다. 이 시기 러시

19) *Федеральная служба государственной статистики РФ* Российский статистический ежегодник. Москва: Росстат, 2008. С. 177.

아 소매금융 시장은 기업금융에 비해 비중은 매우 낮은 편이지만 급속도로 성장하는 추세였다.

〈표 6〉 소매금융 현황

(단위: 억 루블, %)

	2002	2003	2004	2005	2006
총여신	21,009	30,554	44,624	63,695	66,353
소매금융	1,445	2,805	6,189	11,793	12,194
소매금융/총여신	6.9	9.2	13.9	18.5	18.4
소매금융/GDP	1.3	2.1	3.7	5.5	5.6

*자료: *Центральный банк Российской Федерации* Бюллетень банковской статистики. M., 각 연호.

물론 러시아 소매금융시장의 급속한 성장으로 은행의 부실비율도 점차 증가하였으나, 러시아의 경제 성장과 금융시장의 초기 발전단계임을 감안하면 시장규모가 크지 않아서 대다수의 전문가들뿐만 아니라 러시아 정부 당국도 단기적으로 큰 문제가 되지는 않을 것으로 판단했었다. 왜냐하면 러시아의 GDP 대비 소매금융비율은 성장 시기의 2005년 5.4%, 2006년 5.6%로 선진국 평균 58%, 신흥아시아국 평균 27.5%에 비해 아직 규모가 많이 작았기 때문이다. 러시아가 속한 신흥유럽국의 평균 소매금융 비율이 12.1%이었기 때문에 러시아의 규모는 크다가 평가하지 않았다. 그리고 2006년 러시아의 총여신 대비 소매금융비율 18.4%도 선진국 평균 41.5%, 신흥아시아국 평균 31.4%, 신흥유럽국 평균 38.9%의 절반 정도에 불과하여 우려할만한 수준은 아니었다.[20]

20) IMF, *Global Financial Stability Report Sep.* (Washington D.C.: IMF, 2006b).

〈표 7〉 러시아 은행의 여신구조

(단위: 백만 루블)

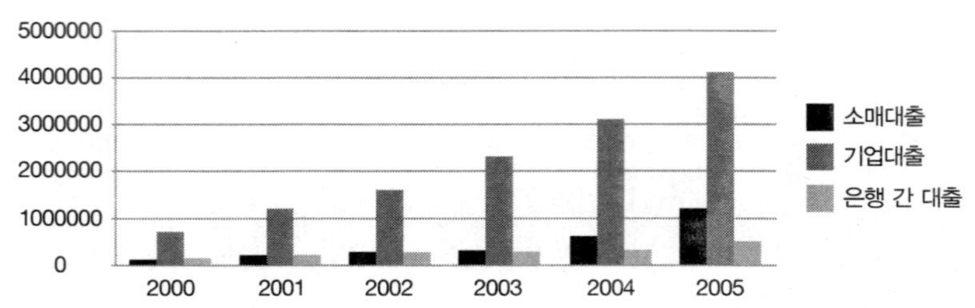

*자료: *Центральный банк Российской Федерации* Бюллетень банковской статистики. М., 각 연호.

그리고 국제유가 상승에 따른 무역수지 흑자폭이 계속 커지는 가운데 금리, 환율 등 러시아의 거시경제변수들이 상대적으로 안정적인 추세에 있었다. 또한 금융시장의 안정화를 위한 구조조정이 지속적으로 이루어지고 있었기 때문에 관리가 가능한 시장으로 평가받고 있었다. 1998년 외환 위기에서 나타난 외환보유고의 안정성도 2005~2006년 기간 동안 외환보유고도 2,600억 달러를 상회하면서 외부충격에 의한 거시경제 불안정성에 대한 우려감의 하락도 불식시키는 요인으로 작용하였다. 2000년부터 2006년까지 러시아 은행의 총자산은 2조 3,625억 루블에서 14조 460억 루블로 595% 증가하였고, 국내총생산 대비 은행 총자산의 비율도 32%에서 52.8%로 약 21%로 증가하였다. 러시아의 국내총생산이 같은 기간 7조 3,056억 루블에서 26조 6,210억 루블로 364% 증가한 데 비하면 은행산업의 성장은 이보다 1.6배 빠른 것이기도 하였다. 국내총생산 대비 은행산업의 총자산 비율은 2005년 45%로서 헝가리 67%, 폴란드 52%, 체코93% 등 동유럽 경제 강국들보다 작게 나타나 러시아 은행산업의 성장잠재력이 매우 큰 것으로 평가되었다.

일반적으로 금리인상이나 자국화 절하의 경우 대출자들의 상환부담 특히, 자국화 절하 시 외화표시대출 상환 부담이 증가하나 러시아의 경우 2003~2006년 실질대출금리가 6~8%로서 헝가리 10.2%, 폴란드8.2%보다 낮은 수준이며, 환율은 오히려 절상추세가 지속되고 있는 상황이어서 큰 문제는 없어 보였다.

IV. 소비 시장 확대의 문제

푸틴 집권 1기와 2기를 통해 경제는 급속히 성장했지만, 여전히 문제로 남아있는 것은 국가의 시장 경제화가 얼마나 진행되었는지를 가늠해보는 것이다. 시장경제화라는 측면에서 살펴보면 동유럽 국가들 보다 성장했다는 평가를 내리기 어려운 실정이다. 시장 경제로의 이행 목적은 시장에서의 생산 및 노동 등의 효율성이 개선되어 이것이 경제 성장과 연계되어야 한다. 그러나 이 부분에 대한 외부의 평가는 그다지 긍정적이지 못한 상황이다.

러시아의 소매 매출의 약 45%는 수입품에 의해 이루어진다. 또한 자원, 군사, 통신 등 전략 산업 이외에는 외국기업의 시장 참여에 제한 규정을 두고 있지 않다. 1998년 이후 2007년까지는 꾸준히 외국인직접투자는 증가해왔다.[21] 소비재 제조업체들의 투자는 러시아 국내시장 전용 판매 중심으로 이루어졌다. 러시아 소비자는 특히 외국 제품을 선호하는 경향이 강하기 때문에 경쟁이 치열하지 않은 초기상황이 기회였다.

---

21) ***Федеральная служба государственной статистики РФ*** Российский статистический ежегодник. Москва: Росстат, 2008. С. 620.

그러나 시장경제로의 전환 초기 러시아 현지에 생산 거점을 설립하는 경우 부품 산업의 미발달로 인한 장애가 문제였다. 산업의 규모에 비해서 소재 및 부품 전문 기업이 대부분 성장하지 못한 것이 러시아 경제의 특징 이었다. 따라서 서방 기업이 요구하는 품질 수준의 부품을 현지에서 조달하는 것이 매우 어렵고, 이 문제는 빠른 시간 안에 쉽게 해결할 수 없었다. 또한 인건비가 높은 부품 산업의 성향 때문에 저변을 빠르게 확대하는 것도 쉽지 않았다.

하지만 경제 호조에 힘입어 늘어나는 소비시장과 노동수요 확대는 러시아의 이러한 단점을 극복할 수 있는 계기가 되었지만, 외국인 국내 자본의 직접 투자 증가가 필요하다. 푸틴은 러시아 경제의 호황이 국제 유가의 고공 행진에 힘입어 에너지 수출이 증대되고 이에 따른 수익이 투자와 소득을 통해 소비만 이어진다는 사실에 집중하였다. 따라서 수출과 소비라는 두 개의 엔진으로 성장 기반을 구축하기 위한 노력을 하였다. 그래서 푸틴 정권은 2006년 초 사회경제발전전략을 추진하면서 에너지 산업을 제외한 비에너지 산업부문의 진흥 정책을 내놓았다. 이 전략의 핵심은 중점 지원 산업으로 유통 및 항공기, 자동차, 건설 기계, 전기 전자, 조선, 화학, 우주 항공 등의 제조업이 제시되었다.[22] 왜냐하면 경제의 전반적인 상황은 에너지 산업에 힘입어 호조이지만, 산업 생산은 수입품에 밀려 오히려 침체가 계속되고 있기 때문이었다.

---

22) *ИНТЕЛЛЕКТУАЛЬНАЯ РОССИЯ* Концепция долгосрочного социально-экономического развития Российской Федерации до 2020 г.(проект основных положений концепции) [Электронный ресурс] / INTELROS.RU. Рудим доступа: http://www.intelros.ru/subject/ross_rasput/2026-koncepcija-dolgosrochnogo-socialNo.html.

〈표 8〉 러시아 외국인 투자 동향

	2000	2001	2002	2003	2004	2005	2006	2007	2008
총액(백만$)	10,958	14,258	19,780	29,699	40,509	53,651	55,109	120,941	103,769
직접 투자	4,429	3,980	4,002	6,781	9,420	13,072	13,678	27,797	27,072
포트폴리오	145	451	472	401	333	453	3,182	4,194	1,415
기타	6,384	9,827	15,306	22,517	30,706	40,126	38,249	88,950	75,327

*자료: *Федеральная служба государственной статистики РФ* Российский статистический ежегодник. Москва: Росстат, 각 년도.

그리고 푸틴은 이러한 산업 발전의 기반으로서 새로운 경제특구 구상을 제시하였다.[23] 젤레노그라트, 두브나, 상트페테르부르크, 톰스크 4개 지역을 과학기술지역으로, 옐라부가와 리페츠크 2개 지역은 산업생산지역로 각각 선정하였다. 이후 칼리닌그라드주(젤레노그라드 지역 쿠르시스카야 코사 국립공원), 크라스노다르주(노바야 아나파), 스타브로폴주(그란드스타유차), 알타이주(비류조바야 카툰), 알타이공화국(고르니 알타이), 부랴티야공화국(바이칼호 지역), 이르쿠츠주 등에 모두 7개의 레저-관광산업 특별경제구역을 또한 지정하였다.

2006년 설립된 경제 특구의 인프라 개발을 위해 2007년에는 5억 달러의 예산을 지출하였다. 이러한 경제 특구 내에서 투자 회사가 1000만 유로 이상의 대형 투자를 하면 세제 혜택, 보세 행위, 행정 절차 원 스톱 서비스를 받을 수 있는 등 외자 유치 방안도 포함시켜 있다. 소련의 붕괴 이후 군수 기술의 민생 전환을 추진하기 위해 테크노 파크(과학기술 집적 거점) 구상도 추가되었다. 그러나 당시 푸틴 정부는 재정적 측면에서 그 실현은 여의치 않았다. 하지만 시간이 지나면서 점차 수익 증가하면서 구

23) *Российская газета* Федеральный закон Российской Федерации от 22 июля 2005 г. N 116-ФЗ [Электронный ресурс] / RG.RU. Рудим доступа: http://www.rg.ru/2005/07/27/ekonom-zony-dok.html.

상이 현실적으로 실현되기 시작하였다.

또한 러시아 경제의 병목 현상이라고 할 수 있는 공공 부문의 인프라의 정비에 대해서도 안정화 기금의 일부를 활용한 프로젝트가 2006년부터 시작되어있다. 대표적인 구상안이 모스크바, 상트페테르부르크 순환도로 및 양 도시 간 고속도로 건설이다. 그리고 두 도시를 연결하는 고속철도 건설도 계획되었다.[24)]

전력 부문에 대한 현대화 전력도 추진되었다. 2000년대 후반기로 갈수록 전력이 공급 부족에 빠질 것이라는 전망이 있기 때문에 40기 이상의 원자력 발전소의 개발 계획이 수립되어 있다. 이 시기의 이러한 구상은 푸틴 집권기 현재 유지되고 있는 경제 성장을 지속적으로 유지하기 위한 필수적인 투자이기도 하였다.

푸틴 정부의 국가적 차원의 투자 계획은 동유럽의 국가들이 러시아와 달리 1990년대 이후 외국에서 거액의 직접 투자를 받아들여 경제 효율성에 성과를 올린 것에 기인했다고 할 수 있다. 즉 동유럽의 EU 가입국들은 외국인 직접 투자 유입 증가를 배경으로 경제 성장이 가속하고 있다. 동유럽 국가들뿐만 아니라 러시아는 아시아 신흥경제국들보다도 더 투자 비율이 낮은 것으로 나타나고 있다. 즉 경제 전체에 대한 투자 비율이 낮은 것이다. 러시아는 GDP 대비 투자가 적기 때문에 적은 투자로 높은 경제 성장률을 달성하고 있는 것이다. 이는 지속적인 경제성장을 유지하는데 큰 걸림돌이 될 수 있다.

러시아의 실물 투자는 수익성이 높은 것으로 간주됨에도 불구하고, 러

---

24) *Сапсан Поезд* Новая высокоскоростная ж}д магистраль свяжет Москву и Санкт-Петербург [Электронный ресурс] / SAPSAN.BILETOPOEZD.RU. Рудим доступа: http://sapsan.biletopoezd.ru/news/125-novaya-vysokoskorostnaya-zh-d-magistral-svyazhet-moskvu-i-sankt-peterburg.

시아에 외국에서 직접 투자 잔액이 경제 규모에 비해 작은 이유는 투자 환경의 불안정성에 있다고 할 수 있다. 또한 러시아는 사업비용 너무 높고, 그동안 경제의 급성장의 결과 나타난 인건비 및 지대의 급상승도 큰 문제이다. 또한 물류비용도 높기 때문에 업무 부담이 외국에 비해 매우 큰 러시아에 진출하는 외국 기업은 고비용에 시달리고 있다고 할 수 있다. 이러한 요인들이 외국 기업의 러시아 진출 의욕을 저해하는 큰 원인이다.

V. 맺는말

러시아 경제의 성장과 더불어 소비자 소비 행태도 변화되기 시작했다. 우선 최근 시장 정형화에 따라 상품 구매 시 비용 대비 가치라는 성향이 나타난 것이다. 상품을 선택하는 기준도 매우 높아졌다. 급성장하는 시장과 비슷하게 소득 수준의 양극화와 더불어 소비 시장에서도 양극화 현상이 나타나고 있다. 즉 소득 수준에 적합하게 가치는 낮더라도 저렴한 상품을 구매하는 층과 가격과 상관없이 고급가의 상품을 선택하는 상위의 소비자층이 존재한다. 모스크바를 중심으로 고급 쇼핑몰이 등장하면서 부유층을 목표로 명품 시장도 빠르게 성장하고 있다. 이러한 현상은 러시아 경제가 안정되어 가면서 국민 소득 수준이 상승과 더불어 소비자들의 수요도 점차 다양화 및 고급화되고 있는 추세라고 할 수 있다.

이러한 상황과 더불어 푸틴 정부는 지속적으로 추진하던 WTO 가입을 2011년에 이룩하였고, 이를 계기로 경제 구조 개혁을 더욱 적극적으로 추진하고 있다. 경제 구조를 혁신하고 강하고 풍요로운 러시아를 구축한다는 의미에서 정책적인 연속성 일관성이 유지되고 있다. 향후의 과제는 국제적으로 신임을 얻을 수 있는 외자 도입 촉진 정책을 정리하여 하드 인프라와 함께 제도적 포함하여 투자 환경 개선을 이룩하는 것이다. WTO의 가입은 외국인 투자의 러시아 진출을 가속화하고 그 결과로, 러시아 경제의 효율성도 나아질 것이다. 시장 자유주의를 표방하면서 외국과의 협력 관계 촉진에 적극적으로 나서고 있는 모습이 보이지만, 시장에 대한 대항 세력의 영향력이 쇠약해진 것은 아니다. 즉 실로비키 세력은 자원 산업에 대한 외자 참여를 차단하는 등 강압적인 행동은 여전히 존재한다. 그러나 정부 내부에서 자유주의와 실로비키 간의 불협화음이 국가 경제 성장의 걸림돌로 강하게 존재하지는 않을 것이다.

러시아 소비시장 확대에 따른 경제 성장은 고유가에 의해 초래 된 것이며, 생산성 향상에 의해 초래되었다고는 말하기 어렵다. 원래, 러시아는 산업 경쟁력이 약하고 행정 기반도 취약했다. 또한 시장 경제로의 이행도 동유럽 국가에 비하면 부족하다. 그러나 고유가로 얻은 거액의 소득 이전에 그러한 문제가 표면화하지 않은 채 경제 고성장이 계속되었다.

따라서, 러시아 경제는 원유 가격이 크게 하락하면, 단번에 여러 가지 문제가 일어나 현재와 같은 고성장을 유지할 수 없게 되는 것은 분명하다. 따라서 러시아는 현재 경제 다각화를 위해 경제 현대화 및 혁신화 그리고 지역개발이라는 다양한 경제 진흥정책을 제시하면서 국내 소비시장의 지속적인 확대를 꾀하고 있다. 또한 신흥 경제국의 에너지 소비 증가와 글로벌 경기 침체를 극복하기 위한 양적 완화 정책이 진행되는 것 등을 고려하면 국제 유가의 급격한 하락은 당분간 일어나지 않을 수 있다. 또한 러시아의 경우 유가가 하락과 루블화 하락 압력이 강해졌다 하더라도 준비 기금 및 복지 기금을 활용하여 외환 시장에 개입 자금으로 쓰면, 러시아 외환 위기의 재발 같은 극단적인 혼란을 방지할 수 있다.

이러한 상황을 고려하면 러시아 소비시장의 확대가 지금까지 경제 성장의 주요 요인으로 작용한 것처럼 향후에도 이와 같은 기조의 유지는 가능하리라 본다.

참고문헌

한국석유공사 석유정보센터 해외조사팀. 『주간 해외유가 동향』. 서울: 한국석유공사, 2008.

Bacon, Edwin. *Contemporary Russia*. N.Y.: Palgrave Macmillan, 2010.

IMF. *World Economic and Financial Survey : World Economic Outlook Database*. Washington D.C.: IMF, 2008a.

IMF. *Global Financial Stability Report*. Washington D.C.: IMF, Sep. 2006b.

Авто Ревю Структура автомобильного рынка России в 2007 году [Электронный ресурс] / AUTOREVIEW.RU Рудим доступа: HYPERLINK “http//www.autoreview.ru/archive/2008/03/stat/”http://www.autoreview.ru/archive/2008/03/stat/.

Доценко Е.Ю. et als. Государственное регулирование экономики. Санкт-Петербург, 2010.+

ИКЕА Открылся первый магазин ИКЕА в Москве [Электронный ресурс] / IKEA.COM Рудим доступа: http://www.ikea.com/ms/ru_RU/about_ikea/the_ikea_way/history/2000.html.

Иностранные проектов регионов России Стабилизационный фонд [Электронный ресурс] / INVESTINGINRUSSIA.RU. Рудим доступа: http://www.investinginrussia.ru/rus/ppp/stabfund.

ИНТЕЛЛЕКТУАЛЬНАЯ РОССИЯ Концепция долгосрочного социально-экономического развития Российской Федерации до 2020 г.(проект основных положений концепции) [Электронный ресурс] / INTELROS.RU. Рудим доступа: HYPERLINK "http//www.intelros.ru/subject/ross_rasput/2026-koncepcija-dolgosrochnogo-socialNo.html"http://www.intelros.ru/subject/ross_rasput/2026-koncepcija-dolgosrochnogo-socialNo.html.

Казанцев Т.В. Продажи бытовой техники и электроники (БЭТ) в России [Электронный ресурс] / MARKETING.SPB.RU Рудим доступа: HYPERLINK “http//www.marketing.spb.ru/mr/consumer/household_appliances.htm\?printversion”http://www.marketing.spb.ru/mr/consumer/household_appliances.htm?printversion.

Кара-Мурза С. Г. Подрыв рационального мышления и рефлексивное управление//Рефлексивные процессы и управление. 2003. Том3. No 2. С.16-34.

Николаев И.А. Из Кризиса - За счет богатых. Москва: ФБК, 2013.

Родионова И.А. Экономическая География и Региональная Экономика. Москва, 2006.

Российская газета Федеральный закон Российской Федерации от 22 июля 2005 г. N 116-ФЗ [Электронный ресурс] / RG.RU. Рудим доступа: http://www.rg.ru/2005/07/27/ekonom-zony-dok.html.

Сапсан Поезд Новая высокоскоростная ж}д магистраль свяжет Москву и Санкт-Петербург [Электронный ресурс] / SAPSAN.BILETOPOEZD.RU. Рудим доступа: http://sapsan.biletopoezd.ru/news/125-novaya-vysokoskorostnaya-zh-d-magistral-svyazhet-moskvu-i-sankt-peterburg.

Федеральное агентство по печати и массовым коммуникациям Интернет в России: Состояние, тенденции и перспективы развития. Москва: НИЦ Экономика, 2013.

Федеральная служба государственной статистики РФ Российский статистический ежегодник. Москва: Росстат, 각 년도.

Центральный банк Российской Федерации Бюллетень банковской статистики. М., 각 연호.

Шевяков А.Ю. Экономическое неравенство: тормоз демографического роста//Журнал новой экономической ассоциации. 2011. No 9. С. 197-201.

제 2 부

푸틴시대의 러시아 사회

제5장

푸틴시대 러시아의 스탈린주의 다시 읽기*

필리포프 현대사 교과서를 중심으로

노경덕**

I. 서론

특정 시대 한 국가의 정치적 성격과 지향을 읽어낼 수 있는 텍스트 중, 동시대 공교육의 역사교과서가 중요하다는 점은 잘 알려진 사실이다. 역사교과서는 기본적으로 과거를 서술 대상으로 삼고 있다는 점에서 일견 객관적인 텍스트로 판단될 수 있으나, 실상 당대 해당 국가의 지배층 또는 국정운영자들의 "관점과 목소리가 관철"되는 주관적인 텍스트이다. 양호환에 의하면, 역사교과서는 그들의 이해관계를 반영하는 "특정한 필요와 이념 아래서 생성되고 발전"된 것이며, 역사교과서에 실린 내용은 해당 국가와 "사회체제의 유지"와 깊은 관련이 있다. 이런 의미에서 "역

---

* 이 글은 『서양사연구』 제50권(2014)에 게재된 "푸틴 시대 러시아의 스탈린주의 다시 읽기: 필리포프의 현대사 교과서를 중심으로"이며 한국서양사연구회의 허가를 얻어 여기에 싣는다.

** 광주과학기술원 기초교육학부 교수

사교과서는 한 사회의 전형적인 지배담론이라고 할 수 있다."[1] 따라서 공교육 역사교과서에 대한 분석은 해당 국가의 성격과 지향을 파악하는 주요한 작업일 수 있다.

2000년대 후반, 러시아에서는 필리포프(А. В. Филиппов)라는 역사가가 주편집자로 참여한 새로운 러시아 현대사 교과서가 등장하면서 치열한 역사교과서 논쟁이 일었다.[2] 이 교과서는 소련 해체 이후 출간된 기존의 역사교과서들과는 확연히 다르게 스탈린시대를 평가함으로써, 러시아의 학계와 언론계에 커다란 논란을 불러 일으켰다.[3] 그리고 그 논란은 푸틴 정권이 당시 존재했던 여러 개의 검인정 교과서 중 유일하게 필리포프 교과서만을 공공연하게 지원하면서 더욱 가중되었다.[4] 러시아의 소위 '자유주의적' 지식인들과 언론인들, 그리고 일부 서방 학자들은 필리포프의 교과서를 푸틴 정권의 관제 텍스트로 규정하며 거센 비판을 쏟아 내었다. 그들에 의하면, 필리포프 교과서는 독재와 폭압의 체제였던 스탈린시대를 역사적으로 정당화하는 방법을 통해, 현재 푸틴 정권의 비민주주의적

1) 양호환, 『역사교육의 입론과 구상』 (서울: 책과 함께, 2012), 180-181쪽.

2) *Филиппов А. В.* Новейшая история России 1945–2006 гг. Книга для учителя. М., 2007. *Данилов А. А., Филиппов А. В.* История России. 1900-1945 гг. 11 класс. М., 2009. *Данилов А. А., Уткин А. И. & Филиппов А. В.* История России. 1945-2008 гг. 11 класс. М., 2008.

3) *Кашин О.* В поисках Краткого курса// Независимая газета. 2007.3. июль. *Качуровская А.* Шамиль идиатуллин исторический припадок// Коммерсантъ Власть. 2007.16. июль. No 27, С. 14. *Рыбина Л.* Последний писк истории государства российского: В кратчайшие сроки подготовлен «правильный» учебник новейшей истории// Новая газета. 2007.24. сентября. No 73. *Чудакова М.* О книге для учителя «Новейшая история России 1945–2006 гг.»// Новое время. 2007. 27 август. С. 6–9.

4) David Brandenberger, "A New Short Course?: A. V. Filippov and the Russian State's Search for a "Usable Past"," *Kritika: Explorations in Russian and Eurasian History*, Vol. 10, 2009, p. 828.

정책과 제도를 미화하려는 시도라는 것이다.[5] 본문에서 자세히 살피겠지만, 실제로 필리포프 텍스트 출판 이후 전개된 사건들의 추이만 보더라도, 이 교과서가 푸틴 행정부의 역사관과 정치이념을 가장 잘 반영하는 사실상의 '공식' 교과서임은 분명한 것으로 보인다.

따라서 해당 "사회체제의 유지," 즉 푸틴 정권의 정당성 확보 노력과 깊은 관련이 있어 보이는 필리포프 교과서를 분석한다면, 우리는 이 정권의 성격과 정책 지향에 대한 중요한 시사점을 얻을 수 있을 것이다. 위에서 지적했듯이, 러시아와 서양의 일부 학자들은 이미 그 출판 시점부터 필리포프 교과서에 대한 논평과 해석을 시도하였다. 하지만 이들 러시아의 '자유주의적' 지식인들이나 서방 연구자들의 수많은 문헌 중에, 필리포프의 교과서를 심층적이며 구체적으로 분석하고 있는 작업은 없었다. 대체로 그들은 필리포프 텍스트 내부의 특정 문구나 구문을 맥락에서 떼어내어 인용하는 식으로 교과서의 주장을 매우 단순화하여 이해하였고, 그 결과 정치 논평이나 저널리즘 수준 이상의 분석을 보여주지 못하였다. 이들의 작업만 읽는다면, 필리포프 교과서가 그리는 스탈린시대의 전

---

5) *Лавров В., Курляндский И.* Пособие по истории. Филиппики// Новая газета. 2008. 17. март. No 18, C. 12-3. *Самарина А., Цветкова Р.* Фотошоп для Сталина// Независимая газета. 2008.9. август. C. 1. Arkady Ostrovsky, "Flirting with Stalin," Prospect, No. 150, September 2008, pp. 30-33. 대표적인 서방 언론계의 반응으로는 Peter Finn, "New Manuals Push a Putin-Eye View in Russian Schools," *Washington Post*, July 20, 2007, Leon Aron, "The Problematic Pages: To Understand Vladimir Putin, We Must Understand His View of Russian History," *The New Republic*, September 24, 2008. 보다 학술적인 반응으로는, David Brandenberger, "A New Short Course?," Vladimir Solonari, "Normalizing Russia, Legitimizing Putin," *Kritika*, Vol. 10, 2009. 필리포프의 교과서를 현재 러시아의 스탈린 재해석 움직임이라는 보다 큰 맥락에서 파악한 연구로는 Vladimir Shlapentokh and Vera Bondartsova, "Stalin in Russian Ideology and Public Opinion: Caught in a Conflict Between Imperial and Liberal Elements," *Russian History*, Vol. 36, 2009.

체 상을 파악하기는 매우 어려우며, 이 상이 현재 푸틴 정권의 성격과 어떤 관계가 있을지를 가늠해 보기는 더더욱 어렵다. 따라서 현재 우리에게 필요한 작업은 이 교과서가 과연 스탈린시대를 구체적으로 어떻게 그려내고 있는 지를 면밀히 분석하는 일일 것이며, 본고는 본문에서 이 작업에 충실하려 한다. 그 후에야, 비로소 우리는 필리포프 교과서와 현재 푸틴 정권의 성격 및 지향과의 관련성을 논해볼 수 있으리라 믿는다. 본고는 본격적인 필리포프 교과서의 텍스트 분석에 앞서 먼저 필리포프 논쟁의 추이를 추적해 보는 것으로 출발한다.

II. 필리포프 현상

2007년 봄 러시아 언론은 새로운 중고등학교 11학년용 러시아 현대사 교과서의 출간이 임박했음을 알렸다. 러시아 사라토프 지역 지방 교사 출신의 비교적 덜 알려진 역사가였던 필리포프가 편집을 맡고 친푸틴계열 학자들의 정치 평론 장인 Kreml.org 편집장인 다닐린(П.В. Данилин)[6] 이 저자 중 하나로 참여했던 이 교과서는 본격적인 출간에 앞서, 일선 학교 교사들에게 교과서의 내용과 더불어 수업 방법 및 자료가 담겨진 교사용 지침서를 웹 사이트를 통해 미리 공개하였다.[7]

이 지침서가 공개되자마자, 러시아 지성계는 술렁이기 시작했다. 그

6) 다닐린은 대표적인 친푸틴계열의 학자 글렙 파블롭스키(Глеб Павловский)가 만든 재단인 효율정치재단(Фонд эффективной политики)의 일원이기도 하며, 푸틴과 메드베데프을 위한 청년 운동인 통합러시아 젊은 근위대 (Молодая гвардия Единой России)의 위원이기도 하였다.

7) http://www.prosv.ru/umk/istoriya/index.html(검색일: 2014.2)

들 중 특히, '자유주의자'로 분류될 수 있는 인물들과, 시민사회 운동가들, 그리고 푸틴 정권에 비판적이었던 지식인들은 즉각 필리포프의 교사용 지침서를 스탈린 시대의 그 악명 높았던 역사 교과서, 즉 "약사"[8]에 비교하며 강도 높은 비판을 제기하였다. 이들은 필리포프의 책이 스탈린주의에 대한 노골적인 변명과 옹호를 포함하고 있으며, 이를 통해 푸틴 정권의 비민주주의적 성격을 정당화하고 있다고 주장하였다. 그들의 해석에 의하면, 필리포프의 지침서는 스탈린시대의 정치적 탄압과 비민주적 처사들을 러시아 역사에서의 국가 중심주의 전통 속에서 바라보면서, 당시 위기 국면 속에서 러시아 국가를 지켜낸 나름의 효율적이고, 나아가 정당한 정책들로 묘사하였다는 것이다. 이 같은 스탈린시대에 대한 평가는 푸틴 정권의 정책들을 소련 해체 이후의 혼란을 극복하고 국가적 안정을 이룩한 효율적이고 정당한 것으로 판단하려는 의도로 유추, 해석될 수 있다는 것이 필리포프 비판자들의 핵심 주장이었다. 한마디로 필리포프의 책은 스탈린주의에 대한 미화이며, 이는 곧 푸틴 시대에 대한 찬미로 이어진다는 것이다. 실제로 지침서의 마지막 장이었던 "주권 민주주의(Суверенная демократия)"에서의 푸틴 시대는 러시아 국가 수호라는 측면에서 매우 긍정적으로 서술되어 있었다.[9]

러시아 시민사회의 이 같은 비판의 물결은 필리포프의 지침서가 러시아 교육부의 적극적인 지원 하에서 저술되었다는 소문이 퍼지면서 더욱 거세게 일었다. 이제 많은 이들이 필리포프 교과서는 보수주의적 성향을 가진 일개 학자의 텍스트가 아니라, 푸틴 정권이 새로운 공식 역사 교과서를 만드는 보다 큰 작업의 일환일지도 모른다고 의심하였다. 실제

---

8) Краткий курс истории ВКП(б). М., 1938.

9) *Филиппов А. В.* Новейшая история России 1945–2006 гг. Книга для учителя. С. 466-478.

로 필리포프가 러시아 정부의 싱크탱크 중 하나인 대외정책 국가 연구소(Национальная лаборатория внешней политики)의 부소장이었다는 사실이 곧 알려졌고, 교과서 집필에 크레믈린의 핵심부, 그 중에서도 푸틴의 개인적 지시가 있었다는 이야기까지 나오게 되었다. 사실 푸틴이 역사 교과서에 대해 특별한 관심이 있다는 사실은 이미 그의 첫 번째 대통령 임기 시절부터 잘 알려진 것이었다.[10] 실제로 러시아공화국 정부가 역사 교과서 정리에 대한 관심을 쏟았던 것은 푸틴 이전 시기로까지 거슬러 올라갈 수 있으나, 그것이 본격화되었던 것은 푸틴 집권 이후인 2002년 소위 돌루츠키 사건(Дело Долуцкого)부터였다. 이고리 돌루츠키(Игорь Долуцкий)가 주 저자였던『러시아 국민사: 20세기』제 7판[11]은 소련 시기 국가가 자행했던 각종 정치적 탄압, 숙청, 그리고 착취 행위들을 강조하면서, 러시아의 10학년 학생들에게 현재의 푸틴 정권을 "권위주의적 독재"로 볼 수 있는지, 또는 "경찰국가"로 규정할 수 있는지 등의 질문을 담고 있었다. 이 교과서를 접한 후 푸틴은 한 국가의 역사교과서는 국가에 대한 자긍심을 길러줄 수 있는 것이어야 한다고 개탄했다 한다. 그 후, 돌루츠키 교과서에 대한 국가의 허가는 취소되었고, 이후에 발간될 모든 교과서는 교육부의 엄중한 심의와 교육 현장의 검증을 거쳐야 하는 것으로 법규 개정이 이루어졌다.[12]

여하튼, 필리포프의 교사용 지침서가 푸틴 행정부의 정치적 입장과 깊

10) 푸틴이 역사에 대해 남다른 관심을 가지고 있다는 점은 잘 알려져 있다. Fiona Hill and Clifford Gaddy, "Putin and the Uses of History," *The National Interest*, No. 117, January-February 2012.

11) *Долуцкий И.* Отечественная история. XX век. Учебник для X класса средней школы. Ч.1-2. М., 2002.

12) Karina Korostelina, "War of Textbooks: History Education in Russia and Ukraine," *Communist and Post-Communist Studies*, Vol. 43, 2010, p. 131.

은 관련이 있다는 소문은 2007년 6월 열렸던, 러시아 역사교육 관련 전러시아 교사 대회에서 최종적으로 사실로서 확인되었다. 애초에 일부 러시아의 '자유주의적' 지식인들은 이 대회가 필리포프 지침서에 대한 비판적 검증과 성토의 장이 될 것으로 기대했으나, 결과는 정반대로 드러났다. 본 대회에서, 당시 러시아 교육부 장관 푸르센코(А. А. Фурсенко)와 "주권 민주주의" 최고 이론가이자 러시아 대통령 행정부의 부수석 수르코프(Владислав Ю. Сурков)를 비롯한 유력 인물들이 필리포프 지침서에 대한 강력한 지지를 천명하고 나섰던 것이다. 더욱 상징적이었던 사건은 대회의 주요 참가자들이 대회 직후 푸틴의 노보-오가료보(Ново-Огарёво) 다차로 초대되었다는 사실이었다. 푸틴이 개인적으로 초대한 것으로 알려진 이 모임에서, 푸틴은 필리포프의 텍스트를 러시아 공교육의 새로운 장을 연 작업으로 추켜세웠다고 전해진다. 그리고 이 모임을 각종 친정부적 러시아 언론이 앞 다투어 보도함으로써, 필리포프의 지침서와 푸틴 및 러시아 행정부의 관련성은 부정할 수 없는 사실이 되었다.[13] 그리고 곧 필리포프 자신이 이 지침서 원고는 크렘린의 직접 지시에 의해서 준비되었음을 확인하기도 하였다.[14]

전러시아 교사 대회 이후에도, 외교사가 추바랸(А. О. Чубарьян)과 같은 지도적 역사가들이 필리포프 지침서에 대한 지지를 천명하면서,[15] 이 지

13) Thomas Sherlock, "Confronting the Stalinist Past: The Politics of Memory in Russia," *The Washington Quarterly*, Vol. 34, 2011, pp. 96-7.

14) Miguel V. Linan, "History as a Propaganda Tool in Putin's Russia," *Communist and Post-Communist Studies*, Vol, 43, 2010, p. 172. 지침서 이후에 출간된 교과서 집필에 핵심적 역할을 했던 다닐로프(Александр Данилов) 역시 필리포프 지침서는 "역사교육에 몇몇 가이드라인을 제시하려는 푸틴 행정부를 대신"해서 집필되었다고 말했다.

15) D. Brandenberger, "A New Short Course?: A. V. Filippov and the Russian State's Search for a "Usable Past"," p. 828.

침서를 기초로 곧 출간될 예정이었던 교과서 본서는 그 본격적인 모습을 선보이기 이전부터 사실상 러시아의 '공식' 현대사 교과서의 위치에 오르게 되었다. 그리고 곧 출판되었던 교과서는, 한 서방학자의 표현을 빌리면, "소련 해체 이후 당국의 공식적 추천을 받은 최초의 역사 교과서"[16]가 되었다. 이 같은 필리포프 텍스트의 위상은 러시아 정부의 행정적 지원을 통해서도 더욱 강화되었다. 곧 외국 자본이 개입된 출판사는 러시아 교과서의 출판 사업에 참여할 수 없도록 하는 법안이 러시아 의회인 두마를 통과하였다. 이후 러시아 행정부는 역사 교과서를 출판할 수 있는 출판사를 몇몇 주요 출판사로만 한정하는 조치도 함께 취하였다.[17]

이렇게 사실상 필리포프의 텍스트가 러시아의 새로운 '국정' 교과서 자리를 차지해 가는 가운데, 이제 러시아의 '자유주의적' 지식인들을 넘어 서방 학자들까지 교과서에 대한 공격에 가담하였다.[18] 특히, 과거 냉전시대 체제 경쟁자였던 미국 출신 학자들은 러시아 시민사회의 '필리포프 신드롬'을 언론을 통해 적극적으로 소개함과 동시에, 자신들만의 비판점 역시 제기하였다. 이들은 러시아의 '자유주의' 비판자들처럼, 필리포프 교과서가 스탈린시대를 미화해서 묘사하고 있다며 강도 높은 비판을 가하는 한편, 필리포프 텍스트의 학문적 수준 또한 문제 삼았다. 이들에 의하면, 필리포프 교과서는 소련 해체 이후 비약적으로 발전했던 서방과 러시아의 새로운 스탈린시대 연구 성과를 전혀 수용하지 않았으며, 역사학 방법론 고유의 객관적 근거 제시와 논증 등을 결여한 정치화된 텍스트에 불과하다는 것이었다.

---

16) David Wedgwood Benn, "The Teaching of History in Putin's Russia," *International Affairs*, Vol. 84, 2008, p. 365.

17) V. Solonari, "Normalizing Russia, Legitimizing Putin," p. 839.

18) 각주 5)번 참조.

여하튼, 2008년 필리포프의 지침서가 마침내 교과서 형태로 나온 후[19], 이 새 교과서는 11학년 대상의 다른 러시아 현대사와 교과서들에 비해 교육 현장에서 압도적인 관심을 받게 되었다. 필리포프 교과서 본서는 보다 널리 알려진 역사가이자 당시 모스크바 사범대학의 사학과장 다닐로프를 공저자로 참여시켜 그 공신력을 높였으며, 다른 교과서들과는 달리 1945년 이전과 이후를 분권으로 처리하여 그 내용적 밀도를 강화하였다. 실제 교과서의 판매량과 교육 현장에서의 채택률을 보여주는 정확한 통계 자료는 존재하지 않지만, 필리포프 교과서가 출간 이후부터 현재까지 러시아 현대사 교과서의 대표로 기능해 온 것을 부정할 수 있는 사람은 없다.[20]

---

19) 이 교과서는 그간 러시아와 서방에서의 비판을 일부 수용하는 모습을 보이기도 했다. 특히, 가장 논란이 되었던 푸틴 시대 "주권 민주주의" 장의 일부를 삭제되기도 하였다. 하지만 발간된 교과서는 스탈린시대에 대한 평가에서는 지첨서의 그것과 사실상 같았다. 지침서와 교과서의 차이에 대한 평가로는 M. V. Linan, "History as a Propaganda Tool in Putin's Russia," p. 174.

20) 필리포프의 현대사 교과서 출간 이후에도, 러시아 행정부의 러시아 현대 역사 서술에 대한 관심은 줄곧 계속되고 있다. 이는 메드베데프가 정권을 바통을 이어받은 이후에도 마찬가지였다. 2009년 5월 메드베데프는 "러시아의 이해에 반하는 역사 조작을 대응하기 위한 대통령 산하의 위원회"를 설치하고, 특히 제 2차 세계대전에 대한 러시아의 기여를 과소평가하거나 왜곡하려는 흐름에 대한 강력한 대응을 천명하였다. 이어 8월에는 러시아의 국내정치와 국제정치에서의 역사 교육의 중요성을 강조하고, "공식" 러시아 역사 서술에 대한 집념을 드러내었다. K. Korostelina, "War of Textbooks: History Education in Russia and Ukraine," p. 129. 나아가 푸틴의 집권 2기는 현재 유일한 공식 러시아 역사교과서 집필을 준비하고 있다. *Юнашев А.* Путин поручил создать единый учебник истории[Электронный ресурс] / Известия. ру. Рудим доступа: : izvestia.ru/news/545274. 이 같은 움직임에 대한 러시아 '자유주의' 논객의 논평으로는 *Кара-Мурзы-мл В.* Официальное прошлое. О новой концепции учебника истории [Электронный ресурс] / NOVAYAGAZETA.RU. Рудим доступа: www.novayagazeta.ru/blogs/247/60849.html. 이 논평에서 필리포프 교과서는 이런 움직임의 사실상의 시작으로 간주된다.

그렇다면 필리포프 교과서는 실제로 스탈린시대를 과연 어떻게 묘사하고 그 성격을 어떻게 규정하고 있는가? 스탈린시대를 역사적으로 미화하고 이를 푸틴 정권의 비민주성에 대한 정당화에 이용하려 한다는 러시아 '자유주의' 논객들이나 일부 서방 학자들의 비판은 온당한 것인가? 필리포프 텍스트는 일부의 주장처럼 역사적 근거와 최신 연구 성과를 결여한 선전 문건에 불과한가? 아래의 분석은 이 질문들에 대한 답이 될 것이다.

III. 필리포프 교과서의 스탈린시대 해석

1. 혹독한 대내외적 상황

스탈린시대 또는 스탈린주의를 서술하면서 필리포프 교과서가 무엇보다 강조하는 점은 당시 소련, 또는 소비에트 러시아가 겪어야 했던 혹독한 대내외적 상황이다. 교과서 저자들에 의하면, 스탈린시대에 벌어졌던 수많은 정치적 사건들과 사회경제적 변동들은 이러한 혹독한 조건을 충분히 감안하지 않고서는 이해될 수 없는 것이다. 필리포프 텍스트는 스탈린주의를 이해할 수 있는 기본 요소로서 소비에트 러시아가 처했던 대내외적 조건을 자세히 소개하고 이와 관련된 몇몇 인상적인 용어들을 자주 반복하는 글쓰기 전략을 통해, 독자들을 당대의 혹독했던 맥락 속에 매어두려 한다. "조건(условие)," "상황(ситуация, обстоятельство)," "상태(положение, состояние)," "사정(обстановка)," "맥락(контекст)"과 같은 당시의 환경을 일컫는 단어들이 큰 비중으로 사용되는 것은 필리포프 텍스트에서 가장 두드러지는 특징이다. 보다 구체적으로 "폐허가 되고 쇠약해진 국가," "포위 상태," "극단적 물자 부족의 조건," "지난한 상황," "첨예한 현실," "막다른 상황," "극단적으로 낮은 문화 수준" 등의 문구들은 교과서의 스탈린시대 서술 부분에서 지배적인 이미지를 표출하면서 반복적으로 등장한다.

필리포프 교과서는, 이 혹독한 조건을 크게 두 가지의 종류로 구분한다. 첫 번째는 당시 소비에트 러시아가 안고 있던 국내 조건이다. 혁명과 내전 이후의 어려운 사회경제적 상황을 이미 자세히 서술했던 교과서 저자들은, 신경제정책기를 경제적 활력의 시기로 묘사하지 않는다. 오히려 그들은 신경제정책기의 경제 상황을 곡물 위기로 사실상 치환시키면서, 이를 혹독한 국내 조건 중에 첫 번째 조건으로 제시한다.[21] 필리포프 텍스트는 신경제정책 운용의 실제적 결과들을 비관적인 어조로 서술하는 전략을 통해, 차후 다가오게 될 스탈린시대의 정치 및 경제적 변동들이 일어날 수 있었던 맥락을 선명히 전달하려는 것이다. 텍스트에 의하면, "첨예하고 대규모의 곡물조달 위기"는 당대 소련 지도부가 억압적인 곡물 강제 징발 정책과 나아가 농업 집단화를 선택할 수밖에 없는 "거대한

---

21) *Данилов А. А.*, Филиппов А. В. История России. 1900-1945 гг. С. 180-181. 여러 서방 학자들과는 달리, 필리포프 교과서 저자들의 관심은 신경제정책의 효율성이나 스탈린주의에 대한 대안 가능성과 같은 것은 아니다. Alec Nove, "Was Stalin Really Necessary? A Debate on Collectivisation," *Problems of Communism*, Vol. 25. 1976, Stephen F. Cohen, *Rethinking the Soviet Experience: Politics and History since 1917* (Oxford: Oxford University Press, 1985), Moshe Lewin, *Political Undercurrents in Soviet Economic Debates: From Bukharin to the Modern Reformers* (Princeton: Princeton University Press, 1974). 보다 객관적인 신경제정책의 위기 연구로는 E. H. Carr and R. W. Davies, *Foundations of a Planned Economy I, II* (New York: Harmondsworth 1974-76), R. W. Davies, *The Socialist Offensive: The Collectivisation of Soviet Agriculture, 1929-1930* (London: Macmillan, 1980).

정치적 맥락"을 형성하였다. 필리포프 교과서가 혹독한 국내 조건으로 제시하는 두 번째 조건은 급격한 중공업화 시도와 농업집단화의 물결 속에 조성된 "물자 부족의 상황"과 "소비재와 서비스 생산 미발달"이다. 이외에, 국내 조건들 중 또 다른 커다란 부분을 이루었던 것으로 저자들은 농촌과 도시간의 거대한 인구이동과 이로 인한 유동성을 강조한다. 그들은 또한 당대 소련민 일반, 특히 노동인구의 낮은 문화적 수준 역시 그 당시 소련이 안고 있었던 혹독한 조건들에 포함시킨다.[22] 이와 같은 조건들 중 일부는 1930년대를 거치면서 상당 정도 호전되었으나, 다시 제 2차 대전이 초래한 손실과 피해 및 1946년부터 시작된 기근으로 인해 소련 국내 상황은 계속 혹독하였다고 교과서 저자들은 전한다.[23]

하지만 국내 조건들보다 필리포프 텍스트가 더 부각시키는 것은 대외 조건, 즉 당대의 국제 정치 변화와 이에 대한 소련 정치 지도부 및 소련민의 인식이다. 교과서 저자들이 스탈린시대 소련이 처했던 국제 정치 환경을 규정하는데 사용한 가장 핵심적인 용어는 "적대"와 "포위"이다. 스탈린시대 소련은 국제 혁명 운동의 뚜렷한 퇴조 속에 등장하였고, 이는 소련 내에서의 사회주의 혁명과 건설에 대한 타국의 지원이 전무함을 뜻했다는 것이다. 사실 지원을 바랄 수 있는 상황이기는커녕, 소련은 자신의 혁명 정권을 무너뜨리려는 "적대적" 국가들로 둘러싸여 있었다. 특히 1930년대 초 공공연한 반소 정책을 폈던 세 나라, 즉 나치 독일, 무솔리니의 이탈리아, 그리고 제국 일본은 당대의 국제정치의 분위기를 "화약통"과 같이 만들었고, 이런 분위기는 1930년대 말에 정점을 이루었다.[24)]

22) *Данилов А. А., Филиппов А. В.* История России. 1900-1945 гг. С. 243-246.

23) *Данилов А. А., Уткин А. И. &* Филиппов А. В. История России. 1945-2008 гг. С. 27-28, 32-34.

24) *Данилов А. А., Филиппов А. В.* История России. 1900-1945 гг. С. 310.

1936년에 결성된 "베를린-로마 추축" 동맹, 같은 해에 조인된 일본과 독일 간의 반(反)코민테른 조약, 그리고 1940년에 이탈리아의 조약 가담에 이르기까지, 소련에 대한 직접적인 적대감을 드러내는 군사 동맹이 이어졌다. 그리고 소련은 1938년과 1939년에 두 차례에 걸쳐 만주 국경 지역에서 일본 관동군과의 무력 충돌을 경험하기도 하였다. 긴장 상태를 넘어 실제 군사 교전이 벌어진 것이다.

필리포프 교과서 저자들이 "적대적인" 국제 환경을 조성했던 국가들의 범주에 포함시키고 있는 나라들은 비단 1930년대 노골적으로 반소노선을 걸었던 독일, 이탈리아, 일본만은 아니다. 그들은 영국, 프랑스 그리고 미국을 비롯한 사실상 서방 국가 전체를 이 범주에 둔다. 사실, 필리포프 텍스트는 영국, 프랑스, 미국 등이 소련에 대해 적대적인 행동을 보였던 사례들을 독일과 일본의 그것의 못지않게 강조하고 있다. 특히, 이는 서방의 교과서나 개설서에서 상대적으로 덜 언급되는 부분으로서, 필리포프 교과서의 특이성을 한층 더 부각시킨다. 영국은 1927년 초 소련과의 돌연한 국교 단절을 일방적으로 통보했고, 이는 소련 사회에 소위 "전쟁 공포"를 가져왔다. 이 "전쟁 공포"는 소련의 지도부뿐만 아니라, 일반민들도 공유했던 것으로서 당시 소련 사회에는 거대한 규모의 사재기가 발생하는 등 위기감이 고조되었다. 이런 영국 정부의 태도 변화에는 그들의 반공주의적 세계관 및 코민테른으로 대표되는 국제 공산주의 운동에 대한 불편한 심경, 그리고 러시아 혁명 이후 영국의 러시아 투자 자산과 차관을 몰수했던 볼셰비키 정권에 대한 원한 등이 원인이 되었다. 다시 국교가 정상화되었던 1929년 이후에도 소련에 대한 영국의 적대감은 사라지지 않았다. 1933년 영국 정부는 소련 물품의 영국 수입을 전면 금지시켜 소련 경제에 타격을 주었고, 영연방 국가들과 함께 적극적인 반공산주의 정책을 국제무대에서 계속 시행했다. 프랑스 역시 영국과 비슷한 모습을 1930년대 초까지 보였다. 소련과의 통상 관계를 유지하면서도, 프랑스 정부는 1930-1년 모스크바의 국제 공산주의 운동 주도를 공식적으로 비난하였고, 이 과정에서 소련 측 통상 관리 일부를 연행하고 소련 물품의 자국 수입을 제한하기도 하였다. 미국과의 관계 역시 유사하였다. 1931년 미국 기계와 설비의 최대 수입국은 소련이었을 정도로 양국 간의 경제 교류는 활발하였지만, 미국은 소련의 코민테른 활동을 자국 정치에 대한 내정 간섭으로 간주하며 소련 물품에 대한 수입 제제 조치를 내리기도 하였다.[25)]

이와 같은 소위 '민주주의' 국가들의 양면적인 태도는 1933년 독일에서 나치가 정권을 장악한 이후에도 계속되었다고 교과서 저자들은 주장한다. 이에 의하면, 소련은 영국 및 프랑스와 함께 "집단 안보"라는 체제 속에서 외교 공조를 통해 나치 독일을 통제하려 하였지만, '민주주의' 국가들은 여전히 소련에 대해 적대적인 감정을 가지고 있었다. 라인란트 지방 진주, 스페인 내전 지원, 오스트리아 합병, 뮌헨 위기, 그리고 마지막으로 단치히 합병 위협에 이르는 나치 독일의 팽창 과정에서, 영국과 프랑스는 이를 저지하기 보다는 그 악명 높은 "유화"정책을 펼치며 소련을 고립시켰다는 것이다. 따라서 "일련의 국제정치 사건들은 스탈린으로 하여금 소위 민주주의 동료들과의 관계에 대해 긍정적인 마음을 가지지 못하도록 만들었다."[26)]

당시 소련의 절박한 상태를 드러내는 글쓰기 전략으로, 필리포프 텍스트는 소련이 "집단 안보"를 탈퇴하고 나치와의 불가침 조약으로 나아가는 과정을 일반적인 중고등학교 교과서 수준을 훨씬 상회하는 수준으로

25) Там же. С. 312-313.

26) Там же. С. 315.

매우 자세하게 다룬다. 교과서의 핵심 주장은 영국과 프랑스의 미온적 태도가 만들어 놓은 "엄정한 현실"이 스탈린과 소련 지도부가 이 같은 선택을 할 수밖에 없었던 결정적인 요인이라는 것이다. 저자들은 양국의 미온적 태도를 다음과 같이 요약한다. 우선 1939년 소련이 제안한 삼자 군사 동맹을 영국과 프랑스는 적극적으로 고려하지 않았다. 양국의 우호국이었던 폴란드와 루마니아의 안전을 즉시 보장했던 것과는 달리, 영국과 프랑스는 소련에게 더 중요한 안보 요충이었던 발트해 국가들에 대해서는 같은 보장을 하지 않았다. 그들은 또한 유사시, 즉 독일이 유럽에서 전쟁을 일으켰을 시, 붉은 군대가 동유럽 국가 영토를 통과할 수 있는 권리를 소련에게 주려 하지 않았다. 삼자 동맹을 성사시키기 위해, 소련은 1939년 8월 군사 대표자 회담을 개최했으나, 영국과 프랑스는 하급 대표자를 파견함으로써 실제 삼자 동맹에 관심이 없음을 드러냈다. 결국 "소위 민주주의 국가들과의 관계가 이런 막다른 상황에 도달하면서, 소련 지도부는 나치 측에 접근할 수밖에 없었다." 소련의 이 같은 "다른 방법이 없었던" 선택은 당대 미국의 내무장관 이키즈(Harold Ickes)에 의해서도 확인된다고 교과서 저자들은 주장한다. 그들은 이키즈의 다음과 같은 회상을 교과서에 기록했다. "내가 보기에 러시아를 탓하기 어렵다. 내 생각에 그것에 대한 책임은 [당시 영국수상] 체임벌린이 가지고 있다."[27]

주어진 국제정세 속에서 소련의 선택이 강제되었다는 식의 위와 같은 상황론적 설명은 냉전의 기원에 대한 필리포프 교과서의 서술에서도 계속된다. 제 2차 대전 승리 후, 소련의 경제는 매우 취약한 상황에 처해 있던 반면, 전쟁 중 동맹국이었던 미국은 전시 호황에 힘입어 경제가 크게 성장하고 있었다. 자연스럽게 소련은 전쟁 중 동맹국이었던 미국에게 경

27) Там же. С. 318.

제 지원을 기대하였고, 그 기대는 1945년 2월의 얄타 회담 직후까지는 실현 가능한 것으로 보였다. 하지만 같은 해 4월 들어선 트루먼 행정부가 미국의 국제 정책 기조를 갑작스럽게 변경하면서 소련에 대한 지원을 중단하였고 "국제정치의 환경은 점차 날이 서게 되었다." 적대적인 국제 환경은 이후, 포츠담 회담과 미국의 핵무기 독점, 처칠의 풀턴 연설과 트루먼 독트린으로 더욱 첨예화되었고, 1947년 여름 마셜 플랜을 둘러싼 미소간의 대립 이후로는 냉전은 사실상 피할 수 없었다고 필리포프 텍스트는 주장한다. 교과서의 논리에 따르면, 이런 "날 선" 국제 환경을 만든 것은 미국이고 스탈린의 소련은 이 상황 속에서 대응을 펼친 것뿐이다. 교과서 저자들은 이를 다음과 같이 요약한다. "소련과 미국 모두는 냉전의 발발에 기여하였고 각각의 책임의 몫을 가지고 있다. 하지만 냉전을 먼저 시작한 쪽은 미국이다."[28)]

이와 같이 스탈린시대 소련은 매우 적대적인 국제 환경 속에 처해 있었다. 그리고 "복잡한 국제 정치 환경은 국내적 어려움을 더욱 악화시켰다."[29)] 이 환경을 십분 이해하여야만 스탈린시대 소련의 내부 체제가 제대로 파악될 수 있다는 것이 교과서 저자들이 던지는 우선적인 메시지이다. 즉, 그들은 소련 체제가 처했던 환경에 대한 이해가 그 내부 체제의 성격 규정보다 선행되어야 한다고 주장하는 것이다.

---

28) *Данилов А. А., Уткин А. И. & Филиппов А. В.* История России. 1945-2008 гг. С. 8-13.

29) Там же. С. 29.

2. "수직적" 동원체제와 자발적 참여

필리포프 교과서는 스탈린시대 소련이 겪었던 대내외의 혹독한 조건을 기술한 후, 스탈린 체제의 내부 분석으로 그 초점을 옮긴다. 저자들은 스탈린시대의 중앙집권적, 계획적, 관료제적 성격을 강조하며, 이를 "수직적(вертикаль)" 동원 체제라는 용어로 정의한다. 그들에 의하면, 소련이 처했던 혹독한 상황으로 인해 이와 같은 동원 체제의 형성은 사실상 "필연"이었다. 동원 체제는 첫째, 국가 전체가 당면한 과제를 명확히 규정하는 것, 둘째, 그 과제의 실현을 위해 주어진 자원을 목적지향적인 계획 하에 재분배하는 것, 셋째 과업 달성에 사회의 전 집단을 동원하는 것을 특징으로 했다. 이에 더해서 소련의 동원 체제는 이 세 가지를 "역사상 유례없는 매우 한정된 시간 속에서" 달성하기 위한 체제였다.[30] 이 과정에서 소련은 극도로 중앙집권화된 국가로 변모하였고, 그 중심에는 당이 있었다. 당은 "전쟁 기구"와 같았고, 그 지도자들은 "사령관"과 같았다. 이런 군사적 분위기 속에서, "모든 국가 기구와 사회단체들은 소련 공산당의 중앙위원회에서 통제되었다." 당의 통제 체제는 중앙 단위에서만 그친 것이 아니라, 지역의 하부 단위로까지 이어졌다. 1930-32년에 걸쳐, 소련 내 일정 규모 이상의 기관이나 산업 단위에서는, 당 위원회, 현장 세포, 당원 집단 등이 만들어져 중앙당의 통제를 실현시켰다.[31] 이런 모습이 바로 필리포프 텍스트가 소련 동원 체제의 핵심어를 "수직적"이라고 명명한 이유였다. 이러한 "수직적" 정치체제는 "수직적" 경제체제로 연결되었으며, 이는 중앙계획과 명령의 경제 체제였다. 이 체제는 1930년대에 시행되었던 급격한 중공업화와 농업집단화의 제도적 기초였다.

---

30) *Данилов А. А., Филиппов А. В.* История России. 1900-1945 гг. С. 244.

31) Там же. С. 246-247.

이런 "수직적" 정치 및 경제 체제는 소련의 각 사회 집단을 대대적으로 동원하였다. 필리포프 교과서는 당 간부, 산업계 종사자, 농민, 그리고 죄수로 소련의 사회 집단을 구분하여, 집단에 따라 다양했던 동원 양상, 사회경제적 지위, 물적 상태 등을 기술한다. 당 간부들은 상대적으로 양호한 소비생활을 즐길 수 있었지만, 매우 높은 수준의 책임감에 시달릴 수밖에 없었다. 특히, 주어진 과업을 달성하지 못했을 경우, 이들은 소위 숙청이라는 위험에 노출되었다. 이는 그들이 정치적 사상이나 과거 행적을 의심받을 경우에도 마찬가지였다. 한편 산업계 종사자들, 즉 엔지니어, 노동자, 사무직원들의 수입은 높지 않았으며, 의복과 음식의 일차적인 요구만을 만족시킬 정도의 수준이었다. 1930년대 노동 수첩 등의 제도로 인해, 이들은 자유로이 이동하기도 어려웠다. 세 번째 집단인 농민들의 수입은 더욱 낮았고, 집단 농장 내에서의 노동 유인 요소도 별로 없었다. 다수의 농민들은 집단 농장에서 받는 임금보다는 자기 가족에 딸린 텃밭 덕에 생계를 유지할 수 있었다. 농민들 역시 거주지등록과 여권의 도입으로 이동의 자유가 제약 당했다. 마지막 집단은 죄수들로서 이들은 다양한 형태의 강제 노동 캠프에서 일했다. 교과서 저자들은 스탈린시대 경제 발전에 이들 노동이 끼친 기여를 다음과 같이 인정한다. "1930년대 시베리아와 극동의 많은 중요한 산업 분야들(목재조달, 금속채취, 건설)은 강제 노동의 활용 덕에 발전하였다."[32]

이런 동원 체제를 운영하기 위해서 중앙당은 일반 소련민들의 의식을 통제해야 할 필요가 있었다. 따라서 당은 선전활동에 거대한 에너지를 소비하였는데, 그 내용은 대체로 일반민들에게 공포 의식, 특히 전쟁의 가능성과 내부의 스파이 및 적에 대한 두려움을 주입하는 것이었다. 소

32) Там же. С. 249-251.

련 각처에는 이를 조장하는 선전 플랜카드가 항상 걸려 있었고, 관련된 대중 퍼레이드 역시 자주 열렸다. 필리포프 텍스트는 이런 일반민의 의식 조종을 위한 이데올로기 선전과 검열이 스탈린시대에 실재했음을 당대 서방의 대표적인 반공 지식인 앙드레 지드(Andre Gide)의 소련 묘사를 장황하게 인용하면서 전하는 균형 감각도 보여준다.[33)]

"수직적" 체제는 과학, 학문, 예술의 영역에서도 적용되었다. 과학자들과 학자들은 당에 대한 서비스를 학문의 목적으로 생각했으며, 국가는 이들에게 물질적 지원을 하는 방식으로 통제권을 행사하였다. "소련의 모든 학문 기관"은 당의 계획에 따라 조직되고 운영되었다. 문학의 경우 "사회주의 리얼리즘"이라는 패러다임 하에서만 창작 활동이 용인되었다. 회화와 미술의 경우도 주제와 소재가 정치화되었고, 당의 선전 도구로 사용되는 경우가 많았다. 당시 가장 흔한 회화의 소재는 순수하고 행복한 시골의 일반민에 둘러싸여 있는 당 지도부들의 모습이었는데, 이는 당의 지도성과 사회주의 건설로 인한 삶의 개선을 선전하기 위함이었다. 또한 산업화된 풍경을 강렬히 묘사함으로써 사회주의 소련의 발전을 보여주는 그림 또한 많이 그려졌다. 미술 작품들의 또 다른 주요 대상은 젊음, 힘, 건강 등을 상징했던 운동선수들이었는데, 이 역시 정치화된 회화의 대표적인 예였다.[34)] 스탈린시대에 가장 인기가 있었던 대중 예술 장르였던 영화 역시 유사한 위치에 있었다. 당대 유행했던 영화들은 이데올로기화된 신 인간들의 사회주의 건설 또는 반파시즘 투쟁 같은 정치적 주제들이나, 평범한 소련민들의 밝고 긍정적인 일상을 주제로 하였다.[35)]

하지만 이 같은 문화 통제가 스탈린시대 내내 항상 일정했던 것은 아

33) Там же. С. 286-287.
34) Там же. С. 291, 294-295, 302.
35) Там же. С. 284, 58-59, 63.

니었다. 필리포프의 텍스트는 1930년대 제 2차 5개년 시기에 일반 소련민들이 누렸던 문화 영역에서의 상대적인 여유로움을 강조한다.[36] 또한 제 2차 대전 종전 이후부터 1947년까지의 "희망의 사회"가 가졌던 상대적인 자유 역시 드러내 보인다.[37] 예상해 볼 수 있듯이, 교과서 저자들은 문화 통제가 다시 강화되었던 1930년대 후반이나 1947년 이후의 변화는 모두 "적대적" 외적 환경, 즉 국제 정치 상황의 변화와 관계가 있었다고 주장한다.

필리포프 텍스트는 이와 같이 스탈린시대 소련을 "수직적" 동원 체제로 규정하면서, 정치, 경제, 사회 문화 영역에 고루 뿌리 내렸던 당의 통제 구조를 자세히 그려낸 셈이다. 심지어 서방의 대표적 반공지식인 지드의 글을 인용하며 이를 강조하고 있는 점을 감안해 본다면, 필리포프 교과서의 작업을 스탈린시대에 대한 미화로 보기는 어려울 것이다. 사실 필리포프 교과서의 동원체제 서술은 스탈린주의에 대해 비판적이었던 많은 서방 연구들과 페레스트로이카 이후의 러시아 연구들의 주장에서 크게 벗어나지 않는다. 다만 텍스트는 그 "수직적" 체제의 건설과 운영에 소련 일반민들의 자발적 참여가 존재하였다는 사실도 동시에 강조한다.[38]

교과서 저자들은 우선 소련 일반민들의 자발적인 참여 역시 중앙에서 조장된 측면이 있었다고 인정한다. 특히 당은 이런 열정을 이용해서 소련민들에게 "사회주의적 경쟁"을 독려하였다. 돌격 노동, 스타하노프 운동

36) Там же. С. 287.

37) *Данилов А. А., Уткин А. И. & Филиппов А. В.* История России. 1945-2008 гг. С. 54.

38) 사실 스탈린체제의 위로부터의 통제성과 이에 대한 아래로부터의 참여라는 문제는 서방 학자들 사이에 오랜 논쟁의 주제였다. 이를 소개한 국내 문헌으로는 황동하, "소련 역사 속의 "스탈린 시대": 이를 바라보는 몇 가지 시각들," 『서양사학연구』 제7권(2002년).

또는 여러 경쟁 장려책은 위로부터 주어졌으며, 이들 운동에서 두드러졌던 인물들은 중앙당에 의해 "사회주의 노동의 영웅"으로 추앙되었다. 이 "일상 노동의 영웅들"은 역시 중앙당의 지원을 받았던 문학작품과 영화의 주인공으로 등장하면서, 스탈린시대 신인간의 모델이 되었다.[39)]

하지만 교과서 저자들이 보기에 "수직적" 체제에 소련민들을 동원할 수 있었던 기제는 중앙의 통제와 선전만은 아니었다. 소련민들 스스로가 "새로운 사회 건설"에 대한 진지한 믿음과 열정이 있었다는 점은 여러 자료를 통해 확인할 수 있다는 것이다. 소련민들에게 그들의 새로운 사회는 세계 최초의 사회주의 국가이며, 나아가 세계 역사를 선도하는 체제였다. "수직적" 체제상으로는 다른 위치에 있던 노동자, 농민, 인텔리겐치아 모두 이런 새 사회 건설의 열정만은 공유하였다. "평등과 정의의 원칙 하에서 사회를 혁명적으로 변혁"시키고 있다는 믿음은 그들의 것이었다.[40)] 많은 이들이 사회주의는 빠르게 발전할 것이고, 그 이후에는 노동하는 이들을 위한 번영이 따를 것이라고 믿었다. "찬란한 내일"이라는 문구는 당대 소련민들의 신념으로서, 현재는 "어려운 시기"를 보내고 있지만 미래의 진보를 믿었던 당대 민중들 삶의 원동력이었다. 필리포프 텍스트의 표현을 빌면, "그러한 감정은 국가의 선전과 맞아떨어지는 것이었지만, 정의와 찬란한 내일을 이루려는, 민중들의 의식 속에 깊이 박힌 꿈을 반영하기도 했다."[41)]

---

39) *Данилов А. А., Филиппов А. В.* История России. 1900-1945 гг. С. 252-3, 283-4.

40) Там же. С. 244, 251.

41) Там же. С. 281, 299. *Данилов А. А., Уткин А. И. & Филиппов А. В.* История России. 1945-2008 гг. С. 53, 59.

3. 체제 운영의 결과: 거대한 성과와 정치적 탄압

필리포프 교과서의 주요한 부분 중 하나는 위의 "수직적" 체제가 만들어낸 결과에 대한 서술이다. 체제 운영의 결과는 크게 두 가지의 대조되는 모습이었다. 첫째는 소련을 일약 세계의 공업 및 군사 강대국으로 변모시킨 거대한 성과였고, 다른 하나는 그 성과의 "비싼 대가"라 할 수 있었던 정치적 탄압과 숙청이었다.

교과서에 따르면, 스탈린시대 소련은 "수직적" 체제의 동원 메커니즘과 민중의 자발성을 결합하면서, 경제, 기술, 그리고 문화 방면에서 거대한 성과를 이룩했다. 스탈린시대가 본격적으로 시작되기 이전인 1920년대 중반은 심각한 대내외적 위기 국면이었으며 이를 극복하기 위한 과업 달성이 절실히 요구되는 시점이었다. 스탈린시대는 어찌되었거나 이 과업이 달성되었던 시기로 볼 수 있다는 것이 그들의 평가이다. 1920년대 말과 비교한다면, 제 2차 대전 전야의 소련에는 무려 9,000개의 거대 공장과 사업체가 더 건설되어 있었으며, 산업 생산량의 총 가치는 6.5배나 증가해 있었다. 특히, 생산수단, 즉 설비 생산은 이보다 더 큰 10배가 증가하였다. 당시까지 소련에 존재하지 않았던 새로운 첨단산업들, 즉 자동차, 트랙터, 알루미늄, 기계제작 공업이 들어섰던 것도 스탈린시대였다. 제 1차 5개년 계획 기간이 주로 기간산업들이 만들어지는데 할애되었다면, 제 2차 5개년 계획기에는 산업 내 효율성 제고에 주목하여, 생산성 향상, 공장 합리화, 기술 재배치 등의 성과가 이루어졌다. 그리고 제 3차 5개년 계획 기간 동안에는 그간 산업의 혜택이 미치지 않았던 지역에까지 공업 시설이 들어서는 등 소련 국토의 균형적 개발과 발전도 목격되었다. 그 결과 소련은 1920년대와는 달리 실업 문제가 사라져 완전 고용 상태에 도달하게 되었고, 이 성과는 1930년대 내내 전대미문의 경제위기를 겪고 있었던 서방 국가들의 상황과 대비되어 더욱 인상적으로 느껴졌다.[42) 제 2차 대전 중 기획되어 중화학공업과 철도에 집중 투자했던 제 4차 5개년 계획은 신속한 전후 복구에 결정적 기여를 하였다. 이 시기 소련에서는 3,200개의 거대 공장과 사업체가 복구되었으며, 2,700개가 새로 건설되었다.[43) 물론, 이런 공업 분야에서의 눈부신 성공과는 달리 농촌의 경우 대대적이고 급박했던 농업집단화로 인해 생산성이 크게 저하되고, 인구가 대대적으로 유출되는 등의 문제가 발생하였다. 특히, 전후에는 노동력 부족과 기근까지 겹치면서 농업 분야는 지극히 낮은 성장세를 기록했다. 하지만 필리포프 교과서에 의하면, 심지어 이러한 농촌에서도 트랙터를 통한 농업 기계화라는 주요한 성과가 있었다.[44)

공업과 농업 등 산업 분야에서의 성취 외에도, 소련은 문화 영역에서도 거대한 성과를 거두어 들였다. 1920년대 말까지도 소련의 대다수 민중들은 문맹 또는 반문맹 상태에 머물러 있었다. 제 1차 5개년 계획이 끝나갈 무렵, 소련에는 초등 의무교육 체제가 완성되었고, 도시들을 중심으로 7년제 초등 교육 학교들이 건립되었다. 이 덕에 1939년까지 소련 인구의 81%가 문맹 상태에서 벗어났는데, 이를 필리포프 교과서는 "문화 혁명"이라고까지 규정한다.[45) 초등 의무교육 이외에도 직업 교육과 고등 교육에서도 질적, 양적 발전이 있었다. 구 러시아제국의 교과 과정을 모두 해체했던 볼셰비키 정권 초기의 소위 "혁명"적 교육 프로그램과는 달리, 스탈린시대에는 보다 전통적인 과목별, 학년별 수업을 진행하는 방식이 채

42) *Данилов А. А., Филиппов А. В.* История России. 1900-1945 гг. С. 257-258,

43) *Данилов А. А., Уткин А. И. & Филиппов А. В.* История России. 1945-2008 гг. С. 28-30.

44) *Данилов А. А., Филиппов А. В.* История России. 1900-1945 гг. С. 263-266.

45) Там же. С. 248, 287.

택되었고, 이는 공교육의 정상화로 귀결되었다. 그리고 이런 교육 기회는 소련 내 소수민족들이나 지역 공화국들에까지 확대되었다. 필리포프 텍스트의 표현에 따르면, 소련의 러시아 공화국은 이들의 경제와 문화 잠재성을 높이는 "거대한 시혜"를 베푼 셈이었다.[46)]

스탈린시대 과학과 기술에서의 성취도 거대했다. 국가가 과학과 학문을 "수직적"으로 통제했다는 사실은 역으로 국가가 이들에게 전폭적인 재정 지원을 했다는 의미도 되었다. 국가는 수많은 연구자들과 전문가들을 한데 모을 수 있었고, 이들은 소위 "지적 만개"를 위한 "두뇌 센터들"이 되었다. 제 2차 대전 이후 과학에 대한 투자는 더욱 커져서, 전전 수준보다 2.5배 가량의 과학 연구 기관이 더 설립되었다.[47)] 여러 과학기술 분야 중 특히 군수 산업 관련 기술 발전은 놀라웠다. 일례로, 스탈린시대 소련은 로켓 기술을 비약적으로 발전시켜 소련에서 미국까지 무착륙 비행이 가능한 항공기를 개발할 수 있었다.[48)] 필리포프 교과서에 의하면, 이런 기술은 당대 서방에 비해 뒤처지지 않았으며, 몇몇 측면에서는 오히려 앞서 있었다. 교과서 저자들은 1920년대, 또는 그 이전 시기와는 달리 스탈린시대 소련을 묘사하는데 더 이상 "후진성"이라는 용어를 적용시키지 않는다. 그들이 보기에, 스탈린시대는 후진적인 시대가 아니었던 것이다.

그렇다면 이와 같은 거대한 성과의 주역들은 누구였을까? 필리포프 교과서는 '예상'과는 달리, 이 성과가 소련이라는 국가를 이끌었던 고위 정치지도자들에서 비롯되었다고 주장하지 않는다. 교과서 저자들이 던지는

---

46) Там же. С. 269.

47) *Данилов А. А., Уткин А. И. & Филиппов А. В.* История России. 1945-2008 гг. С. 57-58.

48) *Данилов А. А., Филиппов А. В.* История России. 1900-1945 гг. С. 249, 291.

메시지는 오히려 그 반대이다. 이 성과의 중심에는 소련의 '작은' 영웅들이 있었다는 것이다. 필리포프 교과서의 두드러진 점 중 하나는 스탈린시대 무명의 '작은' 영웅들의 이름을 열거하는 데에 많은 지면을 할애한다는 점이다. 스탈린시대 소련은 "사회주의 사상을 받아들인 그 어떤 이도 영웅이 될 수 있는 사회"였다.[49] 교과서는 스탈린시대의 수많은 과학자, 작가, 극장 및 영화배우, 가수, 연출자, 건축가, 조각가, 화가, 무기제작인, 병기공 등의 이름을 전해준다. 이들 중 극히 일부만이 국제적으로 알려진 인물들이며 현재까지 소련 역사에서의 주요 인물들, 즉 '큰' 영웅들로 불릴 만한 이들이다. 나머지 대부분의 이름들은 동시대 소련 내의 사람들만이 회상할 수 있는 인물들로서, 이 영웅들의 위상은 소련 일반민들의 그것과 거리가 멀지 않다. ANT-25RD호를 타고 소련에서 미국까지 최초의 무착륙 비행을 성공시켰던 이들은 그 이름도 낯선 차칼로프, 바이두코프, 벨랴코프, 그로모프, 유마셰프, 다닐로프였다. 1938년 DB-2호를 타고 시베리아 탐사를 무사히 수행한 '무명의' 여성 수행원들(그리조두보보이, 오시펜코, 라스코보이)의 이름들도 교과서에 모두 언급되어 있다. 이들보다 훗날 소련에서 더 자주 회자되기는 하지만 여전히 일반적인 의미에서의 역사적 위인들로 취급되는 인물들은 아니었던 북극 탐험대 첼류스킨(Челюскин)호와 그들을 구조했던 영웅들의 이름도 필리포프 교과서는 기억한다. 국제적으로 덜 알려진 지질학자, 수학자, 물리학자들이나, 당대에만 인기가 있었던 대중문화인의 이름 역시 명시되어 있다.[50] 반면 산업화 지도자 오르조니키제, 소련 외교 책임자 몰로토프, 소련 교통망의 책임자 카가노비치 같은 유명 정치인들에 대한 언급은 거의 없으며, 있다

49) Там же. С. 285.
50) Там же. С. 284-285, 291-293.

하더라도 다른 맥락에서 부분적으로만 이야기될 뿐이다. 이 같은 소위 대중의 '작은' 영웅들에 대한 자세한 언급은 스탈린시대 사회주의 건설 과정에서 이들이 행한 역할을 필리포프 텍스트가 의식적으로 강조하기 위함일 것이다. 교과서에 의하면, 스탈린시대 소련의 성과 중 중요한 부분은 정치지도자가 아니라 이들 '작은' 영웅들의 활약에 힘입은 바였다.

하지만 이 같은 성과들은 "비싼 대가"를 치르며 얻은 것이었다. 필리포프 교과서 저자들은 "매우 응축된 시기" 동안 당장의 결과를 내야하는 "수직적" 동원 체제였던 스탈린주의는 "필연"적으로 정치적 탄압, 또는 숙청 관행을 수반할 수밖에 없었다고 말하면서, 스탈린시대 정치적 탄압의 실재를 시인하고 이를 자세히 서술한다. 많은 러시아의 '자유주의적' 지식인들이나 서방 학자들의 비판과는 달리, 텍스트는 스탈린시대에 정치적 탄압, 또는 숙청이 자행되었다는 사실을 숨기려하지 않으며, 이를 효율성의 잣대를 동원하여 정당화하려는 시도도 하지 않는다. 오히려 텍스트는 "인간의 도덕적인 기준으로 볼 때, 사람들 삶의 파멸과 파괴를 정당화할 수는 없다"라며 이의 부도덕성을 분명히 인정한다.[51] 다만, 교과서 저자들은 이 정치적 탄압의 책임 소재를 가리려 하지는 않는다. 또한 정치적 탄압의 실재와 그 존재 이유를 냉정한 어조로 설명하면서, 이를 자행한 이들을 직접적으로 단죄하려 하지 않는다. 아마도 이 점이 많은 러시아 시민사회 운동가들과 서방 학자들을 불편하게 한 것으로 보인다. 하지만 필리포프 교과서가 러시아의 국가주의적 전통에 빗대어 스탈린시대 정치적 탄압을 옹호하였으며 이는 푸틴 시대의 비민주주적 관행에 대한 역사적 정당화라는 일부 러시아와 서방 논객들의 주장은 텍스트에서 입증되지 않는다.

---

51) Там же. С. 257.

필리포프 교과서는 숙청 또는 정치적 탄압의 배경으로서 스탈린시대 소련 공산당의 관료화와 당원 규모의 확대를 중요한 근원 중의 하나로 설정하면서 설명을 시작한다. 혁명과 내전 이후, 공산당 일당 독재의 실시와 함께 당원의 규모는 비약적으로 늘어났다. 하지만 당대 소비에트 러시아의 전반적으로 낮았던 문화 수준 탓에, 당원 수준 또한 낮은 경우가 많아 그들의 무능과 부패 문제가 끊이지 않고 제기되었다. 따라서 당원들의 규율 확보는 당시 공산당 지도부에게 매우 중대한 문제였으며, 이 방법 중에 가장 극단적이었던 것이 소위 당내 숙청(Чистка партии)이었다. 이 당내 숙청의 관행은 향후 비당원에까지 적용되고 나아가 전 사회계층에 확대되었다. 이 과정에서 숙청은 특정한 대상만을 목표로 하던 본래의 성격에서 벗어나, 점차 불특정한 목표물을 겨누는 방향으로 흘러갔다. 1930년대 중후반에 이르면, 숙청은 당시 정권에 반대해 일어날 수 있는 저항을 미리 막는다는 일종의 예방 차원의 정치적 조치로 변했으며, 그 만큼 규모도 커지게 되었다.[52)]

구체적으로 이와 같은 정치적 탄압은 제 2차 대전 전 소련 역사에서 크게 세 단계에 걸쳐 진화했다고 교과서 저자들은 주장한다.[53)] 첫 번째 단계는 1917년 볼셰비키 혁명 직후의 탄압으로써, 그것은 주로 "계급의 적," 즉 프롤레타리아 정권에 반대하는 계급에 대한 소위 "적색 테러"였다. 두 번째 단계는 1920년대 말에 시작된 농업집단화 및 공업화의 소용돌이 속에서 자행된 소위 부농 척결 운동(раскулачивание)과 부르주아 전문가들에 대한 공격이었다. 필리포프 교과서는 당시 부농 척결 운동으로 피해를 입은 가구의 수가 38만 이상이 될 것이라 추산하고 있는데, 이 숫자는

52) Там же. С. 247-249.
53) Там же. С. 254-257.

서방측 연구와도 일치하는 객관적인 수치이다.[54] 세 번째 단계는 1930년대 중엽의 소위 대숙청으로, 이 시기의 정치적 탄압은 다시 두 단계로 세분될 수 있다. 첫 번째는 1934년 레닌그라드 당 서기였던 키로프 암살 이후 몰아닥쳤던 구 볼셰비키들에 대한 테러였다. 이는 스탈린과 당시 당 지도부가 그들의 정적들에 대해 자행한 정치적 탄압으로서, 절대 다수의 피해자들이 당 엘리트 집단에 속한 인물들이었다. 두 번째는 1937-1938년까지의 소위 "대규모 작전"으로, 이에는 특정한 대상을 넘어 소련의 전 사회집단이 대상이 되었다. 교과서에 의하면, 이 "대규모 작전"은 스탈린을 비롯한 당의 정치지도부가 1936년에 제정된 소련 헌법으로 선거권을 다시 부여받은 과거 정치범들이나 수감자들의 사회 복귀와 그들의 있을 법한 저항에 두려움을 느끼면서 시작되었다.[55] 즉, 스탈린 지도부는 정치적 탄압이라는 기제를 통해 현 권력에 대한 도전 자체를 예방할 수 있다고 믿었다는 것이다. 텍스트 표현에 따르면, "예방차원의 정치적 억압은 특정한 개인들뿐만 아니라, 당 권력과의 이해관계가 멀거나 또는 당 권력에 저항할 가능성이 있는 전체 사회집단에 대한 압력으로 볼 수 있었다."[56] 필리포프 교과서는 이 같이 전 사회집단을 대상으로 하였던 "대규모 작전"의 전체 피해자 숫자를 제시하고 있지는 않지만, 이 작전의 기원이 되었던 1937년 7월 31일 명령(приказ)으로 탄압받은 이들의 수를 77만으로 추산하면서 피해의 규모를 간접적으로 전해준다.[57] 이와 같은 정치

---

54) R. W. Davies and Stephen G. Wheatcroft, *The Years of Hunger: Soviet Agriculture, 1931-1933* (New York: Palgrave Macmillan, 2004), p. 46.

55) 이 같은 주장은 필리포프 교과서가 서방의 연구 성과를 수용하고 있다는 증거이다. 일례로, Arch J. Getty, "'Excesses are not permitted:' Mass Terror Operations in the Late 1930s and Stalinist Governance," *The Russian Review*, Vol. 61, 2002, pp. 122-123.

56) *Данилов А. А., Филиппов А. В.* История России. 1900-1945 гг. С. 254.

57) 이 역시 서방 및 근래 러시아의 연구와 합치되는 수치이다. 서방의 최근 연구 성과와

적 탄압의 관행은 전후에도 사라지지 않아서, 당과 군부 엘리트에 대한 숙청과 구 볼셰비키에 대한 공격은 계속되었다.[58)]

이런 본격적인 숙청 이외에도, 필리포프 텍스트는 소련 사회 각 분야에서 목도된 탄압의 사례를 비교적 상세히 서술하고 있다. 이를테면, 정치적인 원인이 아니라 하더라도, 공장이나 집단농장에서의 규율 유지를 위해 탄압의 방법이 사용되기도 하였다. 특히, 국유화된 집단농장의 자산을 일반 농민들이 건드리는 행위는 엄벌의 대상이었다.[59)] 과학자들의 경우, 계획이 정한 과업을 자신들의 연구로 달성하지 못했거나 연구 자체가 실패하였을 경우에 숙청의 대상이 되기도 하였다. 실제로 과학자들 중에 정치적인 이유 또는 과업 미달성의 이유로 숙청되었던 이들은 "특수감옥(спецтюрьма)"이라는 폐쇄된 기관 내에서 과학기술 연구를 강제당하기도 했다. 문화와 예술 분야에서의 탄압은 소위 "분파 투쟁"이라는 이름으로 자행되었다. 소설가나 여타 작가들은 작품의 "분파"적 내용 때문에 탄압받았으며, "분파"로 몰린 극연출가, 건축가, 미술가 등은 자신들의 작업 공간이 폐쇄되는 것을 지켜보아야 했다. 이런 예술인들은 많은 경우 투옥되거나 죽음을 맞이하였고, 또는 예술가로서는 그에 못지않은 시련이

러시아의 공개 자료를 소화한 김남섭에 의하면, 1937년 7월 31일 명령, 즉 작전 명령 00447호 또는 소위 "꿀라끄 작전" 명령으로 인한 피해자 수는 약 70만이었다. 하지만 필리포프 교과서는 김남섭이 "대규모 작전"의 또 다른 중요한 축으로 포함시켰던 소위 "민족 작전"과 이로 인한 피해에 대해서는 언급하지 않았다. 김남섭에 의하면, "민족 작전"으로 인한 피해자 수는 36만 이상으로, 이 역시 "대규모 작전"에 의한 총 피해자 수에 포함되어야 한다. 김남섭, "스딸린 대테러의 성격: 1937-38년의 '대규모 작전'을 중심으로,"『러시아 연구』 제15권 제2호 (2005년), 49-50쪽.

58) *Данилов А. А., Уткин А. И. & Филиппов А. В.* История России. 1945-2008 гг. С. 41, 49-50.

59) *Данилов А. А., Филиппов А. В.* История России. 1900-1945 гг. С. 264.

라 할 수 있는 망각의 대상이 되었다.[60] 대대적인 탄압을 겪어야만 했던 또 다른 영역은 종교였다. 필리포프 텍스트는 당대 소련의 대표 종교인 정교 외에도, 가톨릭을 넘어, 불교와 이슬람교, 그리고 여타 소수 종교들에 대한 탄압도 자세히 다루고 있다. 특히, 교과서는 모스크바 당 문서고의 새로운 자료를 이용하여, 전문 종교인들과 일반 신자들에 대한 탄압의 규모가 일반적인 예상보다도 훨씬 더 컸다는 사실을 보여준다. 교과서 저자들에 의하면, 1941년까지 35만 명이 종교적인 이유로 숙청되었는데 그 중 무려 15만 명이 1937년 단 한 해 동안에 피해를 당할 만큼, 종교에 대한 탄압은 대규모이면서 동시에 극렬히 진행되었다.[61] 전후에는 반유대주의 감정의 대두와 함께, 유대인들에 대한 정치적 탄압도 자행되었다.[62]

4. 소련민들의 일상

지금까지 필리포프 텍스트가 그려온 스탈린시대 소련은 혹독한 대내외적 조건 속에 "수직적" 동원체제와 민중의 자발성, 그리고 가시적 성과와 이에 대한 "비싼 대가"가 공존했던 정치화되고 이데올로기화된 장이었다. 하지만 교과서에는 이 같은 정치화되고 이데올로기화 된 소련의 모습뿐만 아니라, 실제 인간과 공동체의 구체적인 삶의 모습도 담겨있다. 스탈린시대 소련도 다양한 형태의 삶이 있었던 사람 냄새나는 공간이었음을 교과서 저자들은 전하려 하는 것이다.

---

60) Там же. С. 293-296.

61) Там же. С. 296-298.

62) *Данилов А. А., Уткин А. И. & Филиппов А. В.* История России. 1945-2008 гг. С. 48.

필리포프 텍스트는 일반 소련민들의 소비생활로부터 그들의 삶을 추적해 나간다. 스탈린시대는 급속한 중공업화와 농업 집단화 탓에 대내적으로 물자 부족에 허덕이던 시대였다. 이런 상황 속에서 소련민들은 나름의 소비생활을 영위하려 애를 썼다. 1929년 문을 열었던 자유판매 상점에서 물건은 원칙적으로 제한 없이 구매할 수 있었다. 하지만 그 가격이 국영 매장에 비해 몇 배가 비쌌기 때문에, 소련민들은 주로 국가가 발급한 배급 카드를 가지고 국영 매장에서 물건을 구입하였다. 외국인 대상 잡화점이었던 토르그신(Торгсин)에서도 소련민들은 물품을 구할 수 있었는데, 이곳은 일반 상점에서는 찾아볼 수 없는 물건들을 소련민들에게 제공하는 공간이었다. 여기서 소련민들은 금이나 귀금속과 같은 현물을 주고 물건을 살 수 있었다. 혹독했던 대내외적 상황과 사회주의 건설 과정은 사람들이 패션 생활에도 큰 영향을 미쳤다. 많은 노동자들은 당지도부가 입었던 군복 스타일 옷을 따라 입었으며, 젊은이들 사이에서는 축구복 스타일의 줄무늬 셔츠가 유행하였다. 여성들 사이에서는 축면사(縮緬絲) 의복이, 남성들의 경우에는 나사(羅紗) 의복이 인기가 있었다. 그리고 스탈린시대 소련의 일반 도시민들은 대개 목조 막사, 공장의 공동숙사, 또는 공동 아파트 등에서 거주하였다.[63]

---

63) *Данилов А. А., Филиппов А. В.* История России. 1900-1945 гг. С. 279-280. *Данилов А. А., Уткин А. И. & Филиппов А. В.* История России. 1945-2008 гг. С. 60-62. 필리포프 교과서의 이런 서술은 서방과 러시아의 최근 일상사 연구 성과를 적극적으로 수용한 것이다. 몇 몇 대표적인 연구로는 *Осокина Е.А.* За фасадом «сталинского изобилия»: распределение и рынок в снабжении населения в годы индустриализации 1927 – 1941. М., 1999. Sheila Fitzpatrick, *Everyday Stalinism. Ordinary Life in Extraordinary Times: Soviet Russia in the 1930s* (New York: Oxford University Press, 1999), Julie Hessler, *A Social History of Soviet Trade: Trade Policy, Retail Practice, and Consumption, 1917-1953* (Princeton: Princeton University Press, 2004). 이런 일상사 연구의 흐름은 국내에 일부 소개되어 있다. 박원용, "스탈린 체

소련민들의 일상은 국가의 동원체제와 선전활동에 의해서도 큰 영향을 받았다고 교과서 저자들은 말한다. 국가가 지정한 수많은 기념일들, 특히 혁명 관련 기념일에 참여하는 것은 소련민들에게 중요한 일상이었다. 기념일들에 벌어지는 각종 퍼레이드나 의례들은 정치화되고 국가의 선전 메시지를 포함하고 있었는데, 이는 사회주의 건설의 위대성, 강건한 육체와 의식을 가진 새로운 소비에트 인간형의 우월함, 전쟁의 임박함, 그리고 전후에는 승전 기념 등의 내용을 담고 있었다. 자연스럽게 이들에 의해 소련민들의 의식은 깊은 영향을 받았다. 일례로 당시 소련에서 가장 인기가 있던 레저 스포츠 중의 하나는 낙하산과 사격으로서, 당대를 전시로 이미지화했던 국가의 선전이 이에 중요한 역할을 한 셈이었다. 1931년에 도입된 체력종합 교육방법인 "노동과 소련 방위를 위한 준비(Готов к труду и обороне СССР: ГТО)"는 청소년들의 체력 측정을 위한 유일한 기준이 되었는데, 소련 젊은이들이 그 사회의 일원으로서 인정받기 위해서는 이것의 기준점수를 넘어야 했다고 교과서는 전한다.[64]

하지만 필리포프 텍스트는 국가가 만들어 놓은 제도와 의식이 소련민들의 일상을 완전하게 포섭하지 못했다는 사실 또한 강조한다. 그들은 기념일 퍼레이드나 다양한 형태의 문화 행사 속에서도, 자신들만의 즐거움을 찾았다. 이 정치화된 행사들은 소련민들의 놀이와 여가의 공간이기도 하였던 것이다. 일례로, 국가가 후원했던 청소년 대상 여름 캠프는, 정치적 선전과 소비에트 인간형 주조의 장이자, 동시에 소련 청소년들의 놀이 공간이었다. 공원, 유원지, 휴양지 등 공적 휴식 공간 역시 국가는 선전의 장으로 꾸미는 데 관심이 있었지만, 소련 대중들은 이와 별 관계없

제 일상사 연구의 현황과 쟁점," 『동북아문화연구』 제16집(2008년) 참고.

64) *Данилов А. А., Филиппов А. В.* История России. 1900-1945 гг. С. 282-283. *Данилов А. А., Уткин А. И. & Филиппов А. В.* История России. 1945-2008 гг. С. 62-63.

이 그 곳에서 여가생활을 즐겼다. 스탈린시대에 조성된 모스크바의 고리키 공원, 레닌그라드의 엘라긴 섬 숲 등은 일반 소련민들에게 소위 "문화적 휴식처"가 되었고, 이런 종류의 공간은 중소 도시들에서도 계속 들어섰다.[65] 전후에는 영화관과 축구장이 중요한 여가 공간 중의 하나로 떠올랐다. 특히, 축구의 경우, 소련민들은 유명 클럽들끼리의 시합이나 스타 선수들의 플레이에도 열광하였지만, 자생적으로 축구 클럽을 만들어 자신들만의 취미 생활을 즐기기도 하였다. 전후 농촌의 댄스장은 집단농장민들이 아코디언의 음률에 맞추거나 또는 축음기를 틀어놓고 춤을 추는 대표적인 오락의 공간이었다.[66]

이처럼 국가의 "수직적" 동원체제 아래에서 소련민들의 일상은 모두 다 정치화되고 이데올로기화된 것은 아니었다. 필리포프 교과서는 동원체제가 만들어낸 거대한 변혁 속에서도, 일반 소련민들의 일상에서는 나름의 전통적 관행이 계속 살아남았다는 점을 여러 예를 통해 보여준다.[67] 혁명과 사회주의 건설이 소련민들에게 수많은 새로운 용어들을 전해주었던 반면, 혁명 이전부터 존재했던 러시아 전통사회의 어휘들과 관습들은 여전히 강하게 소련 대중의 일상에 영향을 끼쳤다. 특히, 가족생활은 혁명 전 관습을 따르는 경우가 많았다. 가족 단위의 노동은 계속되었으며, 일가족이 하나의 방에서 기거하는 관행도 여전하였다. 가옥관리인과 같은 전근대적 지위의 인물들도 여전히 존재했으며, 변두리 마을 가옥의

---

65) *Данилов А. А., Филиппов А. В.* История России. 1900-1945 гг. С. 281.

66) *Данилов А. А., Уткин А. И. & Филиппов А. В.* История России. 1945-2008 гг. С. 63-64.

67) 구소련의 문서고 개방이후, 일군의 서방학자들도 이 점에 주목해왔다. "신전통주의"라 불리는 이 경향에 대한 입문의 글로는 Terry Martin, "Modernization or Neo-Traditionalism," in Sheila Fitzpatrick (ed.), *Stalinism: New Directions* (London: Routledge, 2000).

마당은 마을 주민들의 일상적 회합의 공간으로서 계속 기능했다.[68] 대대적인 종교 탄압에도 불구하고, 일반 소련민들의 상당수가 여전히 종교적이었으며, 그들은 전통적인 종교관행을 따랐다. 필리포프 교과서는 16세 이상 소련민의 56.7%가 종교적 믿음을 가지고 있는 것으로 조사된 1937년의 통계를 제시함으로써, 대숙청이라는 거대한 정치사회적 격변 속에서도 전통적인 신앙생활이 살아있었음을 알린다.[69] 전쟁을 거치면서 소련 사회에서 종교의 권위는 오히려 강화되어 1943년에는 사라졌던 총대주교좌가 부활하기도 하였다.[70] 문화와 예술 계통의 지식인들 역시 동원체제의 통제에 매몰되어 선전 활동에만 전념했던 것은 아니었다. 작가들은 사회주의 리얼리즘과 관계없는 작품들도 계속하여 집필하였으며, 화가들은 회화의 대상을 전통적인 것에서 찾기도 하였다.[71] 교과서 저자들의 표현을 빌면, 스탈린시대 일상에서는 “현재와 옛스러운 일상”이 공존했던 것이다.[72]

III. 결론

필리포프 교과서의 스탈린시대 해석은 다음과 같이 요약될 수 있다. 스탈린시대 소련은 대내외적으로 혹독한 조건에 처해 있었다. 경제위기, 급격한 공업화와 대대적인 농업 집단화가 초래한 물자, 특히 생필품과 소

68) *Данилов А. А., Филиппов А. В.* История России. 1900-1945 гг. С. 280.
69) Там же. С. 297.
70) *Данилов А. А., Уткин А. И. & Филиппов А. В.* История России. 1945-2008 гг. С. 55-56.
71) *Данилов А. А., Филиппов А. В.* История России. 1900-1945 гг. С. 302.
72) *Данилов А. А., Уткин А. И. & Филиппов А. В.* История России. 1945-2008 гг. С. 61.

비재 부족, 대규모의 인구 이동으로 인한 높은 사회 유동성, 일반민들의 낮은 문화 수준 등은 당시 소련이 직면했던 대내적 조건들이었다. 대외적으로, 소련은 사회주의 혁명 이후의 국제적인 고립, 보다 노골적으로 반공산주의를 외쳤던 국가들의 등장, '신뢰하기 어려운' 소위 '민주주의' 국가들의 움직임, 그리고 냉전의 도래 등을 목도하였다. 이러한 혹독한 상황 속에서 "수직적"인 동원체제로 규정할 수 있는 스탈린시대 정치 및 경제 체제가 출현하였다. 이 체제는 중앙 집중화, 위로부터의 강제, 대대적 선전활동, 그리고 정치적 탄압 등을 그 특징으로 하였는데, 실상 체제 유지와 운영에는 일반 소련민들의 협조를 넘어선 열광적 참여가 매우 중요한 역할을 하였으며, 고위정치인들보다는 소위 '작은' 영웅들의 활약이 돋보였다. 하지만 스탈린 시대의 소련은 이와 같이 정치화되고 이데올로기화된 체제로만 이해될 수 있는 사회는 아니었다. 그 사회 내부에는 나름의 역동성이 있었으며, 국가 영역의 입김에 영향을 덜 받는 사회와 문화의 영역도 존재하였다. 스탈린시대의 거대한 변화에도 불구하고 일반민들의 일상에서는 전통적 관행이 유지되었으며, 그들만의 여가와 놀이문화도 계속되었다.

필리포프 교과서의 스탈린시대 서술을 위와 같이 요약했을 때, 이를 스탈린시대의 정치와 동원체제, 그리고 각종 탄압을 옹호하거나 해명하려는 시도로 파악했던 현재 러시아의 비판적 지식인들이나 일부 서방학자들의 평가는 쉽게 받아들이기 어렵다.[73] 그리고 필리포프 텍스트를 스탈린시대 미화를 통한 푸틴 정권의 비민주적이고 권위주의적 제도와 관행에 대한 역사적 정당화 시도로 보았던 그들의 해석도 설득력이 떨어진다.

73) 비판자들이 필리포프 텍스트와 비견하고자 했던 스탈린시대의 "약사"에 대해서도 필리포프 교과서는 비판적인 입장을 분명히 하였다. *Данилов А. А., Филиппов А. В.* История России. 1900-1945 гг. С. 289.

그렇다하더라도, 필리포프 교과서는 현재 푸틴 행정부의 정치적 입장 및 지향과 무관한 비정치적 텍스트는 아닐 것이다. 특히 교과서의 스탈린 시대 서술은, 비록 그것이 비판자들의 주장처럼 이를 미화하고 있는지 않다하더라도, 분명 현 정권에 봉사하는 정치성을 포함하고 있다. 교과서는 스탈린체제를 "수직적"이고 억압적인 성격을 가진 체제라 시인하였지만, 그 체제가 당시 소련의 혹독한 대내외적 위기를 극복함과 동시에 정치, 경제, 문화적인 성과까지 이루었다는 점, 즉 스탈린체제가 수행했던 역사적 기능은 분명히 강조한 바 있다. 이런 글쓰기 전략은 현재 푸틴 정권이 수행하는 역사적 기능에 집중하게 만들고, 대신 정권의 본질적인 정치적 성격에는 무감하게 하는 효과를 낳는다. 즉, 필리포프 교과서는 비판자들의 주장과는 달리 푸틴 정권의 비민주주의적 성격을 그 자체로 지지하거나 러시아 역사의 전통으로서 옹호할 생각은 없는 것 같다. 하지만 현재 푸틴 정권이 소련 해체 이후 혼란스러웠던 러시아 국가를 지키고 국민을 통합하는 역사적 기능을 하고 있다는 점은 분명히 전달하고 싶은 듯하다. 이는 푸틴 정권의 "주권 민주주의"론이 러시아 국민에게 전하고픈 메시지와 합일된다 할 것이다.[74] 푸틴 정권은 정치적 성격보다는 그것의 기능이 더 중요하다고 외치는 정권이며, 필리포프 텍스트의 스탈린시대 서술은 이를 역사적 사례를 통해 러시아의 학생들과 독자들에게 보여주고 있는 셈이다.

---

74) 주권 민주주의론에 대한 간략한 소개로는 Andrei Okara, "Sovereign Democracy: A New Russian Idea Or a PR Project?" *Russia in Global Affairs*, Vol. 5, 2007.

참고문헌

김남섭. "스딸린 대테러의 성격: 1937-38년의 '대규모 작전'을 중심으로." 『러시아 연구』. 제15권 제2호. 2005년. 49-50쪽.

박원용. "스탈린 체제 일상사 연구의 현황과 쟁점." 『동북아문화연구』. 제16집. 2008년.

양호환. 『역사교육의 입론과 구상』. 서울: 책과 함께, 2012.

황동하. "소련 역사 속의 "스탈린 시대": 이를 바라보는 몇 가지 시각들." 『서양사학연구』. 제 7권. 2002년.

Benn, David Wedgwood. "The Teaching of History in Putin's Russia." *International Affairs.* Vol. 84. 2008. p. 365.

Brandenberger, David. "A New Short Course?: A. V. Filippov and the Russian State's Search for a "Usable Past"." *Kritika: Explorations in Russian and Eurasian History.* Vol. 10. 2009. p. 828.

Carr, E. H. and R. W. Davies. *Foundations of a Planned Economy I, II.* New York: Harmondsworth, 1974-76.

Cohen, Stephen F. *Rethinking the Soviet Experience: Politics and History since 1917.* Oxford: Oxford University Press, 1985.

Davies, R. W. *The Socialist Offensive: The Collectivization of Soviet Agriculture 1929-1930.* London: Macmillan, 1980.

Davies, R. W. and Stephen G. Wheatcroft. *The Years of Hunger: Soviet Agriculture, 1931-1933.* New York: Palgrave Macmillan, 2004.

Hill, Fiona and Clifford Gaddy. "Putin and the Uses of History." The National Interest. No. 117. January-February 2012.

Fitzpatrick, Sheila. *Everyday Stalinism. Ordinary Life in Extraordinary Times: Soviet Russia in the 1930s.* New York: Oxford University Press, 1999.

Getty, Arch J. "'Excesses are not permitted:' Mass Terror Operations in the Late 1930s and Stalinist Governance." *The Russian Review.* Vol. 61. 2002. pp. 122-123.

Hessler, Julie. *A Social History of Soviet Trade: Trade Policy, Retail Practice, and Consumption, 1917-1953.* Princeton: Princeton University Press, 2004.

Korostelina, Karina. "War of Textbooks: History Education in Russia and

Ukraine." *Communist and Post-Communist Studies*. Vol. 43. 2010. pp.129-131.

Lewin, Moshe. *Political Undercurrents in Soviet Economic Debates: From Bukharin to the Modern Reformers*. Princeton: Princeton University Press, 1974.

Linan, Miguel V. "History as a Propaganda Tool in Putin's Russia." *Communist and Post-Communist Studies*. Vol. 43. 2010. pp. 172-174.

Martin, Terry. "Modernization or Neo-Traditionalism." in Sheila Fitzpatrick (ed.). *Stalinism: New Directions*. London: Routledge, 2000.

Nove, Alec. "Was Stalin Really Necessary? A Debate on Collectivization." *Problems of Communism*. Vol. 25. 1976.

Okara, Andrei. "Sovereign Democracy: A New Russian Idea Or a PR Project?" *Russia in Global Affairs*. Vol. 5. 2007.

Ostrovsky, Arkady. "Flirting with Stalin." *Prospect*. No. 150. September 2008. pp. 30-33.

Shlapentokh, Vladimir and Vera Bondartsova. "Stalin in Russian Ideology and Public Opinion: Caught in a Conflict Between Imperial and Liberal Elements." *Russian History*. Vol. 36. 2009.

Sherlock, Thomas. "Confronting the Stalinist Past: The Politics of Memory in Russia." *The Washington Quarterly*. Vol. 34. 2011. pp. 96-97.

Solonari, Vladimir. "Normalizing Russia, Legitimizing Putin." *Kritika: Explorations in Russian and Eurasian History*. Vol. 10. 2009. p.839.

Данилов А. А., Филиппов А. В. История России. 1900-1945 гг. 11 класс. М.., 2009.

Данилов, А. А., Уткин А. И. & Филиппов А. В. История России. 1945-2008 гг. 11 класс. М., 2008.

Долуцкий И. Отечественная история. XX век. Учебник для X класса средней школы. Ч.1-2. М., 2002.

Кара-Мурзы-мл В. Официальное прошлое. О новой концепции учебника истории [Электронный ресурс] / NOVAYAGAZETA.RU. Рудим доступа: www.novayagazeta.ru/blogs/247/60849.html.

Кашин О. В поисках Краткого курса// Независимая газета. 2007.3. июль.

Качуровская А. Шамиль идиатуллин исторический припадок// Коммерсантъ Власть. 2007.16. июль. No27.

Краткий курс истории ВКП(б). М., 1938.

Лавров В., Курляндский И. Пособие по истории. Филиппики// Новая газета. 2008. 17. Марта No 18.

Осокина Е.А. За фасадом «сталинского изобилия»: распределение и рынок в снабжении населения в годы индустриализации 1927 – 1941. М., 1999.

Рыбина Л. Последний писк истории государства российского: В кратчайшие сроки подготовлен «правильный» учебник новейшей истории// Новая газета. 2007.24. сентябрь. No 73.

Самарина А., Цветкова Р. Фотошоп для Сталина// Независимая газета. 2008.9. август.

Чудакова М. О книге для учителя «Новейшая история России 1945–2006 гг.»// Новое время. 2007. 27 август. С. 6–9.

Филиппов А. В. Новейшая история России 1945–2006 гг. Книга для учителя. М., 2007.

Юнашев А. Путин поручил создать единый учебник истории[Электронный ресурс] / Известия. ру. Рудим доступа: : izvestia.ru/news/545274.

제6장

현대 러시아인의 종교성*

정교도의 종교성을 중심으로

신동혁**

I. 서론

20세기 말 저명한 사회학자들(R. 스탁, P. 버거 등)은 근대화가 사회와 개인의 인식 속에서 종교의 쇠퇴를 초래할 것이라는 전통적인 세속화 이론이 틀렸다고 주장했다. 여러 나라에서의 종교 인구 증가에 기초하여 몇몇 학자는 탈세속화(G. 바이젤)와 대응세속화(P. 버거)가 진행되고 있다고 말하기 시작했다. 그리고 이러한 예측과 주장은 특히 동유럽과 구소련 지역에서 증명되어 왔다.

2013년 4월 조사에 의하면 자신을 정교도라고 하는 러시아인이 64%에 달한다.[1] 또한 제도(institution)로서의 정교회에 대한 신뢰도 역시 70%

---

* 이 글은 『러시아연구』 제24권 제1호(2014)에 게재된 "현대 러시아인의 종교성: 정교도의 종교성을 중심으로"이며 서울대학교 러시아연구소의 허가를 얻어 여기에 싣는다.

** 국민대학교 유라시아연구소 책임연구원

1) *ФОМнибус* Ценности: религиозность. Сколько россиян верят в Бога, посещают

에 달한다. 이러한 변화는 '종교 부흥'이란 말로 설명되기도 하고, 전 세계 기독교계에서 거론되는 세속화 문제와는 상이한 현상으로 주목 받고 있는 것이 사실이다. 하지만 러시아 정교도의 종교성은 일각에서 다르게 평가받고 있다. 정교도의 종교적 실천(религиозная практика)과 종교생활의 모습이 그 평가의 중요한 근거가 되고 있다. 일례로, 러시아 정교도는 4~5%정도만이 매주 규칙적으로 종교생활(신앙생활)을 하고 있다. 그래서 러시아 정교는 "이념적 정교", 정교도는 "이념적 정교도"라 불리기도 한다.[2)]

храм и молятся своими молитвами? [Электронный ресурс] / FOM.RU. Рудим доступа: http://fom.ru/obshchestvo/10953; 2014년 2월에 발표된 퓨 리서치 센터(Pew Research Center)의 연구결과에 따르면 2008년 기준 러시아 인구 가운데 72%가 정교도로 파악되었다. http://www.pewforum.org/ 2014/02/10/russians-return-to-religion-but-not-to-church(검색일: 2014.2.10); 러시아 국내외 연구조사를 종합할 때 러시아 인구 중에서 70% 이상이 자신을 정교도로 여기는 것을 볼 수 있다. 이 글에서 사용된 '러시아 정교도'의 정의는 응답자 자신이 스스로를 정교도로 규정한 사람이며, 그 외 다른 자격조건을 부여하지 않았다. 한편, 카아리아이넨과 푸르만 (К. Каариайнен и Д. Е. Фурман)의 연구에 따르면, 현대 러시아에서 '루스키(русский)'와 '정교도(православный)'라는 용어는 상당히 유사한 의미로 받아들여지고 있으며, '정교도'와 '진정한 러시아인'은 거의 동의어 수준으로 인식되는 것으로 밝혀졌다. 때문에 현대 러시아에서 '정교도'는 '신도(верующий)'라는 넓은 개념의 일부라기보다는 오히려 '신도'가 '정교도' 개념의 일부가 되었다. 러시아에서 자신을 정교도라고 규정하는 사람이 자신을 '신도'라고 규정하는 사람보다 훨씬 많기 때문이다. *К. Каариайнен и Д. Фурман(ред.)* Новые церкви, старые верующие, старые церкви, новые верующие: Религия в постсоветской России. М.-СПб: Летний сад, 2007. С. 41-43.

2) 또한 러시아인들에게 정교는 "문화적 종교"로 간주되기도 한다. 서방 정치학자들은 러시아인의 극히 낮은 종교 활동 참여율을 이유로 정교회의 대사회 영향력에 대해 부정적인 입장을 취하기도 한다. 이러한 주장은 특히 정교회와 시민사회 발전과 관련하여 제기되고 있다. 최근 국내 연구에도 "이념적 정교" 혹은 "이념적 정교도"라는 표현이 등장한 것은 서방학자들의 주장과 맥을 같이한다고 볼 수 있다. 김현택 외, 『붉은 광장의 아이스링크-문화로 읽는 오늘의 러시아』 (서울: 한국외국어대학교 출판부, 2008), 132쪽.

소련 해체 이후 수많은 정교회 건물의 복원과 신축과 함께 정교도의 숫자 가파르게 증가함에도 불구하고, 종교적 실천과 종교생활이라는 측면에서 정교도의 종교성이 낮게 평가되는 것은 우선은 러시아 혁명 이후와 소련시기에 이루어진 종교에 대한 억압에서 그 원인을 찾을 수 있다. 하지만 억압만이 러시아인들의 종교성을 설명할 수 없는 측면이 있다. 혁명 이전에도 국민 절대 다수가 정교도였음에도 불구하고 그들의 '종교적 실천(신앙생활)' 모습은 오늘날과 유사한 면이 있었기 때문이다. 분명한 사실은 러시아에서의 종교성은 정교회의 급속한 외형적 변화와는 커다란 괴리가 있다는 점이다.

종교성은 한 개인의 신앙 차원을 넘어 한 사회의 종교 문화를 이해하는데 주요한 요소가 된다. 또한 종교성은 사회 제도로서 교회의 대사회 역할이나 영향력이라는 측면에서 중요한 의미를 지닌다.[3] 현실적으로 종

3) 러시아인의 종교성에 관한 국내연구는 상대적으로 적은 가운데 '이중신앙'의 측면과 문학적, 신학적 접근을 통한 연구가 주를 이룬다(곽승룡, 김홍중, 석영중, 이경완, 이규영, 이종진, 조유선, 황성우, 홍대화 등 다수). 이 외에도 국가-교회 관계(정치, 제도), 일상사, 문화사, 이데올로기(정교이념)적 측면의 연구가 주를 이루었다(김현택, 임영상, 황영삼, 신동혁, 정세진, 박영은 등 다수; 참고로, 언급된 연구자들의 연구성과는 분량이 많은 관계로 참고문헌에만 기록하였음). 국내에서 소련 해체 이후 시기 현대 러시아인의 종교성에 대한 종교사회학적(종교성 차원) 연구 시도는 사실상 처음이라 할 수 있다. 반면, 러시아에서는 러시아 내 여러 종교에 대한 종교사회학적 연구가 1990년대 초부터 최근까지 여론조사 기관들[레바다센터, 폼(ФОМ), 프치옴(ВЦИОМ) 등]과 러시아 학술원 산하 연구소에 의해 꾸준히 조사, 연구되어 왔다. 그 동안의 연구의 주요 특징은 첫째, 국가-종파 관계와 국가-정교회 관계, 둘째, 종교의 자유(종교적 관용), 셋째, 특정 종교에 대한 선호도와 소속 여부, 넷째, 정교회의 사회적 역할, 다섯째, 제도로서 정교회에 대한 신뢰도(총대주교에 대한 신뢰도 포함), 여섯째, 종교와 민족성, 일곱째, 종교적 가치, 여덟째, 종교에 대한 대중들의 인식(특정 계층의 종교에 대한 인식 포함), 아홉 번째, 제도적 차원의 개별 종교의 종교성 연구, 열 번째, 제도적 차원의 러시아 내 종파간 종교성 비교 연구, 열한 번째, 종교성 차원의 종교성 연구 등이다. 다양한 연구 주제와 소련 해체 직후부터 현재까지의 긴 조사 연구 기간에 비해 지속성을 가진 체계적인 연구는 상대적으로 매우 부족하다.

교성의 정도는 곧 자신이 소속되어 있는 교회나 지도자의 특정 노선에 대한 지지여부에 영향을 줄 수 있기 때문이다.[4] 따라서 스스로를 정교도라 여기는 대다수 러시아인의 종교성 문제는 포스트 소비에트 러시아의 정체성과 사회 변화 과정을 연구하는 중요한 방법이 될 수 있다. 일례로, 종교성은 종파간 관계, 개인과 사회의 가치관이나 윤리관 형성, 가족 문제 등에 영향을 끼칠 수 있다.[5] 또한 종교사회학적으로 볼 때 종교는 문화의 일부로서 문화적 성격을 띤다는 측면에서 종교성 연구는 정교문화 연구에 유용하다. 이와 관련하여 무엇보다도 종교 본래적 측면에서 '종교성(宗

그런 가운데 1991년부터 6차례 걸쳐 진행된 핀란드와 러시아 학술원의 공동연구물인 *К. Каариайнен и Д. Фурман(ред.)* Старые церкви, новые верующие: Религия в массовом сознании постсоветской России. СПб.-М.: Летний сад, 2000와 후속 보완 연구물인 *К. Каариайнен и Д. Фурман(ред.),* 2007은 연구 기간, 연구 지속성은 물론 위에 언급한 특징 가운데 첫 번째~열한 번째까지를 충족시키는 훌륭한 연구물이다. 하지만 두 책의 「제 1장 종교성 연구」는 이 글의 주된 연구 방향인 종교성 차원보다는 아홉 번째와 열한 번째의 특징을 주로 담고 있다. 이 외에도 *Сергей Филатов и Роман Лункин* Статистика российской религиозности: магия цифр и неоднозначная реальность // Социологические исследовани(СоцИс). 2005. №6. С. 35-45; *Михаил Мчедлов* Религиозность в современной россии [Электронный ресурс] / RAU.SU. Рудим доступа: http://www.rau.su/observer/N8_2004/8_03.HTM; *Юлия Синелина* Религиозность в современной россии Отечественные записки № 1/52 [Электронный ресурс] / MAGAZINES.RUSS.RU. Рудим доступа: http://magazines.russ.ru/ oz/2013/1/21s.html 등의 연구가 있다. 특히 룬킨, 시넬리나, 두빈의 최근 연구 경향은 종교성 차원에서 정교도의 종교성에 주목하고 있는 것이 특징이다. *Борис Дубин* Образ православного верующего в современной России [Электронный ресурс] / CARNEGIE.RU. Рудим доступа: http://carnegie.ru/events/?fa=3725.

4) 지난 두 차례 한국의 대선 과정에서 볼 수 있었듯이 후보자들이 자신의 종교와 무관하게 대형 교회의 예배에 모습을 드러낸 일은 이러한 영향력과 관계가 있다.

5) 특히 러시아의 경우, 높은 이혼율, 가정폭력, 고아 증가와 같은 심각한 가족 문제에 직면해 있다는 점에서 종교의 사회적 역할과 관련된 종교성 문제는 중요한 사회적 의미를 지닌다.

教性, религиозность, religiosity)'의 실체 파악이 중요하며, 이를 위한 방법으로 정교도의 종교에 대한 생각, 신에 대한 믿음, 종교에 대한 지식, 종교적 실천과 종교생활(религиозная жизнь)에 대한 심층 연구가 필요하다.

이를 위해 이 글에서는 '현대 러시아인의 종교성'을 종교사회학적으로 고찰하였다. 먼저 스탁(Stark)과 글락(Glock)의 '다차원 종교성 이론'에 기초하여 기존의 다양한 설문조사 자료와 결과를 종합 분석 재구성하였다. 연구 범위인 1991~2012년은 소련 붕괴 이후 현대 러시아의 종교성 변화 양상과 특징을 고찰하기에 충분한 기간으로, 이 글을 위해 러시아 국내외 다양한 종교사회학적 조사 자료를 주로 활용하였다. 2절에서는 연구 방법론과 구체적 설문결과를 이용한 종교성 차원에 따른 종교성 측정, 3절에서는 제도적 차원(정교회의 외형적 성장)의 종교성 측정을 통해 2절에서 사용된 설문문항의 여러 한계를 보완하였으며, 4절은 2절의 한계 보완은 물론 러시아 정교도 종교성의 일반성과 특수성을 이해하기 위해 종교성과 종교생활 측면에서 유사성을 보이는 유럽 주요 기독교 국가(덴마크, 스웨덴 등) 국민들의 종교성을 포함하여 국제적 수준에서 종교성을 비교 고찰하였다.

현대 러시아인 종교성 연구는 러시아인 대다수(주로 동슬라브인의 64~80%)가 자신의 종교로 여기는 정교에 대한 신앙적 이해와 함께 러시아 종교 문화, 종교 정체성과 민족 정체성 이해, 구체적으로 그것들의 형성과 정교와의 관계 이해를 위한 필수적인 선행연구가 될 것이다. 아울러 소련 해체와 함께 일기 시작한 '종교 부흥'의 실체를 종교성 측면에서 파악하게 할 것이다. 결국 종교성에 대한 이해는 종교성과 러시아 사회변동과의 관계, 즉 소련 해체 이후 끊임없이 제기돼 온 러시아 정치 사회 문화 변화과정에서 정교회의 '실질적' 역할과 '미래'의 사회 정치적 역할 문제에 대한 보다 심층적인 이해를 위한 기초 연구가 될 것이다.

II. 종교성의 차원(dimension)과 측정

1. 종교성의 차원

'종교성'에 대한 논의에 앞서 피할 수 없는 일은 '종교'와 '종교성'에 대한 개념정의다. 먼저 '종교'를 정의하는 일은 매우 어렵다. 사람마다, 문화와 전통마다 각각 보는 관점에 따라서 정의를 내리기 때문이다. 그래서 오래 전부터 사회과학자들이 종교에 대해 수많은 정의를 내놓았지만 합의에 이르지 못하고 있다. 이러한 점을 고려하여 이 글에서는 다음과 같은 정의를 따른다. 종교는 인간이 초자연적인 것이나 다른 세상의 것, 영적인 것에 대한 자신의 믿음을 바탕으로 구축한 개념, 의식, 경험, 제도를 일컫는다.[6)]

'종교성'[7)]에 대한 정의 또한 매우 어려운 일이라 할 수 있는데, 이 글에서 '종교성'은 종교적 성향을 의미하며, 종교성은 질과 양의 개념이라고 전제한다. 우선, 질적인 면에서 종교성은 종교적 성향의 어떤 특징을 나타내는 것이고, 양적인 면에서 종교성은 종교적 성향의 정도를 나타낸다. 전자가 어떤 사람이 이런 저런 종교성향을 가지고 있다는 것을 밝히는 것이라면(예: 기독교인, 불교인 구분), 후자는 그 사람의 종교적 성향이 강하고 약함, 높고 낮음, 깊고 깊지 않음의 정도를 밝히는 것이다. 이때 종

6) 여기에서 핵심은 초자연적인 것이다. 즉 "초자연적인 가정이 없는 종교는 결코 종교가 아니다"라는 스탁(R. Stark)과 베인브리지(W. S. Bainbridge)의 말에 동의한다. 필 주커먼, 『신 없는 사회』 (서울: 마음산책, 2012), 258쪽.

7) 종교성의 사전적 의미는 "사람이 지니는 종교적인 성질과 심정, 또는 종교가 가지는 독특한 성질"을 의미한다.

교성 기준의 근거는 '종교성의 차원'인 것이다.[8)]

이 글에서는 종교성 연구에서 주목을 받아온 스탁과 글락의 '다차원적 종교성' 연구방법을 적용했다.[9)] 1959년부터 본격적으로 종교성을 연구하기 시작한 글락은 1965년에는 스탁과 함께 잘 알려진 종교성의 네 가지 차원[10)]을 제시했다. 그것은 ① 이념 차원, ② 의례 차원, ③ 경험 차원, ④ 지성 차원이다.

① 이념 차원은 종교적 믿음(belief, вера)과 관계된 것으로 교리와 신조에 대한 믿음 정도를 나타내는 것이며, 종교적 믿음은 개인에게 자기 존재에 대한 해석을 마련해 주고 그에게 궁극적 의미의 문제를 해결해 줄 수 있기 때문에 중요하다. 종교적 믿음에 관한 연구는 사람들이 '무엇을 믿는가'를 탐구할 수도 있고, 혹은 '믿음의 정도'에 대하여, 혹은 더 나아가서 '개인에게 있어서 믿음의 기능'을 탐구할 수도 있다. 이러한 믿음 구조는 세 부분으로 구분될 수 있는데, 먼저 종교는 그 우선적 역할이 신의 존재를 인정하고 그 성격을 규정하는 믿음을 가지고 있다('근원적 믿음'). 둘째, 신의 목적을 설명하고 그 목적에 관한 인간의 역할을 규정하는 '목적적 믿음'이 있다. 셋째, 신의 목적의 실현을 위한 '도구적 믿음'이 있다. 이러한 믿음 차원은 믿는 정도의 강하고 약함에 따라 믿는 정도가 측정될 수 있는 종교성의 한 척도가 될 수 있다.

---

8) 이원규, 『종교사회학의 이해』 (서울: 나남출판, 2005), 66~67쪽.

9) 참고로 '다차원적 종교성'과 비교되는 '단일차원의 종교성'은 한 가지 척도로 종교성을 평가하는 것인데, 여기에서도 종교성의 질적 양적 비교 측정이 가능하지만 단일차원적인 종교성 연구는 종교적 경험이나 차원을 단순화함으로써 신뢰도나 정확성에 문제가 있다는 이유로 1960년대부터는 다차원적 연구가 본격적으로 이루어지기 시작했다. 위의 책, 67-69쪽. 이하 글락과 스탁의 다차원적 종교성 연구방법에 대해서는 위의 책, 69-77쪽의 종교성 연구사에 크게 의존하였다.

10) 본래는 다섯 가지였으나 마지막 '결과 차원'은 스탁과 글락의 이후 연구에서 배제된 관계로 여기서는 네 가지만 소개한다.

② 의례 차원은 종교적 수행(practice, практика)을 의미하는 것으로, 종교적 믿음의 주요 관심이 믿음을 가지고 있는 사람이 '무엇을 믿는가'라면, 종교적 수행에서 주요 관심은 그가 '무엇을 하는가'이다. 여기에서 중요한 지표는 종교조직에 등록과 출석률, 기도 횟수, 성례전 참여 등이 있다. 의례적 차원과 관계된 연구에서는 단순히 의례적 활동에 참여하는 빈도수에 따라 개인을 구분하고 그것과 다른 변수들과 관계성을 탐구할 수도 있으며, 의례에 참여하는 개인의 의례 행위 의미에 대해서도 연구할 수 있다.[11] 의례적 차원의 종교성은 그 정도가 쉽게 측정될 수 있기 때문에 경험적 연구에서 활용될 수 있다.

③ 경험 차원은 종교적 느낌(feeling)이나 감정(emotion)을 의미하는데, 한 개인이나 집단에 의해 종교적인 것으로 규정되는 모든 느낌, 자각, 감각, 감정을 포함한다. 물론 종교적 경험은 종교에 따라, 혹은 개인의 경험에 따라 공포에서 경외, 굴욕에서 즐거움, 영혼의 평화에서 우주나 신성과의 열정적 결합에 이르기까지 다양하다. 이 중에서도 종교적 경험은 개인이 초월적인 이념을 가지려는 관심, 신성에 대한 인지 혹은 인식에 대한 개인의 능력, 자신의 생활이 신의 손 안에 있다는 신뢰, 마지막으로 두려움의 느낌일 수 있다. 어떤 경우든 주관적인 종교적 경험은 개인적인 종교성의 한 지표가 될 수 있다.

④ 지성 차원은 종교 지식을 나타내는 것으로, 종교적 믿음의 차원(이념 차원)과 관계가 있으나 그것과 항상 일치하는 것은 아니다. 즉 무신론자(atheist)처럼 종교 지식은 있으나 믿지 않는 사람이 있는가 하면, 지식

11) 의례 차원은 정교도, 가톨릭교도, 개신교도의 종교성 구분을 가능케 하는 요소로 가톨릭이나 개신교에서의 출석률 의미와 정교에서의 출석률 의미에는 차이가 있을 수 있다. 즉 규칙적인 교회 출석 없이 유지되는 정교도의 신앙생활에 대한 고려가 필요하다.

차원에서는 무지하면서도 단순히 믿기만 하는 사람도 있다. 문제는 개인이 어떤 종류의 종교 지식을 얼마나 가지고 있고, 그것과 종교성의 믿음, 수행, 경험 차원과의 관계는 무엇인가이다. 종교 지식에는 종교와 관계된 교리, 신학, 역사 등에 대한 지식이 포함될 수 있다. 얼마나 많은 사람들이 무엇을 얼마나 알고 있으며, 그 지식을 어떻게 평가하는지가 종교성의 한 지표가 될 수 있다.

글락과 스탁은 위에 제시한 종교성 차원에 대한 제안에서 그 차원들은 각기 독립적일 수 있다고 결론을 내리고 있다. 즉 한 차원에서 표현된 종교성이 자동적으로 다른 차원에서 표현될 수 없다는 것이다. 지지와 비판을 함께 받았던 스탁과 글락의 종교성 연구방법은 얼마 지나지 않아 수정되었다. 스탁과 글락은 분석하기가 매우 모호한 '결과 차원'[12]을 배제하고, 그 대신 나머지 네 가지 차원을 확장하여 측정할 수 있는 9가지 척도를 고안했다. 그 내용이 〈표 1〉에 요약되어 있다.[13]

---

12) 결과 차원은 종교적 영향을 의미하는 것으로 그것은 개인의 종교적 믿음, 수행, 경험, 지식에 대한 세속적인 결과를 나타낸다. 여기에는 사람들이 해야 하는 것을 나타내는 종교적 규범과 종교의 결과로서 그들이 지켜야 하는 태도를 포함하고 있다. 종교적 결과의 한 예는 보상에 대한 기대이다. 그 보상은 마음의 평화, 근심으로부터의 자유, 복지의 느낌, 물질적 성공과 같은 즉각적인 보상일 수도 있고, 구원, 영원한 생명의 약속과 같은 미래적인 보상일 수도 있다. 그러나 종교적 결과로서 개인이 할 것으로 예상되는 보다 중요한 기대는 어떤 종류의 행위는 피하고 다른 것에는 적극적으로 관계해야 한다는 것이다. 흔히 행위(work)로 표현되는 이 차원은 신과 인간의 관계라기보다는 인간과 인간의 관계를 알아보는 것이라 할 수 있다. 결과 차원의 종교성은 종교인과 비종교인의 세속적 태도와 행위를 비교함으로써, 그리고 종교인들의 태도와 행위의 정도를 비교함으로써 측정될 수 있다. 이원규, 『종교사회학의 이해』, 73-74쪽.

13) 〈표 1〉에서 1차 척도는 종교성을 밝혀내는 중심적인 기준이며, 2차 척도는 종교성을 밝혀내는 주변적인 기준을 나타낸다.

〈표 1〉 스탁과 글락이 제안한 심층적 종교성 연구를 위한 종교적 위탁의 척도[14)]

종교적 위탁의 일반 차원	일차 척도	이차 척도
1. 믿음(이념)	정통주의 지표	특수주의 지표
		윤리주의 지표
2. 수행	의례참여 지표	
	경건성 지표	
3. 경험	종교적 경험 지표	
4. 지식	종교적 지식 지표	
	관계적 지표	공동체 참여 지표 우정 지표

*자료: R. Stark and C. Y. Glock, *American Piety: The Nature of Religious Commitment* (Berkeley: University of California Press, 1968), p. 175; 이원규,『종교사회학의 이해』, 75쪽에서 재인용

종교적 '믿음'이라는 종교성을 측정하는 일차 척도인 '정통주의 지표'는 신에 대한 믿음, 예수의 신성에 대한 믿음, 기적과 내세에 대한 믿음, 죄와 구원에 대한 믿음 정도를 알아보기 위한 것이다. 이차 척도인 종교적 '특수주의 지표'는 자신의 종교만이 허용될 수 있고 다른 것들은 거짓이고 사악하다고 믿는 믿음이며(종교적 배타주의 혹은 우월주의),[15)] '윤리주의 지표'는 초자연적 믿음과 관계된 것으로 다른 사람들에 대한 사랑의 실천적 관심 정도를 뜻한다.

종교적 '수행' 정도를 측정하는 일차 척도인 '의례참여 지표'는 주일 교회출석, 성례전(sacrament, 聖禮典)에 참여, 저녁 집회 참여, 교회조직 참여 같은 정기적인 종교의식에 참여 정도를 나타내며, '경건성 지표'는 성경

14) R. Stark and C. Y. Glock, *American Piety: The Nature of Religious Commitment* (Berkeley: University of California Press, 1968), p. 175; 위의 책, 75쪽에서 재인용.

15) 자세한 내용은 신동혁, "현대 러시아에서 제노포비아와 종교,"『슬라브학보』제25권 4호(2010년), 161-185쪽 참조.

읽기와 기도 등 개인적인 신앙생활 빈도를 나타낸다.

'경험'의 일차 척도인 '종교적 경험 지표'는 종교적 경험을 알아보는 기준으로 신의 현존에 대한 확신, 구원에 대한 확신 정도를 측정하기 위한 것이다.

'지식'의 일차 척도인 '종교적 지식 지표'는 종교적 지식 차원의 종교성을 알아보기 위한 기준으로, 십계명, 성경 구절, 성경 인물 등에 대한 지식수준을 근거로 하며, '관계적 지표'는 종교의 중요성에 대한 실태를 두 가지 관계적인 척도에서 평가하는 것이다. '공동체적 참여 지표'는 참여하고 있는 모든 조직 가운데서 종교 조직의 비율이 얼마나 되는지 측정하는 것이고, '우정 지표'는 가장 가까운 친구들 가운데 같은 종교(교회)에 소속되어 있는 사람이 얼마나 되는지 측정하는 것으로 이 관계적 지표는 종교에의 관심과 참여 정도를 판단할 수 있는 근거가 된다.

글락과 스탁의 종교성 차원에 대한 연구는 두 가지 중요한 결과를 보여주고 있다. 하나는 종교성 차원은 다양하며 그 차원들은 각기 독립적인 성격을 지니고 있다는 점이다.[16] 따라서 개인의 종교성에 대한 평가는 단순히 강, 약뿐만 아니라 어떠한 차원의 종교성이 어느 정도 높거나 낮다는 식으로 구체화될 필요가 있다.

16) 각주 12에서도 언급한 바로, 특히 정교도의 종교성 연구에 있어서 반드시 고려되어야 할 사항이기도 하다.

2. 종교성의 측정

앞서 언급한 종교사회학적인 종교성 분석 방법에 기초하여 종교성을 측정하려면 분류 방식에 부합되는 설문 문항을 작성, 조사, 분석해야 한다.[17] 다음은 현대 러시아인의 종교성을 네 가지 종교성 차원에서 연구하기 위해 선별한 설문 문항들이다. 아래 결과는 러시아에서 활동하고 있는 비영리연구단체인 스레다(СРЕДА)가 2011~2012년 동안 러시아 주요 여론조사 기관에 의뢰하여 얻은 결과로 러시아 전 지역에서 1,500명을 대상으로 하였으며, 조사항목은 성별 / 연령대 / 교육수준 / 거주지 / 수입 / 직업 / 종교 / 정교도 여부 / 자녀 수 / 행복한 사람과 그렇지 않은 사람 등이었다. 조사 결과 전체 응답자의 50%(약 750명)가 정교도였다.[18]

---

17) 이와 관련해 밝혀두어야 할 사항으로, 이 글의 주제는 특성상 장기간에 걸친 지속적인 설문조사와 상당한 수의 표본 조사가 요구된다. 본 연구자는 개인 연구의 한계를 고려하여 기존의 관련 연구 자료를 전적으로 활용하였다. 때문에 연구자가 제시한 연구내용 방법에 정확히 일치하는 설문조사 결과를 사용할 수 없는 경우, 유사한 자료를 선택하였다. 20년 이상 축적된 종교관련 통계자료는 만족할 수는 없지만 종교사회학적 접근에 필요한 양으로 판단하였다. 한 가지 아쉬운 점은 정교도와 타종교인을 함께 비교 조사한 자료가 많다는 점이다. 그러한 특징은 이 글에서 주로 사용한 스레다 자료에서도 나타나는 특징인데, 이러한 단점을 보완하기 위해 조사 시기, 표본수 등에서 다소 차이가 있더라도 정교도가 명확히 구분되는 관련 통계자료들[레바다센터, 폼, 프치옴, 러시아학술원 사회-정치 연구소(ИСПИ РАН) 등]을 활용하여 스레다 자료의 한계를 보완하였다. 분명한 것은 어떤 식으로 설문 조사를 하더라도 전체 설문 대상자 중 정교도가 차지하는 비중은 평균 70% 정도라는 점이다.

18) [Электронный ресурс] / SREDA.ORG. Рудим доступа: http://sreda.org/ru, 5~11쪽. 분석 자료는 대부분 스레다 자료임.

〈표 2〉 종교성 측정 설문 내용과 종교성 차원

설문 내용	종교성 차원
(1) 신 (Бог)	믿음, 경험, 수행
(2) 부활 (Воскресение)	믿음, 경험
(3) 교회 재계 (посты) 기간	믿음, 수행
(4) 신앙 (Вероисповедание)	믿음, 경험, 지식
(5) 성례전 참여도 (Частота причастия)	수행, 지식
(6) 십계명 (Десять заповедей)	수행, 지식, 믿음
(7) 러시아인 가정의 이콘들 (Иконы в домах у россиян)	지식, 수행
(8) 성경이나 다른 신앙서적 독서	지식
(9) 믿음과 힐링 (Вера и исцеление)	경험, 믿음
(10) 교회생활 (Приходская жизнь)	수행

(1) 신(Бог)

"신(Бог)하면 떠오르는 것이 무엇인가?"라는 질문에, 응답자들은 '희망과 도움'(26%), '힘과 전능'(16%), '인지 불가'(15%), '사랑'(12%), '정의'(10%) 등이라고 답했다. 먼저, 저소득층(러시아 월평균 $100 이하)은 신에게서 '희망과 도움'이라는 이미지를 적게 떠올리는 것으로 확인된다. 이는 소련 해체 이후 경제 상황과도 관련이 있는 것으로 보인다.

신을 '힘과 전능'이라 생각하는 사람들(16%) 중에는 의료와 보건 분야 종사자들이 월등히 많다. 의료계 종사자 가운데 1/3은 신은 힘이자 전능이라 여긴다. 이들 중에는 1년에 수차례 이상 그리고 자주 성례전에 참석하는 정교도들이 포함되어 있다. 이 결과는 직업과 종교성의 상관관계를 보여준다. 또한 믿음이 강할수록 성례전 참여율도 높다.

'신은 인지될 수 없다'고 여기는 응답자들(15%) 중에는 고소득자들의 다수가 포함되었는데(응답자 '15%'에서 30%가 월수입 $1,000 이상인 응답자), 또 고등교육자('15%'에서 20%)도 인지될 수 없다고 응답하였다. 소득 수준과 교육수준이 신에 대한 믿음에 일정부분 영향을 끼침을 알 수 있다. 이러한 현상 역시 러시아만의 특징이라고 보기 어렵다.

'신은 곧 사랑'이라고 응답한 주요 직업군은 학문연구, 교육, 사업가 등이었다. 또한 스스로 행복하다고 생각하는 사람들이 신은 사랑이라고 답했으며, 불행하다고 생각하는 사람은 반대였다. '신은 사랑'이라고 답변한 응답자는 주로 교회활동에 참여하거나 혹은 봉사활동을 하는 사람들 중에 많았다(해당 응답자 중에서 40%). 특정 직업, 소득 정도, 자신의 삶에 대한 느낌(행복, 불행)이 신에 대한 믿음과 상관관계가 있으며 교회활동에 영향을 주는 것으로 보인다. 이 역시 러시아만의 특징이라 보기 어렵다.

정기적으로 성례전에 참석하는 정교도 중에서 1/3은 '신은 희망과 도움', 1/4은 '신은 사랑'이라는데 동의했다. 즉 정기적으로 성례전에 참석하는 정교도의 2/3와 3/4은 사실상 기독교 신앙의 본질에 대한 믿음이 상당히 부족함을 보여준다. 정교가 종교라기보다는 전통이나 문화에 가깝다고 볼 수 있다. 러시아인 70% 이상이 자신을 정교도라고 응답한다는 점을 고려할 때 이 결과 역시 종교성에 대한 낮은 차원을 보여준다.

신학교에 종사하는 정교회 인사는 위 설문 결과에 대해 다수가 신은 무엇보다도 은총(милость)이며, 극소수가 신은 '정의'라는 답을 했다는 것은, 이들의 정신세계가 도덕적 불균형 상태임을 보여준다고 분석했다.[19] 즉 러시아에서는 종교성과 도덕성의 상관관계가 낮다고 볼 수 있다. 종교연구학자인 로만 룬킨(Роман Лункин)은 '신'에 대한 설문조사 결과는 러시아 사회에서 "신의 사회적 이미지"를 드러낸 것이라고 하였다.[20] 이러한 상황은 설문결과가 러시아인의 종교성 상태를 보여주기보다는 현재

---

19) [Электронный ресурс] / SREDA.ORG. Рудим доступа: http://sreda.org/ru.

20) [Электронный ресурс] / SREDA.ORG. Рудим доступа: http://sreda.org/ru.

러시아인들의 심리적 상태를 드러내고 있다고 볼 수 있다. 위에서도 잠시 언급했듯이 소련 해체 이후 심화된 빈곤, 양극화, 부패, 전쟁, 테러 등이 신의 부재, 정의의 부재로 연결 지어지는 듯하다. 이런 사회문제들은 소련 해체 직후 사회 환경의 급작스런 변화와 연관되어 빠르게 늘어난 신에 대한 믿음을 쉽게 약화시킨 측면이 있다.

(2) 부활(Воскресение)

"사후 부활을 믿는가?"라는 질문에 러시아인의 26%(10% - 그렇다, 16% - 그럴 것이다)가 긍정적인 답변을 했으며, 남성 보다 여성이 훨씬 더 부활을 믿고 있으며, 부활을 믿는 사람들 중에 자신이 행복한 사람이라 여기는 경우가 많았다. 자신이 불행한 사람이라 생각하는 사람은 종종 부정적인 답을 하였다. 특히 남성들이 사후 부활을 더 믿지 않는다(58%). 또한 긍정적으로 답한 응답자 중에서 러시아 정교회 소속 정교도들이 31%였다. 반대로 정교도들 중에서 믿지 않는다는 응답자가 무려 46%였다.

사후 부활과 관련된 '부활절'은 러시아 정교회 기념일 중에서 가장 큰 기념일이며 언론의 주목을 받는다. 또한 부활절은 일반적으로 러시아인들이 교회를 가장 많이 찾는 기념일이라는 점을 고려한다면, "사후 부활을 믿는가?"에 대한 긍정적 응답이 26%라는 것은 놀라운 결과이고, 이보다 더 흥미로운 것은 정교도이면서 믿지 않는다고 응답한 46%이다. 46%는 신적 존재인 예수의 부활과 자신의 부활을 다르게 보거나, 사후 세계 존재에 대한 불확실성 측면에서 그렇게 답했을 수도 있지만, 근본적으로 정교도 포함 러시아인 다수가 기독교에서의 '부활'을 믿지 않고 있음을 보여준다. 특히 46%도 기독교 신앙의 핵심인 부활절의 의미 자체를 모르거나 믿지 않는 것으로 판단할 수 있다. 이러한 특징은 뒤(15쪽)에 나오는

'문화적 종교'의 요소 중 하나인 사람들의 명목상 종교 활동 참여와 유사한 면이 있다.

위 설문문항에 대한 세대별 응답 결과를 보면, 65세 이상 연령 그룹(57%)보다 대학생과 학생들(63%)이 사후 부활에 대해 부정적이었다. 특히 대학생들과 학생들이 다른 응답자 그룹보다 사후 부활을 더 믿지 않았다. 65세 이상 그룹에서 부정적 답변이 높은 이유는 이들이 무신론 교육이 강화되던 1950~60년대 출생자들이고 고연령에 따른 사고나 인식 변화가 더디거나 어렵다는 점에서 높은 이유가 어느 정도 설명된다. 하지만 학생들의 높은 비율은 소련 해체 이후 러시아에서 종교적 부흥, 특히 정교도 증가와는 다른 양상을 보인다. 대학생이나 학생들은 대부분 소련 해체 이후 시기, 소위 '종교적 부흥' 시기에 출생한 연령층임에도 불구하고 63%가 부정적 응답을 한 것은 현대 러시아에서 일고 있는 '정교회 부흥'의 질적 측면을 의심하게 한다. 따라서 자신을 정교도라고 하는 소련 해체 이후 세대도 정교를 종교나 신앙보다는 러시아의 전통이나 문화와 동일시하는 것으로 보인다. 이는 정교회의 국가 사회적 영향력 증대나 외적 성장이 아직은 종교성에 큰 영향을 끼치지 못하고 있음을 반증한다.

(3) 교회 재계(посты) 기간을 얼마나 지키는가?[21)]

믿음과 수행적 측면과 관계가 있고 부활절과 연관된 질문으로, "교회 재계기간을 지키는가"라는 정교도 대상 질문에 '지키지 않는다'가 2000년

---

21) *Юлия Синелина* Религиозность в современной россии Отечественные записки는 폼과 프치옴 자료 외에 2005년 러시아 학술원 사회-정치연구소(Институт социально- политических исследований РАН) 자료를 주로 활용하였음.

86%, 2011년 59%였다. 4%만이 제대로 지키거나 지키려고 노력하는 것으로 나타났다. '일부 재계기간을 지키'거나 '가끔 재계기간을 지킨다'는 응답자가 28%였다. 최근으로 올수록 현격히 줄어들고 있는 것이 사실이지만, 59%가 지키지 않고 있다는 것은 정교회에서 성탄절과 부활절의 종교 및 신앙적 중요성을 고려할 때, 높은 비율이라 할 수 있다. 반대로 4%는 매우 낮은 비율이다. 믿음이 낮으면, 수행 정도도 낮을 수밖에 없음을 보여준다.

(4) 신앙(Вероисповедание)

"신(Бог)을 믿는가?"라는 질문에 전체 응답자 중 82%(1,500명 중에서 1,232명)가 믿는다고 답했다. 13%는 '신을 안 믿는다'고 응답하였다. 무신론자는 여성(32%)보다 남성(68%)이 2배 정도 많았다. 노동자와 극빈자 중에서 종교가 없다고 답한 응답자가 많았다. 일반적으로 저소득층이 종교가 없는 이유는 먹고 살기에 바쁘기 때문으로 볼 수 있다. 주목해야 할 것은 82%라는 긍정적 답변의 높은 비율이다. 이렇게 높다는 것은 사람마다 '신'에 대한 이해나 믿음이 다를 수 있다는 것이며, 정교도의 경우 정교신앙에 대한 믿음이나 이해(종교지식 측면)는 상당히 다양한 형태로 나타난다고 할 수 있다.

그런데 스스로를 신자라고 하면서도 자신의 신앙이 구체적인 종교와 관련이 없다고 한 응답자는 27%이다. 즉 "신을 믿지만 구체적인 종교는 없다"라는 것이다. 18~24세 젊은이들 중에서 34%가 구체적인 종교가 없었으며, 특히 대학생과 학생들 중에서는 다소 높은 38%였다. 이러한 결과는 러시아뿐만 아니라 여러 국가에서 나타날 수 있는 특징이다. 하지만 신을 믿지만 구체적인 종교가 없다는 응답자 중에 불교, 유대교, 가톨릭 혹은 프로테스탄트 신자들은 아주 적었으며, 그 차이도 오차범위 내에 있었다. 즉 상당수가 스스로를 정교도라고 하는 젊은 응답자 중에 있는 것이다. 주목해야 할 사람들은 소련 해체 이후 세대 중 구체적인 종교가 없다고 한 응답자(34%)인데, 이 역시 소련 해체 이후 '종교 부흥'과는 다른 모습을 보여준다.

직업이 없는 연금생활자 중 절반이 러시아 정교회에 속해있다고 응답했으며, 이들 중에는 고령층 극빈자 다수가 포함되어 있다. 일반적으로 극빈자들의 경우 소련 해체 전후 급격히 줄어든 국가 지원과 복지혜택의 사각지대에 놓인 사람들이거나 의지할 친인척이 없거나 의지할 상황이 되지 못하는 경우가 많다는 점에서 정교회에 대한 의지로 볼 수 있다. 이런 모습은 다른 나라에서도 발견할 수 있지만, 러시아에서는 소련 해체 이후 고연령 극빈자의 급격한 증가와 관련이 있으며, 현재에도 러시아 정교회의 일면이라 할 수 있다. 또한 위의 '신앙'에 대한 설문 조사 결과는 소련시기의 유산(반종교정책, 산업화, 무신론 교육 등)이 주된 원인으로 보인다. 이런 점을 고려할 때 소련 해체 이후 러시아 정교회의 외적(양적) 성장과 달리 내적(질적) 성장에는 상당한 시간이 소요될 것으로 보인다.

(5) 성례전[22] 참여도(Частота причастия)

전체 응답자 가운데 자신이 정교도라고 한 응답자(응답자 전체에서 50%)에게만 "당신은 얼마나 자주 성례전에 참여합니까?"라는 질문에 대해, 43%는 성례전에 전혀 참여한 적이 없다고 답했으며, 30%는 일 년에

22) 성례전(sacrament, 聖禮典)은 성사(聖事)라고도 한다. 특히 그리스도교 교회와 관련이 있으며, 거룩하거나 영적인 권능이 신의 은총의 통로로 간주되는 물질적 요소들을 통해 전달되는 것으로 믿는다. 성례전의 종류에는 7가지[세례성사 · 견진성사 · 성체성사(성찬식) · 고백성사 · 병자성사 · 신품성사(성직임명식) 혼인성사]가 있다.

1회 정도 성례전에 참여한다고 답했다. 15%는 일 년에 1~2회, 6%는 일 년에 몇 회(단, 1개월에 1회 이하), 2%는 1개월에 1회 내지 그 이상 성례전에 참여한다고 답했다(대답 곤란 4%).[23)]

한편, 성례전 참여 수 변화를 살펴보면, 2011년과 2008년(ΦOM) 자료와 비교할 때 마지막 3년(2008~2010)동안 성례전에 참여하지 않는 러시아 정교도들이 다소 감소했다. 동시에 다수의 정교도가 '1년에 한 번 이하'(14%에서 30%로 증가)로 성례전에 참여하는 것으로 확인되었다. '1년에 1~2회'(11%에서 15%로 증가). 그런데 1년에 몇 차례 내지 좀 더 자주 성례전에 참여하는 비율은 2008년과 비교하여 변하지 않았다. 성례전 참여는 정교신앙의 핵심이라는 점에서 정교도들의 낮은 종교성의 일면을 보여준다.

위 설문 결과와 관련, 한 정교회 인사는 "성례전 참여 횟수가 항상 신앙심의 기준이 될 수 없다"고 주장한다. 그에 따르면, 교회활동에 적극적으로 참여하고, 일요일마다 교회에 가면서, 심지어 일주일에 수차례 교회에 가면서도 1년에 한 번 정도 성례전에 참여하는 사람도 있다는 것이다.24) 러시아 정교도의 극히 낮은 성례전 참여율은 러시아인의 종교성

23) 성례전 참여도는 러시아 학술원 사회-정치 연구소의 정교도 대상 조사 결과도 이와 유사하다. '전혀 참여하지 않음'이 40%, '정기적으로 참여'가 24%였다. *Юлия Синелина* Религиозность в современной россии Отечественные записки.

24) [Электронный ресурс] / SREDA.ORG. Рудим доступа: http://sreda.org/ru. 앞서 두 차례나 강조했던 정교도 종교생활의 독특한 특징이라고 볼 수 있다. 이러한 종교생활에 부합되는 건물이 '간이기도소(Часовня)' 혹은 '간이교회'이다. 간이기도소는 지성소(алтарь)가 없는 관계로 성례전을 진행할 수 없으며, 기도나 장례만을 위한 장소이다. 그야말로 오고 가면서 잠시 들러 기도를 할 수 있는 교회인 것이다. 성례전의 의미를 잘 모르는 정교도에게, 혹은 시간에 맞추어 성례전에 참여할 수 없는 정교도에게는 주요 길목에 위치한 간이기도소에 자주 들르는 것도 신앙생활로 여겨질 수 있다는 것이다.

이 낮게 평가되는 중요한 지표 중 하나임을 부정할 수 없다. 하지만 위에서 정교회 인사가 지적한 사항은 다른 나라 교회에서도 충분히 일어날 수 있는 일이어서 일리가 있는 것도 사실이지만 성례전 참여율 저조 배경을 충분히 설명하지는 못한다고 판단된다. 이와 관련 설명을 한다면 소련시기 성례전 참여가 쉽지 않았던 환경에서 주변을 의식하며 교회에 잠시 들르는 것으로, 또는 자율적으로 신앙생활을 유지해야 했던 상황이 현재 습관처럼 남아 있을 가능성이 크다. 이는 소련시기 동안 성례전 없는 신앙생활의 산물이라 할 수 있다. 종교전문가인 보리스 크노레(Борис Кноре)는 제도로서의 교회에 대한 불신과 성례전 불참 간에는 뚜렷한 관계가 없다고 주장한다.25) 이러한 분석은 소련 시기나 소련 해체 이후 교회나 성직자에 대한 불신과 정교도들의 성례전 불참을 밀접하게 서로 연계시키려는 입장에 주의를 요하게 한다.

(6) 십계명(Десять заповедей)

"일상 속에서 십계명 중 특히 어떤 계명을 지키는가?"라는 질문에 대해 "한 분이신 하느님을 믿는다"라는 계명은 가장 준수율이 높은 십계명으로, 성별, 세대별 특징은 여성 64%, 남성 49%였다. 다음으로 높은 준수율을 보인 계명은 "부모를 공경하라"는 계명이었다. 남성이 51%, 여성이 55%였다. 가장 안 지켜지는 계명은 "안식일을 지켜라"로 남(3%) 여(4%) 간 큰 차이가 없었다. 부모에 대한 공경은 동서고금 어디에서나 나타날 수 있는 공통적인 특징이라 할 수 있지만, 십계명 중 유일신에 대한 믿음이 가장 높다는데 주목할 필요가 있다. 이 결과는 앞서 "신(Бог)을 믿는가?"라는 질문에 대한 보다 구체적인 답변이 될 수 있다.

---

25) [Электронный ресурс] / SREDA.ORG. Рудим доступа: http://sreda.org/ru에서 재인용.

십계명 준수 여부 결과를 연령별로 분석해보면, 65세 이상(11%)이 가장 높으며, 35~45세 연령대가 가장 낮다(3%). 평균이 6%에 불과한 점을 고려할 때 전체적으로 십계명에 대한 준수는 극히 낮은 수준이라 할 수 있다. 35~45세가 준수율이 가장 낮은 이유 중에는 소련 해체라는 격동기에 청소년기와 청년기를 보낸 세대라는 점과 경제활동이 가장 활발한 연령대라는 점이 고려될 필요가 있다. 18~34세도 준수율이 4%인 점은 소련체제 붕괴 후 러시아 사회에서 나타난 종교적 부흥이 종교성 향상 측면에는 별 영향을 주지 못했음을 보여준다. 전체적으로 러시아인들의 실제 삶 속에서 종교가 차지하는 부분이 매우 낮다는 것을 설명한다. 이 외에도 10계명 준수는 교육수준에 따른 특징을 보이는 데 고등교육 이하에서 유일신에 대한 믿음이 높았다. 소득 수준에서는 고소득일수록 유일신에 대한 믿음이 낮았다.

(7) 러시아인 가정의 이콘들(Иконы в домах у россиян)

조사 결과 러시아인 가정의 ¼은 집에 이콘(성화, 성화상)이 없는 것으로 밝혀졌다. 가정에서 가지고 있는 주요 이콘은 "신의 어머니"(41%), "성 니꼴라이"(20%), "구원자 예수 그리스도"(16%), "카잔의 신의 어머니"(5%)였다. 12%는 대답 곤란이라고 답하였는데, 이 경우(12%)는 있는지 없는지 조차 모르는, 즉 무관심에 따른 것으로도 해석할 수 있다. 집에 이콘이 없는 이유를 분석하기 위해 다음과 같은 질문이 주어졌다. "가난할수록 신에게 가까운가?"라는 문제와 관련 가난할수록 집에 이콘이 있을 개연성이 있으며, 일례로, 월 소득 $350까지인 자와 극빈자들 5명 중 1명은 이콘이 없었으며 고소득자의 경우 3명 중 1명은 이콘이 없었다. 사회적으로 소외된, 의지할 곳 없는 가난한 사람들에게는 이콘은 신에 의지하고 다가가기 위한 '부적'이자 '통로'인 것으로 볼 수 있다. 여기서 이콘은 기독교 요소와 민간신앙 요소를 담고 있다고 할 수 있다. 이 외에도 가정에 이콘의 보유수와 신앙심과는 뚜렷한 연관관계가 있다고 보기 어려운 것으로 밝혀졌다. 하지만 교회에 자주 가는 사람일수록 이콘이 있을 개연성은 있다.

한편, 정교도들 가운데 집에 이콘이 없는 사람은 7%에 불과한 가운데, 이콘 소유와 경제 수준의 관계에서는 소득이 적은 사람이 이콘이 많은 것으로 나타났으며, 교육수준은 이콘 보유에 영향을 끼치지 않는 것으로 밝혀졌다. 또한 비신앙인 중에도 아홉 집에 한 집은 이콘이 있다. 이콘이 하나의 민간신앙이나 전통 기념품 역할을 하고 있는 것으로도 볼 수 있다. 굳이 의미를 부여하자면 이콘은 가지고 있으면 좋을 것 같은, 혹은 재앙을 막는데 도움이 되는 물건일 수 있다. 이와 관련 흥미로운 결과는 5%만이 가정에 있는 이콘의 정확한 명칭을 알고 있다는 것이다. 이러한 상황 역시 민간신앙 전통의 잔존과 함께 종교 지식의 부재와 밀접한 관련이 있다. 즉 종교 상징물에 종교 내용이 부재한 경우라 할 수 있다. 혹은 '종교 전통'에 '전통'만 남은 격이라 할 수 있다.

(8) "당신은 성경이나 다른 신앙서적을 읽는가?"[26]

정교도 중에서 "전혀 읽지 않는다"가 1992년 47%, 2011년 35%이며, 오래 전에 읽은 적이 있다는 응답자가 1992년 23%, 2011년 41%이며, 최근에 읽은 적이 있다는 응답자가 1992년 11%, 2011년 12%였다. 성경만 정기적으로 읽는다는 응답자는 1992년 6%, 2011년 4%이며, 성경과 다른 신앙서적을 정기적으로 읽는다는 응답자가 2002년 2%, 2011년 2%였다.

---

26) *Юлия Синелина* Религиозность в современной россии Отечественные записки.

결국 4% 내외는 매주 정교회에 나가는 정교도 비율과 비슷하다. 종교성 정도에 따라 구분할 경우 종교성이 가장 높은 정교도는 4% 내외라고 볼 수 있다.

(9) 믿음과 힐링(Вера и исцеление)

"신에 대한 믿음으로 질병 치유의 도움을 받은 사람들을 알고 있는가?"라는 질문에 응답자 40%는 신의 도움으로 질병이 치료된 사람들을 알고 있다고 답하였다. 남성보다는 여성이 월등히 많았다(여성 56%, 남성 32%). 주로 의료와 보건(64%) 분야 종사자들이 그런 대답을 하였다. 정교도들 중에는 49%가 같은 답을 하였다. 다른 분야보다도 사업가(56%), 자신은 행복하다고 생각하는 가사 종사자(46%), 또한 러시아 정교회 총대주교의 사회적 역할을 높이 평가하는 사람들이 신에 대한 믿음을 통한 힐링을 믿는 것으로 나타났다.

위의 질문에 대한 응답 결과는 교육수준에 따라 뚜렷한 차이를 보였다. 고등교육을 받은 사람들은 신에 대한 믿음으로 치유된 사람들을 더 자주 접했다고 답했으며, 교육수준이 낮은 사람들은 반대로 그러한 사람들을 잘 모른다고 하였다. 65세 이상 연령대를 제외하고는 연령대별 큰 차이는 없었다. 이들은 "신에 대한 도움으로 치유되었다는 사람들은 접해본 적이 없다"에 평균보다 높게 응답하였다(58%). 신에 대한 믿음으로 치유되었다는 사람들을 아는 사람들 중에서 절반이 정교도들이다. 특히 규칙적으로 성례전에 참석하거나 정교회 종교 활동에 참여하는 사람들이 믿음을 통한 치유에 대해 말했다. 이는 직업(의료 보건 분야 종사자들의 학력수준)과 관련된 일반적인 추세라고 할 수 있는 열성 신자와 고학력자의 적극적인 종교 활동과 관련이 있는 것으로 보인다. 또한 이런 정보의 과장성과 확산력도 고려할 필요가 있다. 40%라는 높은 비율은 러시아의 '이중신앙' 전통과 관련지을 수는 있지만, 러시아만의 특징이라고 하기는 어렵다.

(10) 교회생활(Приходская жизнь)

정교도라고 답한 사람만을 대상으로, "교회활동에 참여하는가?"라는 질문에 44%가 "참여하지 않거나 참여할 의사가 없다"고 답했다. 단지 1%만 "적극적으로 참여하고 있다"고 하였다. 여성의 참여율이 남성보다 높으며, 28%는 "교회활동에 참여할 의사가 있지만 사정상 그렇게 하지 못하고 있다"고 밝혔다. 자신이 행복하다고 생각하는 사람의 참여율이 높다. 또한 총대주교에 대해 긍정적으로 평가하는 사람들의 참여율이 상대적으로 높다(18%). 따라서 교회활동을 종교성과 전적으로 연관 짓기에는 고려해야 할 여러 가지 상황이 있는 것으로 보인다. 왜냐하면 교회활동을 열심히 한다고 해서 종교성의 본보기가 될 수 없기 때문이며, 교회활동을 하는 데에는 각기 다른 이유와 상황이 있을 수 있다는 것이다.

한편, 소련시기 종교상황을 고려한다면 교회활동에 대한 정교도들의 소극성은 충분히 설명이 된다. 흥미로운 점은 총대주교에 대한 신뢰도가 교회활동의 적극성에 영향을 준다는 것이다. 제도로서 신뢰도가 70%인데도 교회활동 참여율이 낮다는 것은 제도로서 교회보다는 그 구성원에 대한 신뢰도가 영향을 미치고 있음을 짐작할 수 있다. 이 문제는 제정러시아 시기와 소비에트 시기 유산인 성직자에 대한 불신과 연관 지울 수 있으며, 정교도의 교회활동 참여를 높이기 위해 러시아 정교회가 극복해야할 시급한 문제라고 할 수 있다.

III. 러시아 정교회의 외형적 성장과 종교성[27)]

1. 정교회의 외형적 성장과 종교성

자신을 정교도라고 하는 러시아인들의 증가와 함께 정교회 수, 수도원 수, 관구 수, 신학교육기관 수는 정교회의 외형적 성장을 보여주는 대표적 사례들이다. 그리고 열거된 것들은 러시아인들의 종교성에 큰 영향을 끼치는 요소들이기도 하다. 이들은 믿음, 참여, 수행, 종교의식을 통한 종교 지식 획득의 장소이기 때문이다. 소련 시기에는 위에 열거된 요소들이 극히 부족한 상황에서 그리고 억압과 차별 속에서 신앙을 유지해야만 했으며, 그러한 상황은 러시아인들의 종교성에 많은 영향을 끼쳤을 것이다. 그러한 영향은 내면적 신앙생활, 형식과 의식이 생략된 형태의 신앙생활, 성경과 기독교 교리에 대한 무지 등으로 나타났다고 볼 수 있다. 이것은 러시아인의 종교성의 중요한 특징이자 종교성 이해에 있어서 반드시 고려해야 할 사항이다.

27) 3절에 제시된 자료는 러시아 정교도의 종교성을 직접 드러내는 종교성 차원의 자료는 아니지만, 다른 어떤 종교보다도 성경, 신학, 교리에 대한 상징적 표현(건축)이 많은 점을 고려하였으며, 성직자 수와 프리호드(일선교회) 수의 부족 여부는 형식(의식)이 배제된 신앙생활 형성과 밀접한 관련이 있다는 점에서 종교성 이해에 도움이 된다.

〈표 3〉 정교회 종교기관 수[28)]

	1997년	2011년2월
주교 관구 수	124	164
프리호드(Приход 일선교회)	18,000	30,675
수도원	390	805
신학교육기관	–	92

* 자료: *Древо* Статистические данные по Русской Православной Церкви [Электронный ресурс] / DREVO-INFO.RU. Рудим доступа: http://drevo-info.ru/articles/11316.html.

위 통계에서 알 수 있듯이 소련시기에 최소로 허용되었던 종교기관수는 1997년대와 2011년 통계를 비교해도 상당한 성장세를 보이고 있는 것이 사실이지만, 일선교회 수와 성직자 수는 여전히 절대적으로 부족한 상황이다(〈표 3, 4〉 참조).[29)] 대도시를 벗어나 중소 도시나 농촌에 가게 되면, 일선교회 부족현상을 쉽게 확인할 수 있다. 소련 해체 이전과 비교한다면 상당히 늘어난 것이 사실이지만, 러시아 혁명 이전과 비교하면 여전히 크게 부족하다. 러시아 정교도에게는 교회 참석 여부를 떠나서 교회가 우뚝 서 있는 모습만으로도 중요한 의미를 지닌다고 본다. 일례로, 러시아인들 중에서 교회를 지나치면서 십자성호를 긋거나 잠시 들러 이콘 앞에 초를 꽂고 기도하는 사람들을 쉽게 발견할 수 있기 때문이다.[30)] 이런 모

---

28) *Древо* Статистические данные по Русской Православной Церкви [Электронный ресурс] / DREVO-INFO.RU. Рудим доступа: http://drevo-info.ru/articles/11316.html.

29) 일선교회 수의 부족은, 현재 모스크바에 가면 제일 많이 보이는 건물 중에 하나가 정교회 건물임에도 불구하고, 2009년 시작된 "모스크바에 정교회 200개 짓기 프로그램(Программа "200 храмов")"의 출현이 증명한다. 2013년 기준 5개 완공, 15개 건설 중으로, 20개가 착공되었다. *Арсений Загуляев* Программа "200 храмов": 3 года в цифрах и фактах [Электронный ресурс] / RELIGARE.RU. Рудим доступа: http://www.religare.ru/2_101578.html.

30) 정교회에서 이콘 앞에 초를 밝히는 것은 영원함, 신을 향한 기도, 신의 어머니를 향

습은 자동차 운전자들에게서도 발견된다. 따라서 정교도들의 종교성이나 신앙생활 모습을 고려할 때, 러시아 정교회의 외형적 성장은 러시아인들의 종교성에 긍정적인 영향을 끼칠 것으로 생각된다.

〈표 4〉 러시아 정교회 현황(2011년 2월 기준)[31]

정교회 주교구	프리호드 (일선교회)	성직자		보제	수도원		신학교육기관			
		주교	신부		남자	여자	아카데미	대학	세미나리	우칠리시
164	30,675	217	29,324	3,850	398	407	5	2	47	37

*자료: *Древо* Статистические данные по Русской Православной Церкви [Электронный ресурс] / DREVO-INFO.RU. Рудим доступа: http://drevo-info.ru/articles/11316.html.

2. 정교회의 양적 성장과 종교성

러시아 정교회의 양적 성장(종교단체수, 신도수)은 러시아인의 종교성을 측정하는 요소 중 하나이며, 다른 한편으로 러시아인 종교성의 특징을 파악하기 어렵게 하는 요소이기도 하다. 아울러 '정교'를 '이념적 정교' 혹은 '문화적 정교', '정교도'를 '이념적 정교도', '문화적 정교도'라고 이해하게 되는 중요한 근거가 되기도 한다.

한 기도, 성인들을 향한 기도를 상징한다. 촛불은 항상 위로 향하게 되는데, 이는 인간의 삶에서 모든 생각과 감정이 신을 향해야 함을 상징한다.

31) *Древо* Статистические данные по Русской Православной Церкви.

〈표 5〉 러시아 연방 정부 기관에 등록된 주요 종교단체 현황(2010년 1월 기준)[32]

종파별		등록단체수	비율(%)
정교	러시아 정교회(모스크바 총대주교청 산하)	12,939	55.07%
	러시아 정교 자치 교회	44	0.19
	해외 러시아 정교회 (2007년 러시아 정교회와 통합)	22	0.09%
	구교도 전체	281	1.20%
로마 가톨릭 교회		228	0.97%
이슬람		4,127	17.57%
불교		208	0.89%
유대교		291	1.24%
복음주의 오순절 교회 *이하 생략		1,345	5.72%

* 자료: [Электронный ресурс] / RELIGIO.RAGS.RU. Рудим доступа: http://religio.rags.ru/journal/2010/2010_03/N_3-10(fin)_318-323.pdf.

종교단체 수의 급격한 증가는 소련시기 파괴되었던 제도로서 정교회가 빠르게 부활하고 있는 것으로 볼 수 있다. '종교단체'는 정교회 예배, 교리, 활동, 계몽 등에 있어서 신도들과 성직자, 신자들간 직접 교류의 장소로서 중추적 역할을 한다는 점에서 정교도 수의 높은 숫자에 비해 모호한 러시아인들의 종교성과 종교적 정체성을 강화하는 중요한 역할을 담당하게 될 것이다. 이를 통해 러시아인들의 종교성 모습도 점차 분명해질 것이다.

32) [Электронный ресурс] / RELIGIO.RAGS.RU. Рудим доступа: http://religio.rags.ru/journal/2010/2010_03/N_3-10(fin)_318-323.pdf.

〈표 6〉 러시아의 종교 인구 현황 및 추이: 1989년~2013년(2013년 11월 기준)[33]

- 종교가 있다고 응답한 자 중에서 종파별 현황

종파별	1989[34]	1991	1996	2002	2007	2011	2013
정교	17%	37%	50%	56%	60%	69%	68%
이슬람	–	1	4	4	4	5	7
가톨릭	〈1	〈1	〈1	〈1	〈1	〈1	1
프로테스탄티즘	〈1	–	–	〈1	〈1	〈1	〈1
유대교	–	–	〈1	〈1	〈1	〈1	〈1
다른 종교	1	〈1	1	1	1	1	〈1
종교인이 아님	75	53	37	32	29	22	19
대답 곤란	7	9	8	6	4	4	4

*자료: *Левада центр* Россияне о религии [Электронный ресурс] / LEVADA.RU. Рудим доступа: http://www.levada.ru/24-12-2013/rossiyane-o-religii.

위 〈표 6〉은 소련 해체 이후 현대 러시아에서 종교인구 변화를 보여준다. 주목해야 할 부분은 '정교'와 '종교인이 아님'이다. 러시아인 중에서 스스로 정교도라고 하는 비율이 1991년 대비 100% 이상 증가했음을 보여준다. 일반적으로 신도의 증가는 자연증가(자발적 종교 선택)와 선교에 의한 증가가 있다. 러시아의 경우 자연증가가 절대다수라 볼 수 있다. 증가와 관련 질적인, 내용적인 측면이 논란이 되는 것이 사실이지만, 70여 년간 무신론 국가를 경험한 러시아임을 고려한다면 매우 독특한 현상이라고 할 수 있다.

---

33) *Левада центр* Россияне о религии [Электронный ресурс] / LEVADA.RU. Рудим доступа: http://www.levada.ru/24-12-2013/rossiyane-o-religii. 러시아 연방 전역의 도시와 농촌에서 18세 이상 남녀 1,603명 대상 설문 조사 결과임.

34) 1989년 자료는 소연방 시기이기 때문에 현재 연구 범위인 러시아 연방 범위를 넘지만, 비교 차원에서 첨부한 것임.

IV. 다른 국가 국민들의 종교성과 비교[35)]

러시아인의 종교성과 다른 국가 국민들의 종교성 비교는 러시아 정교도의 종교성과 러시아인에게 있어서 정교신앙의 의미를 보다 객관적으로 파악하게 할 수 있다. 이를 위해 구체적으로 디머래스(N. J. Demerath)가 스칸디나비아 지역 국민들의 종교성 연구를 토대로 주장한 '문화적 종교'의 개념, 데이비(G. Davie)가 유럽 종교성의 특징을 설명하면서 사용한 '소속되지 않은 신앙'(believing without belonging) 개념[36)]과의 비교는 러시아 정교도 종교성의 일반성과 특수성을 좀 더 분명히 드러낼 수 있다.

사람들이 특정 종교의 전통(결혼식, 할례)에 참여하는 데에는 초자연적인 존재에 대한 믿음 말고도 헤아릴 수 없이 많은 이유가 있다. 이것이 바로 '문화적 종교'라 할 수 있다. 따라서 문화적 종교는 분명히 도처에 존재한다. N.J. 디머래스는 "전 세계 많은 사회에서, 어쩌면 특히 유럽에서, 문화적 종교가 종교적 성향 중 가장 큰 범주인지도 모른다"고 주장했다. 또한 문화적 종교는 오랜 역사를 지닌 종교적 전통에 일체감을 지닌 사람들이 종교 안의 초자연적인 요소를 진심으로 믿지 않으면서도 확연히 종교적인 행사에 참여하는 현상이라고 할 수 있다. 따라서 '문화적 종교'에는 두 가지 중요한 요소가 있다고 할 수 있다. 첫째, 사람들의 자기 정체성 또는 집단 정체성, 둘째, 사람들이 참여하는 명목상의 종교 활동

35) 4절에서는 세계 각국을 대상으로 한 조사에서 2절에서 선별한 종교성 차원과 유사 항목만을 선별하여, 그 항목들의 조사 결과에서 러시아의 위치를 확인함으로써 러시아 정교도 종교성의 보편성과 특수성을 찾는 것이다. 이 통계자료 역시 정교도와 비정교가 구분되어 있지 않지만, 러시아에서 응답자의 70% 정도는 기본적으로 정교도라는 사실을 고려하여 의미를 부여하였다.

36) 정재영, "'소속 없는 신앙인'에 대한 연구," 『현상과 인식』 제121권(2013년), 87쪽.

들이다.[37] 이러한 두 가지 요소는 덴마크와 스웨덴 등 스칸디나비아 지역 국가들에서 나타나는 특징이다.[38]

한편, 데이비는 유럽에서 기독교인 수의 감소와 관련 전적으로 세속주의(세속화)와 동일시 할 수 없다고 주장하면서, 비교적 세속화된 나라에서도 놀라울 정도로 많은 사람이 신앙을 가지고 있고, 교회는 안 나가도 하느님을 믿고 있으며, 대다수는 확신은 없어도 스스로 기독교인이라고 여긴다는 것이다. 이들을 가리켜 '소속 없는 신앙인'으로 표현하였다. 정재영에 따르면, 소속 없는 신앙인의 특징은 강요받는 신앙에 대한 부담감, 소통의 단절 문제, 신앙과 삶의 불일치, 자기 식으로 표현되는 신앙이다.[39] 이처럼 '소속 없는 신앙'은 디머래스의 '문화적 종교'와 러시아 정교도의 종교성과도 일면 유사한 점이 발견된다.

1. 이념(믿음)적 차원에서의 종교성 비교

아래 인용된 종교성 측정 자료는 R. Inglehart, M. Basez, and A. M. Moreno(1998)와 R. Inglehart(2004)의 연구성과[40]에 기초하여 여러 국가들 중에서 러시아인이 차지하는 비율과 통계, 그리고 순위를 분석대상으로

---

37) 필 주커먼,『신 없는 사회』, 260쪽.

38) 자세한 내용은 위의 책, 252-277쪽 참조.

39) 정재영, "'소속 없는 신앙인'에 대한 연구," 88-100쪽.

40) R. Inglehart, M. Basáñez, and A. M. Moreno, *Human Values and Beliefs: A Cross-Cultural Sourcebook. Political, Religious, Sexual, and Economic Norms in 43 Societies: Findings from 1990~1993 World Values Survey* (Michigan: University of Michigan Press, 1998); R. Inglehart, *Human Belief and Values. A cross-cultural sourcebook based on the 1999~2000 values surveys* (Mexico City: Siglo XXI, 2004). 참고로 '[F050]'과 이후의 '번호'들은 설문 문항의 고유번호로 자료 확인이 쉽도록 남겨둔 것임.

삼았다.

(1) [F050] "당신은 신을 믿는가?"라는 질문에 "그렇다"고 응답한 러시아인은 1990년(44%), 2000년(70%)(전체 평균 - 1990년: 76% / 2000년: 86%)[41)]이었으며, 2000년 77개 조사 대상 국가 중에서 러시아(70%)는 64위였다. 이 결과는 1990년 44%와 비교하면 러시아에서 종교적 부흥이라고 할 수 있지만, 국제적 수준(1990년: 76% / 2000년: 86%)에서 보면 여전히 낮다는 점에서 일차적으로 소련의 유산을 생각할 수 있을 것이다. 그러나 무신론 국가를 경험한 러시아인임을 고려할 때 여러 요소를 고려하더라도 70%는 상당히 높은 것으로 볼 수 있다.

(2) [F053] "지옥을 믿는가?"라는 질문에 "그렇다"고 응답한 러시아인은 1990년(16%), 2000년(36%, 전체 평균 - 1990년: 31% / 2000년: 53%)이었으며, 2000년 77개 조사 대상 국가 중에서 51위였다. 이 결과는 종교성의 구체적인 면을 파악케 한다. 앞서 "신을 믿는다"고 답한 70%가 갖고 있는 신에 대한 이미지가 다른 유럽국가 신도들보다 다양함을 보여준다. '정교도라는 자기규정'과 '기독교 신앙이나 교리에 대한 믿음'과는 상당한 차이가 있음을 보여준다.

(3) [F054] "천국을 믿는가?"라는 질문에 "그렇다"고 응답한 러시아인은 1990년(18%), 2000년(36%, 전체 평균 - 1990년: 51% / 2000년: 64%)이었으며, 2000년 77개 조사 대상 국가 중에서 62위였다. 앞서 제시한 [F050], [F053]와 연관성이 있는 이 질문에 대한 결과에서 발견되는 한 가지 중요한 공통점은 시간이 지날수록 '믿음' 쪽이 증가하고 있다는 것이다. 지옥

41) 비율(%) 표기 방법: 1990(44% - 러시아), 2000(70% - 러시아) (조사 대상 국가 전체 평균 - 1990년: 76% / 2000년: 86%)

보다 천국에 가고 싶은 것이 사람이 보통 가질 수 있는 마음임을 고려할 때 유럽국가들(지옥보다 천국에 대한 믿음이 약 15~20% 높음)과 비교하여 러시아인은 지옥과 천국에 대한 믿음이 같았다(2000년: 36%). 이 결과는 지옥이 있으면 천국도 있기 마련이라는 러시아인들의 단순하면서도 합리적인 믿음으로 보인다.

(4) [F055_1] "죄(원죄)를 믿는가?"라는 질문에 "그렇다"고 응답한 러시아인은 1990년(47%), 2000년(68%, 전체 평균 - 1990년: 61% / 2000년: 65%)이었으며, 2000년 46개 조사 대상 국가 중에서 22위였다. 90년대 보다 2000년대에 월등히 높은 것은 거의 무(無)에서 시작된 러시아인들의 교리 지식 향상에 따른 종교성의 질적 성장과 관련이 있는 것 같다. 국제적 수준에서 비교 해 중간정도 이지만, 10년 동안 증가율은 유래를 찾아보기 어려울 정도임을 알 수 있다. 기독교 교리에서 '원죄 교리'가 갖는 의미를 생각할 때 높은 증가율은 종교성의 질적(도덕성) 측면 향상에 긍정적으로 작용할 것으로 보인다.

(5) [F063] "당신의 인생에서 신은 얼마나 중요한가?"라는 질문에 "매우 중요하다"라고 응답한 러시아인은 1990년(21%), 2000년(38%, 전체 평균 - 1990년: 50% /2000년: 66%)이었으며, 2000년 80개 조사 대상 국가 중에서 66위였다. 이 결과는 역시 외형적인 모습과 가장 큰 차이를 보이는 러시아인의 독특한 종교성을 엿볼 수 있는 대표적인 사례이다. 신이 관습이나 관념 속에 있으나, 실제 삶에서는 별 존재감이 없다는 것이다. 이런 현상은 러시아인들에게 정교가 '종교'보다는 '전통'이나 '관습' 또는 '문화'로 받아들여지고 있는 측면을 보여준다. 국제적 수준에서도 뚜렷한 차이를 보인다는 점에서 앞서 언급한 '문화적 종교'의 특징을 보인다.

믿음(이념)적 차원에서 다른 국가들과 비교 결과는 전체적으로 조사 대상 국가들 중에서 러시아인은 중간 내지 중하위에 위치하며, 유사 국가들로는 폴란드를 제외한 동유럽 국가들, 특히 덴마크와 스웨덴 등 스칸디나비아 지역 국가들에서 나타나는 문화적 종교와 유사하다. 구체적으로 러시아인의 종교성은 사람들의 자기 정체성 또는 집단 정체성(러시아인=정교도)과 밀접한 관련이 있는 것으로 보인다.

2. 수행 및 의례적 차원에서 종교성 비교

(1) [F031_1] "'출생'에 대한 종교 의식을 유지하는 것이 중요하다"는데 동의한 러시아인은 1990년(78%), 2000년(75%, 전체 평균 - 1990년: 70% / 2000년: 76%)이었으며, 2000년 33개 조사 대상 국가 중에서 18위였다. 유럽 국가들과 비교하여 주목할 것은 1990년 통계(78%)이다. 이는 러시아 혁명 이전 정교신앙의 모태 신앙적 전통(부모들이 태어난 자식이나 손자들에게 당연히 해줘야 하는 의식이자 전통)이 이어진 것으로 보인다. 다른 하나는 유아세례가 소련 시기 감시를 피해 신앙을 전달해 줄 수 있는 가장 보편적인 방법이었기 때문으로 보인다. 유아세례는 소련 시기에 가장 잘 유지된 종교적 전통이자 종교성 유지 수단이라 할 수 있다.

(2) [F032_1] "'결혼'에 대한 종교 의식을 유지하는 것이 중요하다"는데 동의한 러시아인은 1990년(62%), 2000년(54%, 전체 평균 - 1990년: 73% / 2000년: 75%)이었으며, 2000년 33개 조사 대상 국가 중에서 31위였다. 주목해야 할 것은 러시아의 경우 1990년에 비해 2000년에 감소했다는 점이다. 일반적으로 러시아 결혼식에는 소비에트적인 요소와 민간 신앙적 요소가 두드러진다. 최근에는 결혼식에 서구적인 요소가 첨가되면서 종교 의식의 비중이 다소 줄어든 것으로 보인다.

(3) [A065] “종교나 교회 봉사 단체에 소속되어 있는가?”라는 질문에 “그렇다”고 응답한 러시아인은 1990년(1%), 2000년(2%, 전체 평균 - 1990년: 14% / 2000년: 20%)이었으며, 2000년 61개 조사 대상 국가 중에서 58위였다. 현저히 낮은 결과는 우선적으로 교회활동이 사실상 금지되거나 감시 대상이었던 소련시기 유산으로 봐야 하며, 이 문제는 다른 유럽 국가들과 비교하여 가장 다른 점이지만, 교회의 사회적 역할이 증가되면 개선될 여지가 많다고 본다.

(4) [F028] “당신은 얼마나 자주 교회에 가는가?”라는 질문에 “한 달에 한 번 내지 그 이상”이라고 응답한 러시아인은 1990년(6%), 2000년(9%, 전체 평균 - 1990년: 36% / 2000년: 41%)이었으며, 2000년 80개 조사 대상 국가 중에서 79위였다. 다른 유럽국가와 비교하여 이 문제는 소련의 유산이자 정교회 종교생활의 오랜 특징임을 고려할 때, 현재로서는 횟수의 많고 적음을 러시아 정교도 종교성 측정 기준으로 적용하는데 신중할 필요가 있다.

(5) [F066] “당신은 종교의식 밖에서 얼마나 자주 신에게 기도를 하는가?”라는 질문에 “매일” 혹은 “일주일에 한 번 이상”라고 응답한 러시아인은 1990년(17%), 2000년(22%, 전체 평균 - 1990년: 49% / 2000년: 48%)였으며, 2000년 58개 조사 대상 국가 중에서 50위였다. 이 결과는 극히 저조한 교회 참석율과 낮은 종교적 지식에 비해 상대적으로 높은 비율을 보여준다. 하지만 이 질문은 러시아인 종교성의 본질적인 면을 드러낸다는 점에서 중요하다. 10년간 5% 상승했다는 것은 다른 유럽국가와 달리 소련시기를 경험한 러시아인에게 종교성의 질적 향상이 얼마나 어려운 일이며, 많은 시간이 걸릴 것임을 보여준다.

수행 및 의례적 차원에서 종교성 비교 결과는 ‘출생’을 제외하고 ‘이념적 차원' 비교에서처럼 러시아인의 종교성은 대부분 최하위에 위치한다. 그 이유는 러시아 정교회 자체의 특징도 있지만 많은 경우 소비에트 유산으로 볼 수 있다. 특징적인 것은 '출생' 항목에 대한 결과는 정교신앙의 모태신앙 전통이라 할 수 있다. 그런가 하면 '출생의식'에 대한 러시아인의 태도는 문화적 종교의 중요한 요소인 자기 정체성, 집단 정체성과 연관 지을 수 있다.

3. 경험적 차원에서의 종교성 비교

(1) [F064] "당신은 종교로부터 평온(안식)과 힘을 얻고 있는가?"라는 질문에 "그렇다"라고 응답한 러시아인은 1990년(35%), 2000년(57%, 전체 평균 - 1990년: 57% / 2000년: 71%)이었으며, 2000년 78개 조사 대상 국가 중에서 56위였다. 국제적 수준에 비하면 낮지만 러시아인에게 종교가 점점 더 평온이나 안식처가 되고 있는 것은 틀림없는 것으로 보인다.

(2) [F065] "당신은 기도, 명상이나 묵상 중에 특별한 순간을 경험한 적이 있는가?"라는 질문에 "그렇다"라고 응답한 러시아인은 1990년(37%), 2000년(33%, 전체 평균 - 1990년: 63% / 2000년: 69%)이었으며, 2000년 57개 조사 대상 국가 중에서 56위였다. 이 결과는 극히 저조한 교회 참석율과 낮은 종교적 지식에 비해 상대적으로 높은 비율을 보여준다. 하지만 국제적 수준에서 보면 거의 최하위에 속한다. 그 원인은 무엇보다도 소련시기 유산에서 찾아야 한다. 질문에서 제시한 '경험'은 일반적으로 신앙심에 기초하여 경험할 수 있는 것이라 볼 때 러시아인의 경우 결코 낮은 수치는 아니지만 국제적 수준은 증가하고 있는데, 러시아에서는 감소하고 있다는 점은 정교회의 양적 성장에 비해 종교성 측면에서는 답보상태임

을, 또한 소련 해체 이후 러시아 사회의 세속화를 보여주는 측면도 있다.

전체를 종합해 보면, 러시아인의 응답결과는 이념(믿음) 차원, 의례 및 수행 차원, 경험 차원에서 다른 국가들과 비교하여 중하위 내지 최하위 그룹에 위치한다. 하지만 무신론 국가였던 소련 사회를 경험한 점을 고려한다면, 현재 수준이 낮다고만 평가하기 어렵다. 한편, 러시아인의 종교성은 스칸디나비아 지역 기독교 국가들에서 주로 나타나는 문화적 종교의 특성인 자기 정체성, 집단정체성과 매우 유사한 측면이 있다.

V. 결론

이상으로 글락과 스탁의 '다차원적 종교성' 연구방법에 기초하여 정교도를 중심으로 현대 러시아인의 종교성에 대해 분석하였으며, 주요 내용은 다음과 같다.

먼저 믿음(이념) 차원에서 러시아인의 종교성은 다수가 신은 무엇보다도 '희망과 도움(26%)'이며, 극소수만이 신은 '정의(10%)'라는 답을 했다는 것은, 러시아에서는 종교성과 도덕성(사회 정의)의 상관관계가 적음을 보여준다. 소련 해체 이후 심화된 빈곤, 양극화, 부패, 체첸전쟁, 테러 등을 정의의 부재와 연결시켜 볼 수 있다. 이런 사회 문제들은 소련 해체 직후 사회 환경의 급격한 변화와 연관되어 빠르게 늘고 있던 신에 대한 믿음을 쉽게 약화시킨 측면이 있다. 이는 러시아인 종교성의 중요한 특징으로 볼 수 있다. 정교도 중에 46%가 '사후 부활'에 대해 믿지 않는다는 것은 러시아 정교도의 믿음의 정도를 잘 설명해준다. 이는 스칸디나비아 지역 국가들의 명목상 종교 활동이나 참여, 즉 '문화적 종교'의 특징과 유사하다. 소위 '종교적 부흥' 시기에 출생한 연령층인 대학생들과 학생들도 63%가 부정적 응답을 한 것은 소련 해체 이후 세대도 정교를 종교나 신앙보다는 러시아의 전통이나 문화와 동일시하는 것으로 보이며, 이는 정교회의 국가 사회적 영향력 증대나 외적 성장이 아직은 종교성에 큰 영향을 끼치지 못하고 있음을 반증한다. 위의 결과와 달리 러시아인 중에서 82%가 '신을 믿는다'고 답한 것은 사람마다 '신'에 대한 이해나 믿음이 다를 수 있다는 것이며, '신을 믿지만 구체적인 종교는 없다'(27%)는 답변 결과가 이런 분석을 뒷받침한다. 흥미로운 점은 18~24세 젊은이 중에서 34%가 구체적인 종교가 없었으며, 특히 대학생과 학생들 중에서는 다소 높은 38%였다는 점이다. 이 역시 소련 해체 이후 '종교 부흥'과는 다른 모습을 보여준다.

수행(의례) 차원에서 러시아인의 종교성은 '성례전 참여도'와 밀접한 관련이 있는데, 고령층에서 성례전 참여도가 높은 현상은 다른 나라 국민들과 다르지 않다. 러시아인 정교도 중 43%는 성례전에 전혀 참석하지 않으며 30%만이 1년에 한 번 이하로 참여하고 15%는 1년에 한 번 이상 성례전에 참여한다는 결과는 정교도 신앙생활의 특수성을 인정한다 하더라도, 성례전 참여가 정교신앙의 핵심이라는 점에서 정교도들의 낮은(혹은 모호한) 종교성의 일면을 보여준다. 그리고 약 70%가 스스로를 정교도라고 하는 상황에서 이런 독특한 현상은 소련시기 성례전 참여가 쉽지 않았던 환경에서 주변을 의식하며 교회에 잠시 들르는 것으로 신앙생활을 유지해야 했던 상황이 현재 습관처럼 남아 있을 가능성이 크며, 이는 성례전 없는 신앙생활을 해온 소련시기 산물이라 할 수 있다. '교회활동에 참여하는가?'에 대해 44%가 참여하지 않거나 참여할 의사가 없다고 응답한 것은 다른 국가와 비교하여 크게 다르지 않다. 흥미로운 점은 총대주교에 대한 신뢰도가 교회활동의 적극성에 영향을 준다는 것이다.

제도로서 신뢰도가 70%인데도 교회활동 참여율이 낮다는 것은 제도로서 교회보다는 그 구성원에 대한 신뢰도가 교회활동 참여에 영향을 미치고 있음을 짐작할 수 있다. 제정러시아 시대와 소비에트 시대 유산(국가-교회 관계, 성직자의 부패와 성직자에 대한 불신 등)과 연관 지을 수 있다.

지식 차원에서 러시아인의 종교성은 러시아인 가정에 있는 이콘들을 통해서 확인할 수 있다. 러시아인 가정의 3/4은 집에 이콘이 있는 것으로 밝혀졌는데, 고소득자보다 저소득자가 이콘을 갖고 있다. 신앙심 정도를 떠나 사회적으로 소외된, 의지할 곳 없는 가난한 사람들에게 이콘은 절대자에 의지하고 다가가기 위한 정교신앙 및 민간신앙적인 '부적'이자 '통로'로 볼 수 있다. 따라서 가정에 이콘 보유수와 정교도의 종교성이 뚜렷한 상관관계가 있다고 보기 어려운 측면이 있다. 이를 뒷받침하는 것으로 비신앙인 중에도 아홉 집에 한 집은 이콘이 있다는 것이다. 이콘이 하나의 민간신앙이나 전통 기념품 역할도 하고 있는 것으로 볼 수 있다. 특히 흥미로운 점은 5%만이 가정에 있는 이콘의 정확한 명칭을 알고 있다는 것이다. 이러한 상황 역시 종교 지식의 부재와 밀접한 관련이 있다. 즉 종교 상징물에 종교 내용이 부재한 경우라 할 수 있다. 혹은 '종교 전통'에 '전통'만 남은 격이라 할 수 있다.

러시아 정교회의 외형적 성장과 러시아인의 종교성의 관계 역시 중요하다. 과거 일선정교회 수, 성직자 수의 부족은 러시아인들의 내면적 신앙생활, 형식과 의식이 생략된 형태의 신앙생활, 성경과 기독교 교리나 지식에 대한 무지 등에 큰 영향을 주었을 개연성이 있다. 소련 해체 이후 급격한 증가에도 불구하고 외형적, 양적 성장이 아직은 종교성 강화에 큰 영향을 끼치지 못한 것이 사실이다. 일반적으로 정교도의 증가는 자연증가(자발적 종교 선택)와 선교에 의한 증가임을 고려할 때, 러시아의 경우 자연증가가 절대다수라 볼 수 있다. 증가와 관련 질적인, 내용적인 측면이 논란이 되는 것이 사실이지만, 70여 년간 무신론 국가를 경험한 러시아임을 고려한다면, 서유럽 국가들과 비교할 때 자연증가는 매우 독특한 현상이라고 할 수 있다.

급격한 외형적 양적 증가에도 불구하고 종교성에 관한 러시아 국내 연구 자료에 국제 기준을 적용하면 대부분 러시아인 종교성 지표는 중하위 내지 최하위로 나타난다. 바꾸어 말하면, 현대 러시아인의 종교성은 종교 지식, 교리, 전통(의식)보다는 문화적 혹은 관습 종교에 기반하고 있다고 볼 수 있다. 그렇게 말할 수 있는 가장 큰 이유는 기존의 어떤 개념으로도 현대 러시아인의 종교성을 만족스럽게 설명할 수 없기 때문이다. 그러나 언급한 두 가지 특징 중 하나를 선택해야 한다면 '관습적 종교', 즉 현대 러시아인의 종교성에는 종교나 신앙 보다는 '관습' 요소가 더 많다고 볼 수 있다.[42] 그리고 이러한 특징을 보이게 된 이유는 정교회 신앙생활 전통, 소련시기 유산을 꼽을 수 있다. 의식(예배, 전례)과 전통을 중시하는 정교회에서 특히 소련시기에 의식이 배제됨으로써 전통적으로 의식을 통해 습득되어 오던 종교지식의 단절이 생기면서 러시아인들의 종교성에는 지나칠 정도로 '자율성'이 스며들게 된 것으로 볼 수 있다. 그리

42) '생활정교'적 성격이 강했던 소련 이전 시기만을 논한다면 '경험에 기반한 관습적 종교'나 '문화적 종교'라는 표현이 더 적합하겠지만, 소련시기에는 종교적 '경험'의 가능성이 극히 제한되었기 때문에 설문조사 양이나 내용 측면에서 '경험' 부분이 적을 수밖에 없는 상황을 고려하여 '관습적 종교'라는 용어를 선택했다. '문화적 종교'라는 용어를 선택하지 않은 이유는 문화적 종교의 두 번째 요소인 '사람들이 참여하는 명목상의 종교 활동'이 스칸디나비아 지역 국민들과 비교하여 유아세례를 제외하고 아직은 현저히 적기 때문이다. 하지만 교회 행사 참여, 결혼식과 장례식에서 정교적 요소가 증가한다면 '문화적 종교'라고 규정할 수 있을 것으로 본다. 아울러 몇 가지 유사성에도 불구하고 교회에 잘 나가지 않는 러시아 정교도를 '소속되지 않은 신앙인'이라고 부르기 어려운 이유는 최소한 20세기 대부분의 기간 동안 정교도들이 정교회를 떠난 이유, 소통의 단절과 자기 식으로 표현되는 신앙의 배경에는 서유럽에서의 세속화나 교회 자체 문제가 아니라 강압적인 국가 정책에 기인했기 때문이다.

고 그 자율성은 현대 러시아인의 종교성의 특징이자 다른 한편으로는 현대 러시아인의 종교성을 더욱 모호하게 만들었다고 할 수 있다. 한편, 현대 러시아인의 종교성은 1990년대와 2000년대를 비교했을 때 시간이 지날수록 보다 뚜렷해지고 있는 측면도 분명히 있다. 러시아의 역사에서와 현재 러시아 정교회의 위상을 고려할 때, 종교성이 분명해질수록 종교 정체성은 분명해질 것이며, 이는 국가와 민족 정체성 형성에도 영향을 줄 것으로 보인다.

참고문헌

곽승룡. 『도스토예프스키의 비움과 충만의 그리스도』. 서울: 가톨릭출판사, 1998년.

김현택. "페레스트로이카 이후의 러시아 정교회의 부활." 『슬라브연구』. 제12권. 1996년.

김현택 외. 『붉은 광장의 아이스링크-문화로 읽는 오늘의 러시아』. 서울: 한국외국어대학교 출판부, 2008.

김홍중. "뿌쉬낀 산문에서의 종교성 연구." 『한국노어노문학회 정기논문발표회 자료집』. 한국노어노문학회. 2010년 4월.

박영은. "안드레이 루블료프 이콘 해석의 패러다임과 신화 창조의 메커니즘: '디오니시우스 아레오파기트 사상'과 '삼위일체적 형제애'의 예술적 변용을 중심으로." 『노어노문학』. 23권 4호. 2011년.

석영중. "도스또예프스끼의 «악령»에 나타난 케노시스와 신화(神化)." 『슬라브학보』. 17권 2호. 2002년.

______. "도스토예프스키와 신경신학." 『슬라브학보』. 28권 4호. 2013년.

신동혁. "현대 러시아에서 제노포비아와 종교." 『슬라브학보』. 25권 4호. 2010년. 161-185쪽.

이경완. "성서 해석학의 관점에서 고골의 종교성 고찰." 『러시아어문학연구논집』. 30권. 2009년.

이규영. "종교와 주술의 경계로서 러시아 이콘: 예술적 이미지와 의미의 해석." 『러시아연구』. 23권 1호. 2013년.

이원규. 『종교사회학의 이해』. 서울: 나남출판, 2005.

이종진. "현대 소련의 연구: 사회, 문화; 제도와 대중매체로 본 소련의 반종교 선전양상." 『연구총서』. 10권. 한국외국어대학교 러시아연구소. 1984년.

______. "솔제니찐 문학의 종교성." 『노어노문학』. 2권. 1989년.

임영상. "종교축일과 민속명절에 타나난 러시아적 삶의 특징." 『슬라브연구』. 제13권. 1997년.

______. "러시아 정교회와 종교축일: 봄철 축일을 중심으로." 『서양사론』. 56권. 1998년.

정세진. "포스트소비에트 시기 러시아정교 이념의 패러다임." 『슬라브학보』. 23권 3호. 2008년.

정재영. "'소속 없는 신앙인'에 대한 연구." 『현상과 인식』. 제121권. 2013년. 87쪽.

조유선. “문학작품에 나타난 러시아 정교문화: ‘소보르노스찌’와 19세기 러시아 문학.”『슬라브학보』. 17권 1호. 2002년.

주커먼 필.『신 없는 사회』. 김승욱 옮김. 서울: 마음산책, 2012년.

황성우. “러시아 “이중신앙” 용어에 대한 재검토.”『슬라브연구』. 17권 1호. 2001년.

홍대화. “상호 텍스트적 절충주의와 러시아 종교성의 산물로서 레르몬또프 서사시의 주인공 “악마”,“『노어노문학』. 18권 3호. 2006년.

황영삼. “러시아 축제문화 속에 나타난 러시아인의 특징.”『슬라브연구』. 17권 1호. 2001년.

______. “러시아 민간신앙 연구: 기독교 수용과 연관성을 중심으로.”『슬라브연구』. 18권 2호. 2002년.

Inglehart, R. *Human Belief and Values. A cross-cultural sourcebook based on the 1999~2000 values surveys.* Mexico City: Siglo XXI, 2004.

Inglehart, R., Basáñez, M. and Moreno, A. M. *Human Values and Beliefs: A Cross-Cultural Sourcebook. Political, Religious, Sexual, and Economic Norms in 43 Societies: Findings from 1990~1993 World Values Survey.* Michigan: University of Michigan Press, 1998.

Stark, R. & Glock, C. Y. *American Piety: The Nature of Religious Commitment.* Berkeley: University of California Press, 1968.

http://sreda.org/ru

http://www.pewforum.org/2014/02/10/russians-return-to-religion-but-not-to-church(검색일: 2014.2.10)

Арсений Загуляев Программа “200 храмов”: 3 года в цифрах и фактах [Электронный ресурс] / RELIGARE.RU. Рудим доступа: http://www.religare.ru/2_101578.html.

Борис Дубин Образ православного верующего в современной России [Электронный ресурс] / CARNEGIE.RU. Рудим доступа: http://carnegie.ru/events/?fa=3725.

Древо Статистические данные по Русской Православной Церкви [Электронный ресурс] / DREVO-INFO.RU. Рудим доступа: http://drevo-info.ru/articles/11316.html.

К. Каариайнен и Д. Фурман(ред.) Старые церкви, новые верующие: Религия в массовом сознании постсоветской России. СПб.-М.: Летний сад, 2000.

К. Каариайнен и Д. Фурман(ред.) Новые церкви, старые верующие, старые церкви, новые верующие: Религия в постсоветской России. М.-СПб: Летний сад, 2007.

Левада центр Россияне о религии [Электронный ресурс] / LEVADA.RU. Рудим доступа: http://www.levada.ru/24-12-2013/rossiyane-o-religii.

Михаил Мчедлов Религиозность в современной россии [Электронный ресурс] / RAU.SU. Рудим доступа: http://www.rau.su/observer/N8_2004/8_03.HTM

Сергей Филатов и Роман Лункин Статистика российской религиозности: магия цифр и неоднозначная реальность// Социологические исследовани(СоцИс). 2005. №6. С. 35-45.

ФОМнибус Ценности: религиозность. Сколько россиян верят в Бога, посещают храм и молятся своими молитвами? [Электронный ресурс] / FOM.RU. Рудим доступа: http://fom.ru/obshchestvo/10953.

[Электронный ресурс] / RELIGIO.RAGS.RU. Рудим доступа: http://religio.rags.ru/journal/2010/2010_03/N_3-10(fin)_318-323.pdf

Юлия Синелина Религиозность в современной россии Отечественные записки № 1/52 [Электронный ресурс] / MAGAZINES.RUSS.RU. Рудим доступа: http://magazines.russ.ru/ oz/2013/1/21s.html

제7장

푸틴 집권기 러시아 정부와 인권운동의 갈등 관계*

프레이밍 과정과 정치적 기회구조를 중심으로

강윤희**

I. 서론

러시아 인권운동은 체제전환과 더불어 나타난 '새로운' 사회운동은 아니다. 그 뿌리는 소련 시절까지 거슬러 올라갈 수 있으며, 스탈린 사후에 나타난 반체제 운동과 깊은 관련을 가지고 있다. 이미 흐루쇼프의 해빙기에 인권운동의 맹아가 나타나기 시작하였으며 1965년부터는 좀 더 대중적이고 공개적인 운동의 형태를 갖추기 시작하였다. 이후 1975년 헬싱키조약 서명을 계기로 소련의 인권문제를 감시하고 그 현황을 국제적으로 알리는 인권단체들이 러시아 내에 본격적으로 조직되기 시

* 이 글은『슬라브연구』30권 2호(2014)에 게재된 "푸틴 집권기 러시아 정부와 인권운동의 갈등 관계: 프레이밍 과정과 정치적 기회구조를 중심으로"이며 한국외국어대학교 국제지역연구센터 러시아연구소의 허가를 얻어 여기에 싣는다.

** 국민대학교 국제학부 교수

작하였다. 1976년 모스크바에 조직된 모스크바헬싱키그룹(Московская Хельсинкская группа)이 그 대표적인 단체이다. 한편 1980년대 후반 고르바초프의 글라스노스트 및 페레스트로이카 정책에 힘입어 다양한 비공식집단이 형성되었을 때 새로운 인권운동조직들이 나타났다. 예컨대 1989년 역사 및 교육협회로 출발한 메모리얼(Мемориал)은 1991년 인권센터를 설립하여 소련의 전체주의적 과거 역사를 기록하고 러시아의 인권상황을 모니터링 하는 단체로 활동해오고 있다.

구소련 시절 공산주의 정권에 의한 정치적 탄압-스탈린 시기의 대숙청 및 노동수용소 운영, 이후 반체제 인사의 구금 및 정신병원 감금 등-이 인권문제의 핵심을 이루었기 때문에 인권운동은 일종의 반체제운동이기도 했다. 그러나 1991년 소련국가의 붕괴와 탈냉전 시대의 도래는 러시아 인권문제의 성격을 상당히 변모시켰다. 신생국 러시아에서는 정치적 성격의 인권 탄압이 여전히 인권문제의 핵심을 이루면서도, 민족과 인종에 기반 한 각종 폭력 행사 및 사회적 약자에 대한 인권침해 문제, 소수자 인권 문제, 군대 내 신병에 대한 인권침해 문제 등이 새롭게 대두되었다.[1] 뿐 아니라 두 차례의 체첸 전쟁에서는 군대에 의해 저질러진 민간인 실종, 고문, 즉결처형 등이 명백한 인권침해 문제로 떠올랐다.[2]

따라서 특정 인권 문제를 집중적으로 다루는 다양한 인권단체들이 조직되기 시작하였다. 보다 고전적인 정치적 억압 문제를 다루는 단체부터 여성에 대한 폭력 문제, 군대 내 신병 학대 문제를 다루는 단체에 이르기까지 그 성격은 매우 다양해지고 있다. 예컨대 메모리얼은 정치 탄압 문제를 다루는 반면, 병사들의 어머니회(Солдатские матери)는 체첸

1) Jonathan Weiler, *Human Rights in Russia: A Darker Side of Reform* (Boulder: Lynne Rienner, 2004).

2) *Ibid.*, pp. 107-121.

전 반대 운동을 펼쳤고 군대 내 신병 학대 문제를 주로 다룬다. 이들 러시아 인권단체들은 러시아에 현존하는 인권문제 해결을 위해서 인권 감시 활동, 보고서 제출, 시위 조직, 법적 소송에 이르기까지 다양한 방식으로 러시아 정부에 압력을 행사하고 있다. 또한 국제사면위원회(Amnesty International)나 휴먼라이츠워치(Human Rights Watch)와 같은 국제인권 NGO와의 연대를 통해 영향력을 확대하고자 노력하고 있다.

그러나 이러한 인권단체의 요구사항을 러시아 정부가 늘 수용하는 것은 아니다. 러시아 정부는 인권문제를 야기하는 법적, 정치적, 사회적 문제를 해결하도록 안팎으로부터 강한 압력을 받고 있음에도 불구하고 인권상황 개선을 위한 충분한 노력을 기울이지 않고 있다. 더욱이 러시아 정부는 러시아적 특수성을 강조하면서 인권이라는 국제적 규범을 수용하는 것이 아니라 거부하는 태도를 보이고 있어 러시아 인권문제 개선은 요원한 듯이 보인다.

따라서 러시아 정부와 인권단체는 매우 불편한 관계에 놓여있다. 2000년 푸틴 대통령 집권 이후 러시아 정부의 권위주의적 성격이 강화되자 인권운동은 탄압받기 시작하였다.[3] 푸틴의 뒤를 이은 메드베데프 통치 시기에도 상황은 그리 나아지지 않았다. 더욱이 푸틴 3기에 이르러 러시아 정부는 인권 및 민주주의 운동단체에 대해 더욱 더 강력한 제재 및 탄압을 가하고 있어 정부와 인권운동 간의 갈등은 더욱 심해지고 있다.

이 글은 이러한 배경을 염두에 두고 푸틴 집권기의 러시아 정부와 인권운동의 관계를 조명해 보고자 한다. 보다 구체적으로 푸틴 정권이 어떠한 프레이밍을 통해 인권운동의 운신의 폭을 좁히는 전략을 사용하는지,

3) 푸틴 정권의 권위주의적 속성에 대해서는 유진숙, "러시아 민주주의 공고화와 정치과정," 『중소연구』 34권 1호(2010년 봄), 207-225쪽 참조.

그리고 러시아 인권운동에 대해 어떤 방식으로 탄압 및 제재를 가하는지를 밝히고자 한다. 또한 이러한 정권 차원의 대응이 러시아 인권운동에 미치는 영향을 가늠해 보고자 한다. 이러한 연구는 권위주의 정권 하에서의 사회운동의 가능성과 한계를 드러내는 데 기여할 것이다.

II. 이론적 배경과 분석틀

1. 이론적 배경

러시아 정부와 인권운동의 관계를 살펴보기 위해 이 글에서는 사회운동 발생 및 발전에 관한 일반 이론을 활용하고자 한다. 이는 러시아 인권운동의 발생과 발전과정을 러시아적 맥락에서 설명하되 러시아적 현상을 보다 넓은 이론적 문제와 연관시켜 객관적으로 분석하기 위함이다.

1960년대에 전 세계적으로 사회운동과 혁명이 확산되자 사회운동에 대한 연구가 학문적 관심으로 대두되었고, 사회학자, 정치학자, 역사학자들은 지난 20년 간 사회운동 / 혁명에 대한 다양한 이론적, 경험적 연구를 내놓았다. 정리하자면, 사회운동 연구가들은 대체로 사회운동 / 혁명의 등장과 발전에 다음과 같은 세 가지 요소가 중요하다고 강조하고 있다. (1) 정치적 기회(political opportunities) 및 제한(constraints) 구조, (2) 이용가능한 조직의 형태(forms of organization), (3) 기회와 행동을 중재하는 해석(interpretation), 속성(attribution), 사회적 구성(social construction)의 집단적 과정이 그것들이다.[4)]

---

4) 자세한 내용은 Doug McAdam, John D. McCarthy and Mayer N. Zald, ed.,

정치과정이론에 영향을 받은 사회운동 연구자들은 정치적 기회가 운동의 역동성을 이해하는데 가장 중요한 요인이라고 상정한다. 그들에 따르면, 사회운동(그리고 혁명)이 등장하는 각 국가의 맥락에 따라 독특한 정치적 제한과 기회의 집합에 의해 사회운동이 형태 지워진다. 정치적 기회구조의 4가지 차원은 다음과 같다. 첫째, 제도화된 정치체제의 상대적 개방성과 폐쇄성, 둘째, 정치체를 뒷받침하는 엘리트 이합집산의 안정성, 셋째, 엘리트 동맹(elite allies)의 존재, 넷째, 국가의 억압 능력과 성향이다.[5] 이들 차원 중 하나 혹은 다수의 변화는 정치체제를 저항단체들에 의한 도전에 좀 더 수용적이거나 취약하게 만든다. 이 과정을 분석함으로써 학자들은 집단적 행동의 등장 (발전, 혹은 쇠락)을 설명할 수 있다는 것이다.

제도화된 정치체제가 집단행동의 가능성과 운동의 형태를 규정짓는 반면, 제도화된 정치체제의 영향력은 다양한 종류의 동원구조(mobilizing structures)로부터 독립적이지 않는데, 이러한 동원 구조를 통해 저항집단은 조직화를 추구한다. 여기서 동원구조라 함은 공식적, 비공식적 집단적 수단을 의미하는데, 이를 통해 사람들은 집단행동으로 동원되고 관여하게 된다. 따라서 운동의 등장에 있어서는 저항세력이 운동을 촉발할 수 있을 정도로 충분한 힘을 가진 동원 구조를 가지고 있는가 하는 점이 중

Comparative Perspectives on Social Movements: Political Opportunities, Mobilizing Structures, and Cultural Framings (Cambridge: Cambridge University Press, 1996)를 참조하라. 사회운동 연구자들 간의 합의에 기초해서 맥아담(McAdam) 등은 사회운동에 대한 분석적 시각을 포괄적으로 설명하고 있다. 이어 총 15명의 연구자들이 각 요인별로 자세한 분석을 하고 있다. 이 외에 사회운동 이론 연구로는 Aldon D. Morris and Carol McClurg Mueller가 편집한 *Frontiers in Social Movement Theory* (New Haven: Yale University Press, 1992) 등이 있다.

5) McAdam, McCarthy and Zald, *Comparative Perspectives on Social Movements*, p. 10.

요하다.

그러나 일단 집단행동이 촉발되면 동원구조의 단순한 이용 가능성은 더 이상 중요하지 않으며, 반면에 운동을 대변한다고 주장하는 그룹들의 조직적 인지도(organizational profile)가 중요해진다. 운동의 초기 단계를 넘어서면, 집단행동을 유지하기 위해 만든 형식적 사회운동 조직이 투쟁의 전반적인 속도와 결과에 영향을 줄 수 있는 보다 넓은 정치적 환경을 규정한다. 달리 말하자면, "운동은 대체로 환경적 기회에서 배태되지만, 운동의 운명은 그들 자신의 행동에 의해 강하게 규정된다."[6]

한편 정치적 기회와 동원구조가 결합하여 구조적 행동 잠재력을 저항세력에게 제공한다고 해도 이것들은 집단행동을 설명하는 데 충분하지 않다. 기회, 조직, 행동 간을 조정하는 것은 사람들이 그들의 사태에 관심을 가지게 되는 공유된 의미와 정의(definitions)이다. 최소한 사람들은 그들의 삶의 특정 측면에 대해 불만을 품고 있으며 집단적으로 행동함으로써 그 문제를 해결할 수 있다고 낙관적일 필요가 있다. 이러한 인식이 결여될 때, 사람들은 기회가 주어질 경우에도 동원되지 않을 가능성이 높다.

이러한 인식의 존재 혹은 부재를 좌우하는 것은 사회심리학적 역동성의 집합체-집단적 속성, 사회적 구성-인데 이를 프레이밍 과정(framing processes)이라고 언급한다. 프레이밍은 일군의 사람들이 세계 및 자신들에 대한 공유된 이해(understandings)를 빚어내는 의식적인 전략적 노력을 언급하는데, 이러한 세계관은 집단행동을 합법화하고 동기를 부여한다.[7]

---

6) *Ibid*., p. 15.

7) 프레이밍 이론은 고프만(E. Goffman)의 프레이밍 분석에서 유래한다. 고프만은 프레이밍을 개인들이나 집단들이 사건(events)과 발생(occurrences)들을 위치지우고, 인식하고, 알아보고, 이름 붙이는 것을 하게 만드는, 그래서 의미를 부여하고, 경험을 조

프레이밍 과정은 집단행동의 등장을 형태 지을 뿐 아니라 진행 중인 운동의 운명에도 마찬가지로 중요하다. 그러나 성숙한 운동에서는 프레이밍 과정이 사회운동조직 측에서의 의식적이고 전략적인 결정에 의해 형태지어진다. 또한 운동을 대변하는 집단적 행위자, 국가, 그리고 현존하는 반대 운동 간의 극심한 논쟁의 주제가 될 가능성이 매우 높다.[8)]

결국 기존의 사회운동 연구는 사회운동의 발생 및 발전에는 (1) 정치적 기회구조, (2) 동원구조, (3) 프레이밍 과정이 중요한 요인으로 작동한다고 말하고 있다. 이들 요인들이 운동의 역동성을 결정하는 요인으로 작동하며 또한 상호작용을 통해 운동의 과정에 영향을 미친다는 것이다. 이러한 연구 결과는 다양한 국가에서 발생한 사회운동에 대한 경험적 연구를 토대로 한 것인데, 운동의 역동성에 있어서 국가별 유사성과 차이점을 비교 연구하는데 유용한 개념틀을 제공한다.

직하고, 행위를 이끌게 만드는 "해석의 스키마(schemata)"라고 설명하였다. Erving Goffman, *Frame Analysis: An Essay on the Organization of Experience* (Cambridge, MA.: Harvard University Press, 1974), p. 21. 고프만의 프레이밍 이론은 사회학에 영향을 미쳐, 사회운동의 과정을 설명하는데 활용되었다. 스노우(D. A. Snow)와 벤포드(R. D. Benford)는 사회운동이 신념과 이데올로기의 운반자(carrier)로 행동하며, 운동의 참여자들에게나 반대자들에게 의미를 구성하는 과정의 일부로 작동한다고 보았다. 사회운동이 제시하는 프레이밍이 개별 참여자들의 프레이밍과 동조될 때, 운동과 참여자들 간에는 공명(resonance)이 일어나고 대중운동의 동원이 가장 성공적으로 이루어진다고 보았다. D.A. Snow and R.D. Benford, "Ideology, Frame Resonance, and Participant Mobilization," *International Social Movement Research*, Vol. 1, 1988, pp. 197-217 참조.

8) McAdam, McCarthy and Zald, *Comparative Perspectives on Social Movements*, p. 17.

2. 푸틴 집권기의 러시아 인권운동 분석틀

사회운동 연구자들이 제시한 위의 3개 결정요인은 소련/러시아의 사회운동의 등장과 전개과정을 설명하는데도 유용하게 적용될 수 있다. 크게 보면 소련 고르바초프 시기의 페레스트로이카가 제공하는 정치적 기회구조의 확대가 러시아 사회운동의 등장을 가능하게 하였고, 이 때 출현한 비공식집단들은 소련 말기 대중시위를 조직화하는 데 핵심적 역할을 하였을 뿐 아니라 현대 러시아 시민단체들의 중추가 되었다. 이들 비공식 집단 및 사회단체들은 그간 정부가 독점적으로 제시하였던 세계관에 대해 도전하였으며 대안적 해석을 내놓고 대중들을 동원하였다. 따라서 소련 말기 고르바초프 시기부터 러시아 옐친 대통령 시기에 이르기까지 러시아 사회운동이 급작스럽게 등장하고 폭발적으로 발전해나간 과정을 보면, 일반 사회운동이론이 제시하는 정치적 기회구조, 동원구조, 프레이밍 과정이 모두 중요한 요인으로 작동하였다는 것을 알 수 있다. 이 점은 인권운동뿐 아니라 환경, 여성운동에서도 확인할 수 있는 바이다.[9]

반면 푸틴 시기의 러시아 사회운동은 운동의 발생과정에 있는 것이 아니라 이미 발생한 운동이 변화된 정치적 환경 속에서 생존을 모색해야 하는 단계에 있다.[10] 운동이 대중적으로 조직화되고 분화되었던 고르바

9) 페레스트로이카 시기의 인권단체 결성 과정에 대해서는 박상철, "페레스트로이카와 스탈린 문제: '메모리알'의 형성과정을 중심으로," 『러시아연구』 15권 2호 (2005년) 참조. 소련 말 러시아 환경운동의 등장 배경과 동원구조에 대해서는 강윤희, "소련 환경운동의 발전과정 및 특징: 환경단체의 조직적 특성을 중심으로," 『국제정치논총』 49집 5호 (2009년 겨울) 참조. 러시아 여성운동의 등장에 대해서는 Valerie Sperling, *Organizing Women in Contemporary Russia: Engendering Transition* (Cambridge: Cambridge University Press, 1999) 외 다수의 연구가 있다.

10) 물론 푸틴 시기에 새롭게 등장하는 운동도 있다. 그러나 인권, 환경, 여성, 민주주의 운동 등 주요 시민운동은 푸틴 이전 시기에 이미 등장, 발전해왔다. 한편 사회운

초프 및 옐친 시기와 비교해 볼 때, 푸틴 시기의 두드러진 특징은 사회운동에 대한 정부의 부정적 대응-억압과 탄압-이 현저히 증대되었다는 것이다. 앞서 언급하였듯이, 푸틴 통치 하에서 권위주의 속성이 강화됨에 따라 전반적으로 민주주의 요소가 쇠퇴하였고 그 여파로 정치체제의 개방성은 줄어들고 국가의 억압 능력은 현저히 증대되었다. 따라서 푸틴 시기의 국가와 운동 간의 관계 변화는 운동 차원이 아니라 정부 차원의 정책 변화에서 더 크게 연유된다.

이러한 이유로 이 글에서는 푸틴 정부와 인권운동 간의 관계를 분석하기 위해 일반 사회운동이론에서 제시하는 위의 세 가지 요인 중 정치적 기회구조 및 프레이밍 과정에 집중하고자 한다. 이 시기에 정치적 기회구조는 크게 변화된 반면, 러시아 인권운동의 동원구조 자체에는 큰 변화가 없었기 때문이다. 또한 푸틴 정부는 단순히 인권운동에 대한 탄압만을 증가시킨 것이 아니라 러시아 인권운동을 특정 틀에 넣어 부정적으로 프레이밍하고 있기 때문이다. 따라서 러시아 인권운동이 현재 처한 상황을 정확히 이해하기 위해서는 정치적 기회구조와 프레이밍 과정에 대한 분석이 동시에 필요하다.

본문에서는 먼저 인권운동에 대한 푸틴 정부의 프레이밍 전략을 분석할 것이다. 앞서 이론적 배경에서 살펴본 바와 같이 운동이 일단 등장한 이후 운동집단과 국가, 그리고 반대 운동세력은 프레이밍 과정을 둘러싸고 치열한 경쟁을 벌인다. 이 점에서는 러시아도 예외가 아니다. 실제 푸

동론의 관점에서 2000년대 러시아 사회운동을 살펴본 연구로는 Mihai Varga, "How Political Opportunities Strengthen the Far Right: Understanding the Rise in Far-Right Militancy in Russia," *Europe-Asia Studies*, Vol. 60, No. 4, June 2008; 김태연, "사회운동론의 관점에서 본 '불법이주반대운동'의 성공요인,"『국제정치논총』50집 5호 (2010년 겨울) 등이 있다.

틴 집권 이후 시민사회 개념과 성격을 둘러싸고 러시아 정부와 시민운동 세력은 치열한 프레이밍 경쟁을 벌여왔다. 특히 인권, 민주주의, 국가이익을 어떻게 규정할 것인가의 문제를 놓고 국가와 시민사회 간의 갈등은 더욱 커지고 있다. 인권문제에 국한하여 보자면, 정부와 인권단체는 국제 인권규범의 수용 및 적용을 둘러싸고 상당한 입장 차이 및 대립 양상을 보이고 있다. 따라서 현대 러시아에서 국가와 인권운동의 관계를 살펴보는 데 있어서 프레이밍 과정에 대한 분석은 매우 중요하다고 할 수 있다.

이와 더불어서 본문 4절에서는 러시아 정치체제의 폐쇄성 문제와 러시아 국가의 억압 능력 증대 현상을 다룰 것이다. 정치적 기회구조의 4가지 차원 중 이 두 차원이 가장 직접적으로 러시아 인권운동에 영향을 미치고 있기 때문이다. 이러한 분석은 러시아 인권단체들이 푸틴 정부에 대해 상대적으로 무기력하게 대응할 수밖에 없는 이유를 설명할 것이다.

궁극적으로 이 글에서는 푸틴 집권기의 프레이밍 과정 및 정치적 기회구조를 분석함으로써 러시아 인권운동이 직면한 현실을 조명하고자 한다. 또한 이러한 연구를 통해 궁극적으로 권위주의 정권 하에서 러시아 인권운동이 생존가능한지, 향후 발전 혹은 쇠퇴의 가능성이 있는지를 밝히고자 한다. 이 글에서는 2000년 푸틴 집권 이후 현재까지를 연구 범위로 하며, 푸틴이 총리로 실권을 장악하였던 메드베데프 대통령 시기도 포함함을 미리 밝힌다.

III. 푸틴 정권 하에서의 프레이밍 과정

푸틴 대통령은 일찍이 국가-시민사회 관계의 재정립을 도모하면서 2001년 국가 주도의 시민포럼(гражданский Форум)을 만들어 러시아 시민사회를 통제하고자 하였다.[11] 그러나 푸틴 대통령이 비영리단체를 공격하는 발언을 최초로 한 것은 2004년 5월 국정연설에서였다. 그는 많은 러시아 비영리단체들이 “먹이 주는 사람의 손을 물지” 않기 위해서 “조국과 시민들의 가장 심각한 문제들”을 간과하고 있다며 비난하였다.[12] 푸틴의 국정연설 발언 이후 연방 및 지방 차원의 수많은 관료들이 인권단체 및 정부에 비판적 단체들에 대해 공개적으로 적대적인 태도를 보이기 시작했다. 예컨대 외무부 장관은 체첸에서 활동하는 인도주의 단체들이 시민들에게 실질적인 인도주의적 지원을 제공하지 않고 있으며 지역에 대한 모니터링 활동을 은폐하기 위해 인도주의적 미션을 이용하고 있다고 비판하였다.[13] 한 TV 채널은 인권단체들이 러시아에 대한 증오심을 가지고 있다며 인권단체들의 활동을 비난하는 프로그램을 피크 타임에 방영하였다.[14] 크렘린 정치자문가인 파블롭스키(Павловский)는 인권활동가들

11) 푸틴 대통령은 2001년 국가 주도의 시민포럼, 2006년 공공회의소(обшемственная палата)를 만들어 시민사회를 통제하였고, 나쉬(Наши)와 같은 모조시민사회운동을 창출하여 시민사회 영역을 심각하게 왜곡시켰다. 자세한 내용은 강윤희, “러시아 체제전환: 민주화 이행과정에서의 시민사회의 역할과 한계,” 『슬라브학보』 27권 1호(2012년 봄), 198 쪽 참조.

12) http://www.kremlin.ru/eng/speeches/2004/05/26/2021_64906.shtml(검색일: 2008.12.3)

13) Josh Machleder, *Contextual and Legislative Analysis of the Russian Law on NGOs* (Moscow: INDEM Foundation, 2006), pp. 5-6.

14) Human Rights Watch, *World Report 2005* (New York: Human Rights Watch, 2005), p. 409.

이 서구적 이상에 몰두하고 있다고 비난하였고,[15] 한 조국당 의원은 병사들의 어머니회가 서구 국가들의 명령에 따라 움직임으로써 군대의 방어 능력을 약화시키고 있다고 비난하였다.[16] 2005년 크렘린에서의 인권활동가와의 미팅에서 푸틴 대통령은 비영리단체들이 정치적 활동을 위해 해외로부터 재정지원 받는 것을 참지 않을 것이라고 발언하기도 하였다.[17]

이처럼 러시아 인권단체를 비난하는 정부 및 관련 인사들의 발언은 대부분 러시아 인권 문제의 현황이나 속성과는 무관한 것이었다. 이들은 인권운동가들을 러시아에 대한 반감과 서구에 대한 이상에 젖은 反러시아적 인사들로 틀 지웠고, 인권단체의 활동을 국가이익에 반하는 것으로 묘사하였다. 러시아 대 서구라는 양분법적 틀을 사용하여 러시아 정부에 대해 비판하거나 도전하는 단체들을 그 주장의 정당성 여부와 상관없이 反러시아적인 것, 서구적인 것으로 묘사하였다. 이것은 러시아적 맥락에서 다분히 부정적 뉘앙스를 가지는 것이었다.

푸틴 정부가 자국의 시민사회단체, 특히 인권단체들을 서구적인 것, 즉 러시아에 위협적인 요소로 파악하는 데는 그럴만한 이유가 있다. 러시아 주변의 구 소련공화국들에서 민주주의 성향의 혁명들이 일어났기 때문이다. 2003년 조지아에서는 당시 대통령이었던 E. 셰바르드나제(Э. Шеварднадзе)를 퇴진시킨 장미혁명이 일어났고, 2004년 11-12월에는 우크라이나에서 대통령 선거를 둘러싸고 오렌지혁명이 발생하였다. 2005년에는 키르기스스탄에서 튤립혁명이 일어나 정권교체를 이루어냈다. 따라서 푸틴 정권은 소위 색깔혁명이 러시아에서 발생할 가능성에 대해 심각하게 우려하고 있었다. 이들 구 소련공화국들에서 일어난 혁명의 구체

15) *RIA Novosti*, May 27, 2004.

16) *Moscow Times*, October 21, 2004.

17) http://www.hrw.org/legacy/backgrounder/eca/russia1105/4.htm(검색일: 2013.11.20)

적인 배경이나 원인은 각기 다양하지만, 러시아 정권의 입장에서는 이들 혁명이 외부 세력의 개입으로 발생하였다는 강한 의심을 가지게 되었다. 예컨대 우크라이나 혁명은 내부 정치적 갈등과 우크라이나의 국제정치적 지향성을 둘러싼 균열(친러/친서 성향), 지역적 분열 등에 의해 촉발되었지만, 러시아 정권은 이러한 국내 정치적 요소보다는 국제적 개입 요소를 더 근원적인 원인으로 판단하였다. 실제 미국국제개발처(USAID: US Agency for International Development)와 소로스 재단(Soros Foundation) 등이 수년에 걸쳐 우크라이나 시민사회를 지원하였던 점을 고려한다면[18] 이러한 우려는 충분한 근거를 가진 것처럼 보였다.

푸틴 대통령이 2006년 비영리단체법을 개정함으로써 자국의 비영리단체에 대한 정부 통제력을 더욱 강화하고자 한 것은 이러한 배경에서 이루어진 것이다. 이러한 조치는 시민사회 전반에 영향을 미치는 것이었을 뿐 아니라 특히 민주주의나 인권 증진 활동을 하는 시민단체들을 타깃으로 하는 것이었다. 실제 러시아 정부는 민주주의 및 인권단체들이 러시아의 부끄러운 인권침해 상황이나 민주주의 위반 사례 등을 해외에 알림으로써 러시아의 명성을 더럽히고 있다고 보았다. 또한 이들이 러시아에서의 민주주의 혁명을 도모하는 서구 세력의 앞잡이라는 생각을 가지고 있었다.[19]

---

18) 미국국제개발처는 2001년부터 2004년까지 우크라이나에 5억 7천만 달러에 가까운 자금을 지원하였는데, 이 중 거의 대부분이 Freedom Support Act에 지원되었다. 국제개발처 외에 소로스 재단, 민주주의를 위한 국가원조기금(National Endowment for Democracy) 등의 지원을 포함하면 우크라이나에 지원된 액수는 훨씬 더 커질 것이다. 또한 오렌지 혁명에 결정적인 역할을 한 학생운동 단체인 Pora는 미국의 도움으로 세르비아의 Otpor로부터 훈련을 받았으며, 많은 우크라이나 NGO들이 서방 NGO의 도움을 받았다. Theodor Tudoroiu, "Rose, Orange, and Tulip: The Failed Post-Soviet Revolution," *Communist and Post-Communist Studies*, Vol. 40, 2007, p. 329.

19) J. Machleder, *Contextual and Legislative Analysis of the Russian Law on NGOs*,

한편 푸틴 3기의 러시아 정부의 프레이밍 전략은 더욱 명확해졌다. 러시아 인권단체의 활동을 조국의 이익을 배반하고 외국 국가 및 단체의 지침을 받는 반국가적 단체로 몰아가는 것이다. 이것은 2011년 12월 총선 이후 부정선거를 규탄하는 대규모 시위가 수개월 이어졌던 사실과 관계가 있다. 당시 선거 부정을 대중적으로 알리고 대중시위를 이끌어낸 단체는 러시아 선거모니터링 단체인 골로스(ГОЛОС)였다. 문제는 부정선거 규탄 시위가 대통령 선거를 앞두고 이어졌기 때문에 푸틴의 재선마저 위협받는 듯이 보였다는 점이다. 2012년 또 다시 대통령에 당선된 푸틴은 곧바로 러시아 시민사회단체들을 공격하기 시작하였다.

이러한 맥락에서 2012년 비영리단체법 개정은 푸틴 정권의 프레이밍 전략을 여실히 보여준다. 개정된 법에 따르면 해외로부터 재정 지원을 받는 비정부기구는 스스로를 "외국 에이전트(foreign agents)"로 등록해야만 한다. 이 법은 초안 단계에서 두마 법안심의를 거칠 때부터 논란이 많았다. 러시아적 맥락에서 외국 에이전트는 결코 긍정적, 중립적 의미를 가지지 않기 때문이다. 외국 에이전트라는 용어는 스탈린 시대의 용어로서 조국에 대한 '배신자', '반역자', '스파이'라는 용어와 동일시되었다. 따라서 당시 이러한 오명을 받은 인물, 단체들은 정치적 탄압을 피하기 어려웠다. 현대 러시아에서도 외국 에이전트라는 명명은 결코 긍정적이지 않다. 따라서 러시아 단체들에게 스스로를 외국 에이전트로 등록하도록 강요하는 것은 이들 단체들의 정통성과 합법성에 치명적인 타격을 가하는 것이다. 러시아 단체들은 '외국의 재정지원을 받는 단체는 곧 외국 에이전트'라는 정부의 프레이밍에 갇혀버리게 되었다. 이들이 벌금 및 투옥의 가능성 때문에 어쩔 수 없이 스스로를 외국 에이전트라고 등록을 하는

---

pp. 2-3.

경우, 이들은 러시아인들의 눈에 국가이익에 반하는 활동을 하는 부정적 집단이라는 이미지를 스스로 인정하는 것이 된다. 반면, 이와 같은 등록을 거부할 경우 단체의 폐쇄, 활동가의 투옥, 막대한 벌금형에 직면하게 되어 실질적으로 생존이 불가능하게 된다.

이처럼 진퇴 양난한 상황 속에서 러시아 시민사회단체들은 어려운 결정을 내려야만 한다. 상트페테르부르크의 벨로나 환경인권센터(Беллона, ERC Bellona)와 러시아 미디어가 같이 실행한 NGO 인터뷰에 따르면, 러시아의 주요 인권·민주주의 및 환경단체들은 외국 에이전트 등록을 거부할 뜻을 밝혔다. 모스크바헬싱키그룹의 창설자이며 오랜 경험의 인권활동가인 알렉세예바(Алексеева)는 동 법을 유럽인권재판소(European Court of Human Rights)에 제소할 것을 고려한다고 밝혔다. 그녀는 "우리는 외국 에이전트가 아니다. 우리는 스스로를 그러한 이름으로 부를 수 없다. 이것은 법에 의해 요청된 것이지만, 우리는 잘못된 사실을 선언할 수 없다."라고 말했다. 즉 스스로가 외국 에이전트가 아니면서 그렇다고 인정할 수는 없다는 것이다. 메모리얼 인권조직 대표인 체르카소프(Черкасов)도 외국 에이전트라는 명칭을 사용하지 않을 것이며 국내적, 국제적 모든 법적 수단을 통해 이 법에 반대할 것이라고 밝혔다.[20]

다른 한편 러시아 시민활동가들은 외국 에이전트의 기능이 구체적으로 무엇인가 반문한다. 즉 자신들의 단체가 외국 에이전트로서 걸맞은 활동을 한 바가 전혀 없다는 것이다. 예컨대 그린피스러시아의 프로그램 매니저인 블로코프(Блоков)는 "외국 에이전트로서의 기능을 수행하는" 조직이 아니기 때문에 등록하지 않을 것이라고 선언하였다.[21] 마찬가지

---

20) http://www.bellona.org/articles/articles_2012/ngo_law_in_force(검색일: 2013.10.30)

21) *Ibid.*

로 인권단체들은 외국 에이전트의 정치적 기능이라는 규정의 모호함을 들어 외국 에이전트 등록을 거부하고 있다.

한편 국제메모리얼 이사이며 메모리얼 인권센터 위원인 오를로프(Орлов)의 노바야가제타(Новая газета)와의 인터뷰는 러시아 인권단체들의 프레이밍 전략을 보여준다. 그는 인권단체들은 다른 누구의 이익이 아니라 러시아의 이익을 위해 활동하며 정치적 성격의 활동을 하지 않기 때문에 외국 에이전트가 될 수 없다고 반박한다. 또한 법 준수의 문제와 관련해서는 나치 시기의 잘못된 법 집행의 예를 들어 "불법적인 법"은 따르지 않을 것이라고 말한다. 러시아 정부가 불법적 제재를 가한다면 스스로 러시아 정부가 민주주의를 진작시키고 있다는 주장의 허구성을 전 세계 앞에서 드러내는 것이라고 주장하였다. 또한 유럽인권재판소에 호소함으로써 러시아 정부가 벌금을 내게 될 것이라고 기대했다.[22)]

한편 인권단체가 가상의 적을 상대로 쓸데없는 힘을 낭비하는 것은 아니냐는 질문에 대해 오를로프는 러시아가 경찰국가로 전락하는 것을 막는 것이 최대의 목표이며 따라서 가상의 적이 아니라 매우 실질적인 적을 대상으로 싸우고 있다고 강조한다. 러시아 정부가 인권단체들을 분쇄하려고 시도하고 있다는 것 자체가 인권단체의 존재감을 보여준다고도 하였다. "우리는 '성가시기는 하나 위험하지는 않은 파리(fly)'가 아니라 '성가실 뿐 아니라 위험한 말벌(wasp)'"이라는 것이다.[23)]

이처럼 러시아 인권단체들은 푸틴 정권이 만들어 놓은 프레이밍에서 벗어나고자 안간힘을 쏟고 있다. 문제는 이들의 목소리를 반영해 줄 여론의 공간이 매우 적다는 것이다. 푸틴 집권 이후 지속적으로 이루어진

---

22) *Novaya Gazeta*, October 18, 2012.

23) *Ibid.*

정부의 언론 장악 시도로 인해 정권의 영향을 받지 않는 자유로운 여론의 공간이 거의 사라지다시피 되었다.[24] 러시아 대중들에게 가장 큰 영향을 미치는 TV에서 인권단체들이 자신들의 견해를 표출할 수 있는 가능성은 거의 전무한 실정이다. 신문 중에서도 노바야가제타처럼 자유주의적 성향의 신문에만 그들의 목소리를 낼 수 있다. 따라서 인권단체들이 러시아 대중에게 호소하고 이들의 인식을 바꾸기는 쉽지 않아 보인다. 또한 유럽인권재판소를 포함하여 국제사회에 호소를 하는 전략도 결국 이들 단체들이 외국 에이전트였다는 인식을 강화시켜줄 공산이 크다.

IV. 푸틴 정권 하에서의 정치적 기회구조 변동

시민사회 영역, 특히 인권운동에 대한 푸틴 정부의 강력한 反시민단체적 프레이밍이 만들어지고 있는 가운데, 러시아 인권단체들은 불행히도 푸틴 정부에 대해 강력하게 저항하지 못하고 있다. 여기에는 정치적 기회구조의 축소라는 변수가 크게 영향을 미치고 있다. 본 절에서는 이를 자세히 살펴보고자 한다.

24) 푸틴 정부의 언론매체 재국유화 과정과 언론 장악에 대해서는 Lee Hongsup, "Privatization of Russian Media: Its Process and Effects on Democratization," 『슬라브학보』 21권 1호(2006년 봄) 참조.

1. 정치체제의 폐쇄성

2000년 푸틴 집권 이후 러시아 정치체제의 개방성은 현저히 손상되었다. 무엇보다도 정당, 선거를 통한 정치 참여 및 영향력 행사의 가능성이 현저히 줄어들었다. 비록 군소정당의 난립으로 혼란스러운 측면이 있기는 하였지만, 1990년대의 옐친 집권기에는 다양한 목소리가 반영될 수 있는 개방적 정치체제를 이루고 있었다. 그러나 푸틴 대통령이 집권한 이후 행한 일련의 정치 개혁은 통합러시아(Единая Россия)당이라는 거대 여당을 낳았고 정당 간 경쟁을 사실상 무의미하게 만들었다. 1993년부터 1999년까지는 러시아공산당, 러시아 정부가 주도하는 권력당, 그리고 자유주의 성향의 야당이 경쟁하는 구도였다면, 1999년 통합(Единство)당의 창당과 그 뒤를 이은 통합러시아당의 등장으로 인하여 2000년대의 러시아 정국은 명실상부한 권력당이 지배하는 구조로 바뀌었다.

한편 2004년 선거법 개정은 인권단체를 포함한 시민사회 단체들의 정치적 기회를 현저히 축소시켰다. 무엇보다 정당 이외의 사회단체들이 선거블록을 결성하여 선거에 참여하는 것이 금지됨에 따라 시민사회세력이 선거를 통해 정치에 참여하는 것은 원천 봉쇄되었다. 또한 정당의 의회 진입 장벽을 전국 득표율 5%에서 7%로 상향 조정한 것도 시민사회 단체들에게 불리하게 작용하였다. 이로 인해 러시아 인권, 환경, 민주주의 단체들이 정치적으로 연대할 수 있는 야블로코(Яблоко)당은 2007년과 2011년 선거에서 원내 진입에 실패하였다.[25] 따라서 러시아 인권단체들은 의회에서 자신들의 목소리를 대변해 줄 수 있는 정당을 찾지 못하고 있다. 인권단체의 활동에 힘을 실어줄 수 있는 정치세력의 실질적 부재는 인권

---

25) 자세한 내용은 강윤희, “러시아 체제전환: 민주화 이행과정에서의 시민사회의 역할과 한계,” 201쪽 참조.

단체들을 더욱 취약하게 만든다. 의회에서 인권단체에게 불리한 법안이 통과되는 것을 막을 길이 없게 된 것이다. 이와 더불어 정부에 의한 여론의 장악은 정부에 비판적인 견해가 표출될 수 있는 공간을 현저히 축소시켰다.

2. 국가의 억압 능력 증대

정치체제가 폐쇄적으로 변모함과 동시에 러시아 정부의 시민사회단체, 특히 인권 및 민주주의단체에 대한 억압 능력은 현저히 강화되었으며 정부가 이러한 억압 능력을 발휘하고자 하는 성향도 강화되었다. 그 결과 정부에 비판적인 목소리를 내던 NGO들-특히 인권단체들-은 행정적, 사법적 괴롭힘과 물리적 공격의 대상이 되었다.

(1) 행정적 억압 능력

러시아 인권단체에 대해 행정적 억압을 가할 수 있는 근거는 2006년 비영리단체법을 통해 마련되었다. 옐친시기에 마련되었던 비영리단체법(1995년)을 대체하는 2006년 개정법은 비영리단체들의 법무부 등록을 의무화하고 있는데, 법무부 등록 시 관련 부처는 비영리단체에 대해 상당한 행정적 통제를 가할 수 있게 되었다. 먼저 해당 부처는 등록을 신청한 비영리단체의 등록 여부를 결정할 수 있는 재량권을 부여받았다. 또한 모든 비영리단체에 대해 광범위한 조사와 감독 기능을 수행할 수 있는 권한이 주워졌고 해당 단체가 헌법 및 관련법을 준수하는지 여부를 공무원의 주관적 판단에 의해 결정할 수 있었다. 이에 따라 단체 해산부터 활동 금지, 자금 이체 금지 등을 명령할 수 있었다. 문제는 관련 법조항이 매우 불명확하기 때문에 공무원들이 이 조항들을 이용하여 권력을 남용할 가능성이 있고 언론집회의 자유를 훼손할 염려가 있다는 점이었다.[26)]

또한 이 법은 비영리단체의 활동, 재정, 거버넌스에 대한 정부의 감독, 관리기능을 대폭 강화하였다. 비영리단체들과 그 스태프들은 그들의 활동과 재정에 대해 보고할 의무가 있고, 모든 자산과 기금에 대해 광범위한 보고를 해야 했다. 등록 담당부처는 단체의 어떠한 내부 문서도 소환할 수 있는 권리가 있었고, 비영리단체 행사에 정부 대표를 파견할 수 있었다. 구체적으로 어떠한 행사에 대표를 파견할 것인지 명시하지 않음으로 인하여 정부의 자의적인 판단에 따라 내부 전략회의부터 일상적인 활동에 이르기까지 모두 간섭할 수 있는 여지를 만들어놓았다. 러시아 관련법이나 단체의 자체 규정을 위반하는 사항을 발견하였을 시 정부는 시정을 명할 수 있고, 두 개의 사소한 위반이나 헌법 위반사항이 발견될 시 비영리단체의 해산을 법원에 요청할 수 있었다. 그러나 구체적으로 어떤 위반 사항이 단체 해산의 근거가 되는지는 명확하게 규정되어 있지 않았다. 결과적으로 정부가 요청하는 방식대로 제때 보고를 하지 않는 비영리단체는 언제든 해산될 수 있는 가능성이 있었다.[27)]

이 외에도 재정 수입원, 지출내역, 지출 목적, 관련 프로그램 등을 상세히 보고하도록 요구하고 있고, 외국비영리단체의 지부 활동을 제한하는 규정도 포함하고 있다. 뿐 아니라 세금 및 자금세탁, 반테러 관장 정부 부처는 비영리단체, 특히 해외비영리단체의 지출 목적과 내용이 부합하는지에 대해 별도의 감독권한을 행사할 수 있었다. 마지막으로 단체의 설립자, 참여자, 회원은 러시아 거주자여야 한다고 규정함으로써 외국인

26) Machleder, *Contextual and Legislative Analysis of the Russian Law on NGOs*, pp. 15-16.

27) *Ibid.*, pp. 21-23.

이나 무국적자는 제외되었다.[28)]

그러나 실상 비영리단체–특히 인권단체–에 대한 행정적 괴롭힘은 2006년 비영리단체법 개정 이전에도 이미 존재하여 왔다. 예컨대 체첸전과 관련된 활동을 펼치는 인권단체들은 2003년부터 지속적으로 괴롭힘을 당했다.[29)] 인권단체에 대한 행정적 괴롭힘은 NGO 활동을 원하는 외국인에 대한 입국 거부, 단체 등록 거부, 자의적인 단체 해산, 법원 명령을 통한 강제적 해산, 재정 및 회계 감사 등을 통한 활동 정지, 해외 지원을 받는 단체에 대한 세금 면제 논란 등이다.[30)]

이러한 상황에서 2006년 비영리단체법 개정은 인권단체의 활동을 더욱 어렵게 하였다. 대부분의 민주주의와 인권 활동을 하는 NGO들은 러시아 국내에서는 기부자를 찾기 어렵기 때문에 해외 재정지원에 크게 의존하고 있었기 때문이다. 따라서 이들은 러시아 정부의 특별 감독 대상이 되었다. NGO 등록 및 정기적 보고를 위해 방대한 양의 문서를 준비하는 것 자체가 단체 활동에 지장을 초래할 것이라는 점을 쉽게 짐작할 수 있다.

그러나 러시아 정부는 2012년 또 한 차례 비영리단체법을 개정함으로써 러시아 시민사회단체들에게 더욱 치명적인 타격을 가했다. 많은 논란과 비판에도 불구하고 해외로부터 재정지원을 받는 단체를 "외국 에이전트"로 등록하게 규정한 비영리단체법이 두마에서 통과한 것이다.[31)] 외국 에이전트로 등록된 비정부기구는 미디어 자료를 포함하여 자체적으로

---

28) *Ibid.*, pp. 24-27.

29) Human Rights Watch, "Nongovernmental Organization."

30) *Ibid.*

31) 이 법은 두마에서 압도적인 표로 통과되었으며 2012년 11월 21일부터 효력이 발생하였다.

발간하는 모든 문서에 외국 에이전트 표를 붙여야 한다. 뿐 아니라 20만 루블(약 7천 달러) 이상의 해외로부터의 자금 거래는 법무부에 신고해야 하며, 해외 스폰서를 밝히지 않거나 외국 에이전트 등록을 하지 않은 비정부기구는 최대 백만 루블(약 3만 달러)에 달하는 벌금형에 처해질 수 있다. 자체 발간 문서에 외국 에이전트 표를 붙이지 않을 경우에도 같은 금액에 상응하는 벌금형을 받을 수 있다. 기존 비영리단체법이 불순응 단체에 대해 법원의 명령 없이도 최대 6개월간 단체를 폐쇄할 수 있는 권리를 법무부에 주었다면, 새로운 법은 불순응 단체의 스태프에게 최대 2년의 징역형을 부여할 수 있도록 규정하고 있다.[32)]

2012년 개정된 비영리단체법은 러시아 인권단체에 결정적 타격을 주었는데, 이는 앞서 언급하였듯이 대부분의 인권단체들이 해외 재정지원을 받고 있기 때문이다. 한편 러시아 정부는 개정안의 효력이 발생하기도 전에 러시아 비영리단체를 지원해오던 미국국제개발처에게 러시아 철수를 요청하였다. 미국국제개발처는 탈냉전 이후 줄곧 러시아 시민사회 발전을 위해 러시아 NGO단체들에게 막대한 금액을 재정 지원해 왔다. 러시아 환경단체뿐 아니라 여성단체, 인권 및 민주주의 증진 단체들이 주로 혜택을 받았는데, 이들 중에는 2011년 12월 의회선거에서의 부정행위를 폭로하였던 골로스가 포함되어 있다.[33)] 또한 러시아 법무부는 2012년 11월 노르웨이의 바렌츠 사무국으로부터 재정지원을 받았던 라이폰(RAIPON: Russian Association of Indigenous Peoples of the North, Siberia and Far East)의 폐쇄를 명령하였다.[34)]

32) http://www.bellona.org/articles/articles_2012/ngo_amendment_update?(검색일: 2013.10.30); *Ibid.*

33) http://www.bellona.org/articles/articles_2012/USAID_out?(검색일: 2013.10.30)

34) http://www.bellona.org/articles/articles_2012/putin_new_human_rights_council?(검색일: 2013.10.30)

개정안의 통과 이후 러시아 검찰청은 즉시 관련 NGO들에 대한 조사를 실시하였고 이러한 조사는 2013년에도 계속 이어졌다. 검찰청은 2013년 4월 총 654개의 해외 재정지원을 받는 단체에 대한 조사를 계속할 의도가 있음을 밝혔다. 검찰 조사는 초기에 20개 지역에서만 선별적으로 이루어질 예정이었으나 법의 효력 발생 이후 654개의 NGO가 해외로부터 총 283억 루블을 받았다는 정보가 입수되어 조사가 전 지역으로 확장되었다고 검찰청 대변인이 말하였다.[35)]

실제 2013년 3월부터 벨로나 환경인권센터를 포함한 다수의 단체들이 러시아 정부당국의 수차례의 사전 고지되지 않은 조사를 당하였고 벌금형의 위협을 받았다. 조사단은 검찰청 관료부터 세무직원, 소방서, 보건위생청 조사관에 이르기까지 다양한 부처의 공무원으로 구성되었다. 벨로나 환경인권센터의 경우 3월 19일의 조사 이후 사무처장이 상트페테르부르크 검찰청에 소환되었는데, 이는 조사 시 발견된 위반사항을 근거로 2만 불에 상당하는 벌금형에 처해질 것인지의 여부를 조사받기 위함이었다. 벨로나 측이 15권의 두꺼운 책 분량의 정보를 제출했음에도 불구하고 최종 결정은 미루어졌다. 결국 벨로나 상트페테르부르크는 소방 및 보건에 관한 행정 위반사항에 대한 통보를 받았고 벨로나 환경인권센터 대표인 니키틴(Никитин)이 검찰청으로 소환되었다.[36)]

이상의 사례에서 볼 수 있듯이, 2012년 개정된 비영리단체법은 사회운동단체에게 외국 에이전트라는 오명을 씌우고 행정적 괴롭힘을 가할 수

---

35) http://www.bellona.org/articles/articles_2013/prosecutor_tightens-screws_ngos?(검색일: 2013.10.30)

36) *Ibid*.; http://www.bellona.org/articles/articles_2013/environgo_update?(검색일: 2013.10.30); http://www.bellona.org/articles/articles_2013/first_foreign_agent?(검색일: 2013.10.30)

있는 법적 장치로서 정부의 NGO에 대한 행정적 억압 능력을 현격하게 강화하였다.

(2) 사법적 억압 능력

러시아 정부는 비영리단체에 대한 행정적 억압 능력 외에 활동가 개인에 대한 체포 및 재판 등의 사법적 억압 능력을 가지고 있다. 과거 소련 정부는 인권운동가를 위시한 반체제 인사들에 대해 체포, 재판, 정신병원 감금 등을 폭넓게 자행한 것으로 악명높았다.[37] 상대적으로 덜 권위적이었던 1990년대 옐친 시기에도 환경운동가 니키틴의 사례가 보여주듯이 시민사회 운동가에 대한 구속과 재판이 존재했다.[38] 유사한 사건들이 푸틴 통치 하에서도 계속되었는데, 파시코(Пасько) 사건,[39] 수탸긴(Сутягин) 사건[40]이 그 한 예이다. 니키틴과 파시코는 모두 전직 해군 장교로서 러

37) 소련 인권운동가에 대한 탄압 내용은 고가영, "1960-1970년대 소련의 인권운동: 〈소련 인권보호 주도그룹〉의 활동을 중심으로," 『서양사론』 91호(2006년), 247-281쪽을 보라.

38) 니키틴은 소련 핵 군사력에 대한 정보를 누출하였다는 혐의로 스파이 협의를 받아 1996년 체포되었다. 4년 여 간 지속된 재판 과정 동안 니키틴은 구속 감금되어 있었다. 재판 결과 니키틴은 1999년 12월 29일 무죄방면되었다. *Александр Никитин и Нина Катерли* Дело никитина: стратегия подебы. Санкт- Петербург: Звезда, 2001.

39) 그리고리 파시코는 해군 장교로서 러시아 태평양함대 신문에서 일했었다. 그는 1999년 블라디보스토크에서 체포되었는데, 연방보안국은 그가 조국을 배신하고 일본 기자들과 협조하였다고 고소하였다. 실제 체포 이유는 그가 태평양함대의 핵 폐기물 투척 관행을 폭로하였기 때문이다. 그는 2001년 4년의 중노동형을 받았다. http://www.bellona.org/subjects/Pasko_case(검색일: 2013.10.30)

40) 이고리 수탸긴(Игорь Сутягин)은 러시아 과학아카데미 산하 미국캐나다연구소의 연구원으로서 미국과 러시아의 전략군 구조 및 운용, 핵무기 개발 및 생산 등을 연구하였다. 그는 1999년 10월 27일 러시아 연방보안국에 의해 체포되었고 조국에 대한 배신과 스파이 혐의로 구금되었다. 연방보안국은 수탸긴이 국가기밀정보를 서구

시아 해군의 핵폐기물 처리 관행을 폭로하였기 때문에 정권의 노여움을 샀다. 이들에게는 국가기밀을 누설한 스파이 죄가 적용되었다. 이처럼 환경운동가들, 특히 반핵 이슈에 관련된 활동을 하는 운동가들은 체포되거나 스파이 혐의로 기소되어 재판을 받기 쉬웠다.

러시아 인권단체들은 정부에 의해 구속 기소된 환경운동가들을 위해 법정 투쟁을 벌이는데 적극적으로 나서고 있다. 이들의 활동이 러시아 법을 위반한 위법행위가 아니라는 점을 법정에서 밝히고 이들이 풀려나도록 압력을 가하는 것이다. 그러나 모든 법정 투쟁이 성공적이지는 못하다. 니키틴의 경우 무죄 방면되었지만, 파시코, 수탸긴은 각기 4년에서 15년에 이르는 중노동형을 받았다. 또한 니키틴의 사례에서 볼 수 있듯이, 무죄 방면된 경우에도 수년에 걸치는 재판과정 내내 피고인은 구속 감금되어 있기 때문에 그 피해는 매우 크다. 따라서 시민사회 운동가에 대한 구속, 재판이 진행되면 그 자체로서 운동가 개인은 정신적, 육체적 고통을 받게 되고 운동은 타격을 입게 된다. 또한 정부가 언제든 사법적 억압을 가할 수 있다는 사실만으로도 공포심이 조장되기 때문에 운동은 위축될 수 있다.

한편 앞서 언급하였듯이, 푸틴 정권 3기에 들어서서는 외국 에이전트 등록을 거부한 NGO 단체 및 활동가들에 대한 사법적 억압이 합법적으로 가능해졌다. 선거모니터링단체인 골로스는 외국 에이전트로 등록하지 않아 처벌받는 첫 번째 단체가 되었다. 골로스는 2개의 기소장을 받았는데, 하나는 조직 자체에 대한 기소장이었고 다른 하나는 사무처장 시바

회사에 넘겼다고 고발하였으나 구체적인 증거를 제시하지는 못하였다. 수탸긴은 합법적 과학연구의 범위 안에서 활동하였으며 자신이 제공한 정보는 모두 공개적으로 제공되어 있는 정보에 불과하다고 주장하였다. 그러나 2004년 그는 15년의 중노동형을 받았다. http://www.bellona.org/subjects/Sutyagin_case(검색일: 2013.10.30)

노바(Шванова)에 대한 것이었다. 골로스가 2012년 11월 이후 해외 자금을 지원받은 바 없었음에도 불구하고 검찰청은 2012년 이 단체가 노르웨이 헬싱키위원회 상(소위 사하로프 상)을 받았을 때 받은 상금 때문에 이 단체가 외국 에이전트라고 규정하였다.[41] 결국 골로스는 유죄가 판결되어 단체는 최대 만 불, 쉬바로바는 3천 불의 벌금형을 받았다. 골로스는 인권단체는 아니지만, 앞서 3장에서 살펴본 바와 같이 다수의 러시아 인권단체들이 외국 에이전트로 등록하는 것을 거부하고 있기 때문에 골로스와 마찬가지로 거액의 벌금형을 받을 가능성이 높다. 이처럼 러시아 정부는 일련의 시민단체 및 활동가들에 대해 형사 기소함으로써 이들의 활동을 방해하거나 위협하고 있다.

(3) 물리적 폭력 사용 능력

2000년대 들어 인권운동가 개인에게 직접적으로 가해지는 물리적 폭력의 정도와 빈도는 눈에 띠게 증가하였다. 특히나 체첸전과 관련된 인권옹호 활동을 벌이는 인권운동가들, 그리고 이들에게 협조하는 인권침해 피해자들은 러시아 군, 경찰, 연방보안국(FSB)에 의한 위협, 불법적 체포, 구금, 구타, 암살의 타깃이 되었다. 2004년 러시아-체첸우정협회(Russian-Chechen Friendship Society) 활동가 다블레투카예프(Давлетукаев) 피살 사건, 2004년 러시아-체첸우정협회 잉구세치아 사무소 소장 예지예프(Ежиев) 구금 사건, 2005년 체첸 변호사이자 인권수호자인 마고메도프(Магомедов) 납치 사건 등이 있었고, 유럽인권재판소에 탄원서를 제출한 비티에바(Витиева) 살해 사건과 같은 희생자에 대한 폭력 행사도 빈번하

41) http://www.bellona.org/articles/articles_2013/prosecutor_tightens-screws_ngos?(검색일: 2013.10.30)

였다.[42)]

폭력이 난무하는 전시 상황이라는 것을 감안하더라도 체첸전 당시의 불법 감금, 구타, 처형 등의 인권침해 상황은 매우 심각한 것이었다. 체첸전의 인권침해 사례 및 비리를 조사 중 2006년 자택 앞에서 피살된 신문기자 안나 폴리트콥스카야(Анна Политковская) 사건에서 볼 수 있듯이,[43)] 체첸전과 관련된 조사 및 인권옹호 활동을 하는 것은 목숨을 담보로 하는 위험한 활동이었다. 2009년에는 여성 인권운동가 나탈리야 에스테미로바(Наталья Эстемирова)가 피살된 사건이 발생하였다.[44)] 그녀는 러시아 군대 및 체첸군이 자행한 납치, 고문, 살인과 같은 각종 인권침해 사례를 추적, 고발해 스웨덴 정부와 유럽의회가 수여하는 인권상과 2007년 안나 폴리트콥스카야 상을 노벨 여성회로부터 받기도 했는데, 체첸에서 피랍 후 잉구세치야의 숲 속에서 피살된 채 발견되었다.[45)]

이 외에 공무원 및 고위공직자의 부패에 대한 내부 고발자에 대한 감금, 고문 사건도 발생하였다. 러시아 고위공직자가 연루된 횡령 사건에 대해 문제를 제기한 변호사 마그니츠키는 재판 없이 탈세 혐의로 감금되었다. 이 과정에서 고문 등으로 건강이 급속히 악화되었으나 치료를 받지 못하여 2009년 교도소 안에서 사망하였다.[46)] 이 사건은 국제적으로도

---

42) Human Rights Watch, "Nongovernmental Organization."

43) 비록 이 사건의 배후 인물을 밝혀내지는 못하였지만, 폴리트코프스카야의 죽음이 개인적 원한 관계에 의한 것이 아니라 체첸전과 관련된 정치적인 것임에 대해 러시아인 대다수는 의문을 제기하지 않는다.

44) 체첸 출생으로 1998년까지 평범한 교사로 있던 에스테미로바는 1999년 2차 체첸전쟁 당시 민간인 피해를 고발하면서 인권운동에 뛰어들었다. 2000년 인권단체 메모리얼에 가입해 활동을 시작했다.

45) http://news.kukinews.com/article/view.asp?page=1&gCode=kmi&arcid=0921356680&cp=nv(검색일: 2013.10.30)

46) 모스크바에 본사를 둔 투자기금인 허미티지 캐피털의 변호사였던 마그니츠키는 러

널리 알려져 미국 의회에서 마그니츠키 법이 통과되는 계기를 마련해 주었다.[47)]

V. 결 론

이 글에서는 2000년 푸틴 집권 이후 러시아 정부와 인권운동의 관계를 프레이밍 과정과 정치적 기회구조를 통해 살펴보았다. 결론을 정리하자면 다음과 같다.

첫째, 푸틴 집권 이후 러시아 정치체제의 개방성은 현저히 축소되었고 이로 인하여 인권운동의 정치적 기회구조는 매우 불리하게 작동하고 있다. 인권운동과 연대해 줄 수 있는 실질적 정치세력이 없는 가운데 인권운동은 정부와의 관계에서 불리한 위치에 놓여 있다.

둘째, 러시아 정부는 행정적, 사법적 억압과 물리적 폭력을 행사하는 경향을 보이며 이러한 정부의 능력은 권위주의 정권 하에서 더욱 증대되었다. 2006년과 2012년의 비영리단체법 개정은 NGO활동에 대한 정부의 행정적 개입 및 간섭 가능성을 증가시켰고 실제 NGO들에 대한 정부의 관리, 감독, 통제는 강화되었다. 이에 더하여 인권활동가들은 사법적 억

시아 관료들의 심각한 부패 증거를 밝혀냄으로써 당국의 노여움을 샀다. 그는 날조된 탈세 혐의로 교도소에 끌려가 재판도 받지 않고 근 1년 동안 불결한 감방에서 생활했다. 구금생활 막바지에 마그니츠키는 담석증과 신장염에 걸렸으나 교도소 당국은 적절한 치료를 거부했다. 그는 2009년 11월에 증세가 악화되어 사망했다. 러시아 내무부는 마그니츠키를 사후에 기소했다. http://www.segye.com/content/html/2012/11/25/20121125022546.html(검색일: 2013.10.30)

47) 미국 의회는 러시아 인권을 진작시키기 위해 인권탄압에 연루된 러시아 지도자 및 고위공직자들에 대해 미국 비자 발급을 거부하는 내용의 법을 통과시켰다.

압 및 개인에 대한 물리적 폭력 행사의 대상이 될 가능성이 높은 것으로 나타났다.

셋째, 러시아 정부와 인권단체 간에는 현재 치열한 프레이밍 경쟁이 일어나고 있다. 러시아 정부는 해외 자금지원을 받는 단체는 외국의 이해관계를 대변한다는 논리를 만들어 NGO들을 외국 에이전트로 규정하고 있다. 인권단체들은 이러한 프레이밍에 반발하며 외국 에이전트 등록을 거부하고 있다. 그러나 러시아 정부의 막대한 행정적, 사법적 억압 능력에 비추어볼 때, 이러한 저항이 얼마나 성공적일지는 미지수이다. 더욱이 러시아 인권단체들이 일반 대중매체에 자신들의 목소리를 낼 수 있는 통로를 가지고 있지 않기 때문에 이들의 대안적 프레이밍이 대중들에게까지 전달되어 집단행동을 촉발하기는 쉽지 않을 것으로 보인다.

결론적으로 볼 때, 푸틴 정부는 상당히 효율적으로 인권운동의 운신의 폭을 좁히고 운동의 정당성과 당위성을 훼손하는 방향으로 프레이밍을 설정하여 이를 강제하고 있다. 한편으로는 해외로부터의 재정 지원을 차단하여 자금을 고갈시키고, 다른 한편으로는 스스로의 정당성을 훼손하게 강제함으로써 인권단체들에 대해 효과적인 탄압과 제재를 가하고 있는 것이다. 문제는 정치적 기회구조가 인권단체들에게 불리하게 조성됨으로 인하여 인권단체들이 이 상황에서 탈출할 수 있는 길을 찾기 어려워졌다는 점이다. 프레이밍 선점 실패는 향후 러시아 인권운동의 발전 가능성을 현저하게 제약할 것이다.

참고문헌

강윤희. “소련 환경운동의 발전과정 및 특징: 환경단체의 조직적 특성을 중심으로.” 『국제정치논총』. 49집 5호. 2009년 겨울.

______. “러시아 체제전환: 민주화 이행과정에서의 시민사회의 역할과 한계.” 『슬라브학보』. 27권 1호. 2012년 봄. 198쪽.

고가영. “1960-1970년대 소련의 인권운동: 〈소련 인권보호 주도그룹〉의 활동을 중심으로.” 『서양사론』. 91호. 2006년. 247-281쪽.

김태연. “사회운동론의 관점에서 본 ‘불법이주반대운동’의 성공요인.” 『국제정치논총』. 50집 5호. 2010년 겨울.

박상철. “페레스트로이카와 스탈린 문제: ‘메모리알’의 형성과정을 중심으로.” 『러시아연구』. 15권 2호. 2005년.

유진숙. “러시아 민주주의 공고화와 정치과정.” 『중소연구』. 34권 1호. 2010년 봄. 207-225쪽.

Chebankova, Elena. “The Evolution of Russia's Civil Society under Vladimir Putin: A Cause for Concern or Grounds for Optimism?” *Perspectives on European Politics and Society*. Vol. 10. No. 3. 2009.

Goffman, Erving. *Frame Analysis: An Essay on the Organization of Experience*. Cambridge, MA.: Harvard University Press, 1974.

Human Rights Watch. *World Report 2005*. New York: Human Rights Watch, 2005.

Lee, Hongsup. “Privatization of Russian Media: Its Process and Effects on Democratization.” 『슬라브학보』. 21권 1호. 2006년 봄.

Machleder, Josh. *Contextual and Legislative Analysis of the Russian Law on NGOs*. Moscow: INDEM Foundation, 2006. pp. 5-6.

McAdam, Doug, John D. McCarthy and Mayer N. Zald. *Comparative Perspectives on Social Movements: Political Opportunities, Mobilizing Structures, and Cultural Framings*. Cambridge: Cambridge University Press, 1996.

Morris, Aldon D. and Carol McClurg Mueller. *Frontiers in Social Movement Theory*. New Haven: Yale University Press, 1992.

Moscow Times. October. 21, 2004.

Novaya Gazeta. October. 18, 2012.

RIA Novosti. May 27, 2004.

Snow, D.A. and R.D. Benford. "Ideology, Frame Resonance, and Participant Mobilization." *International Social Movement Research.* Vol. 1. 1988. pp. 197-217.

Sperling, Valerie. *Organizing Women in Contemporary Russia: Engendering Transition.* Cambridge: Cambridge University Press, 1999.

Tudoroiu, Theodor. "Rose, Orange, and Tulip: The Failed Post-Soviet Revolution." *Communist and Post-Communist Studies.* Vol. 40. 2007. p. 329.

Varga, Mihai. "How Political Opportunities Strengthen the Far Right: Understanding the Rise in Far-Right Militancy in Russia." *Europe-Asia Studies.* Vol. 60. No. 4. June 2008.

Weiler, Jonathan. *Human Rights in Russia:* A Darker Side of Reform. Boulder: Lynne Rienner, 2004.

http://www.bellona.org/articles/articles_201 2/ngo_amendment_update?(검색일: 2013.10.30)

http://www.bellona.org/articles/articles_2013/pro secutor_tightens-screws_ngos?(검색일: 2013.10.30)

http://www.bel lona.org/articles/articles_2012/USAID_out?(검색일: 2013.10.30)

http://www.bellona.org/articles/articles_20 13/environgo_update?(검색일: 2013.10.30)

http://www.bellona.org/articles/articles_2013/fi rst_foreign_agent?(검색일: 2013.10.30)

http://www.bellona.org/articles/a rticles_2012/ngo_law_in_force(검색일: 2013.10.30)

http://www.bellona.org/subjects/Pasko_case(검색일: 2013.10.30)

http://www.bellona.org/articles/art icles_2012/putin_new_human_rights_council?(검색일: 2013.10.30)

http://www.bellona.org/subjects/Sutyagin_case(검색일: 2013.10.30)

http://www.hrw.org/legacy/backgrounder/eca/russia1105/4.htm(검색일: 2013.11.20)

http://www.kremlin.ru/eng/speeches/2004/05/26/2021_649 06.shtml(검색일: 2008.12.3)

http://news.kukinews.com/article/view.asp?page=1&gCode=kmi&arcid=0921356

680&cp=nv(검색일: 2013.10.30)
http://www.segye.com/content/html/2012/11/25/20121125022546.html(검색일: 2013.10.30)

Александр Никитин и Нина Катерли Дело никитина: стратегия подебы. Санкт- Петербург: Звезда, 2001.

제8장

사회 풍자적 의미의 러시아어 약어 사용 연구*

손현익**

"정권이 강압적일수록, 이 정권에 대한 더 많은 농담들이 나타나게 된다."[1)]

I. 서론

말은 사회를 반영하고 새로운 사회를 창조하기도 한다. 속도를 중시하는 인터넷 문화의 발달과 다양한 소셜 네트워크 서비스의 등장으로 오늘날 신조어의 르네상스라 할 정도로 많은 신조어들이 봇물처럼 쏟아지고 있는데, 이들 가운데는 약어가 상당수를 차지한다.

---

* 이 글은 『슬라브학보』 제27권 3호(2012)에 게재된 "사회 풍자적 의미의 러시아어 약어 사용 연구"이며 한국슬라브학회의 허가를 얻은 후 수정·보완하여 여기에 싣는다.

** 한국외국어대학교 러시아연구소 책임연구원

1) 김상현, "농담민속(정치농담과 유머, 일화와 전설)으로 본 소비에트 러시아의 정치체제와 권력," 『노어노문학』 제23권 1호(2011년), 363쪽 재인용: Alan Dundes, *Cracking Jokes: Studies of Sick Humor Cycles and Stereotypes* (Berkeley: Ten Speed Press, 1987), p. 160.

약어(аббревиатура, сложносокращённое слово)에 대해 간단히 살펴보면 어휘 결합을 기반으로 하여 축약의 방법을 통해 형성된 명사이다. 조합 방식에 따라 파생 모어 일부분들의 조합(забастком '파업위원회' - забастовочный комитет), 파생 모어 첫 글자들의 조합(нло '미확인 비행물체' - неопознанный летающий объект), 파생 모어 일부분과 첫 글자들의 조합(самбо '삼보' - самооборона без оружия), 하나의 파생 모어 축약(зам '대리, 차관' - заместитель)으로 나눠진다. 또한 발음 방식에 따라 음절 약어(вуз '고등 교육 기관' - высшее учебное заведение), 철자 약어(СНГ '독립국가연합' - Содружество Независимых Государств), 철자-음절 약어(ЦСКА '상무클럽' - Центральный спортивный клуб армии)로 구분된다.[2)]

약어는 매스 미디어 공간에서 그 사용이 두드러지는데, 특히 기사의 헤드라인으로 빈번히 등장한다. 제한된 지면 공간에 많은 내용의 압축을 통한 효과적인 전달이라는 언어의 경제성 측면에서 약어의 사용은 당연한 것이다.

시민의식의 성장과 더불어 사회 현상에 대한 의견 표출의 욕구가 커지면서 기존의 의미가 아닌 새로운 의미의 약어들이 속속 등장하기 시작했다. 우리말의 경우 어려운 경제 상황을 대변하는 '사오정', '오륙도', '이태백' 등의 약어에서부터 정치 세태를 풍자하는 '강부자', '고소영', '장동건' 등의 약어에 이르기까지 다양한 분야에 걸친 약어들이 그 예가 되겠다.[3)]

---

2) *Максимов В. И.* Одеков Р. В. Учебный словарь-справочник русских грамматических терминов, СПб., 1998. С. 10..

3) 풍자적 의미의 약어는 사전적 의미의 약어와 달리 그 생성 및 소멸 과정이 매우 즉각적이다. 현 정권 출범과 동시에 '성시경'(성균관대 · 고시 · 경기고), '위성미'(미국 위스콘신대 · 성균관대 · 국가미래연구원) 등의 풍자적 약어들이 나타나기 시작했다.

[그림 1] 정치 세태 풍자 약어[4)]

이러한 약어들은 단순히 언어적 측면에서 발음 및 표기의 편의를 도모하는 약어 본연의 기능 외에 사회적 측면에서 기존의 어휘를 풍자적으로 재생산시키는 과정을 거쳐 얻어진 의미상 신(新)약어를 사용함으로서 사회 현상에 대한 의견 표출의 간접적[5)] 루트, 더 나아가 집단 내 공감대를 형성하는 수단으로서 기능하는 것이다.

러시아의 경우 2011년 말 총선 부정 선거 시위는 과거와는 사뭇 다른 성숙한 시민 의식과 정치 참여에 대한 인식이 점차 변화되고 있음을 보여

4) 김상현, "농담민속 (정치농담과 유머, 일화와 전설)으로 본 소비에트 러시아의 정치체제와 권력," 『노어노문학』 제23권 1호(2011년), 363쪽에서는 이러한 풍자적 의미의 약어를 정치 농담의 하나로서 '축약어에 대한 조롱과 패러디', '축약어를 통한 패러디된 유머의 형태'라 칭하고 있다. 본 연구를 위해 수집한 자료의 주요 출처인 러시아어 약어사전(http://www.sokr.ru, http://www.sokra.ru)에서는 'фольклорное значение аббревиатуры', 'прикольные расшифровки аббревиатуры'라 풀이하고 있는데, 이를 우리말로 옮길 경우 '약어의 민속적 의미'. '재미있는 약어 풀이'가 된다. 수집된 자료들을 검토한 결과 조롱, 풍자의 내용을 담은 약어들이 대부분이므로 여기서는 '풍자적 의미의 약어'라 하기로 한다.

5) 미국 여론조사기관 갤럽이 133개국 15세 이상의 남녀 1000여명을 상대로 전화 및 대면 조사를 실시해 언론의 자유가 있다고 생각하는 응답자 비율이 높은 순으로 국가별 순위를 발표한 결과 한국의 언론자유 지수는 '부분적 언론자유국(partly free)'로 분류됐다. 또 한국인 10명 중 4명이 '언론자유가 없다'라고 생각하는 것으로 나타났다. 이는 사회 현상에 대한 직접적인 의견 표출이 여의치 않다는 것을 반증한다. http://www.mhj21.com/sub_read.html?uid=52764(검색일: 2012.3.31)

주는 계기가 되었다. 하지만 '언론 탄압국가'라는 오명에서 벗어나지 못하고 있는 상황[6]에서 사회 전반에 만연된 부조리[7]에 대한 직접적이고 적극적인 불만 표출은 여전히 금기시되는 분위기이다.

[그림 2, 3] 러시아 사회 분야별 부패 비율(좌), 직무별 공무원 부패 비율(우)[8]

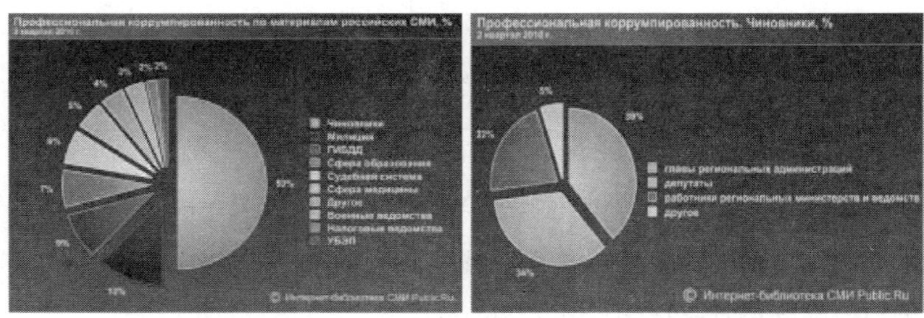

이에 본 절에서는 사회 현상에 대한 의견 표출의 간접적 수단이라 할

---

6) 국제 언론감시단체인 국경 없는 기자회(RSF)는 최근 발표한 '2012년 인터넷 적대국' 보고서에서 러시아를 인터넷 감시국으로 선정했다. 인터넷 감시국은 '인터넷 적대국'에 이어 두 번째로 인터넷에 대한 제약이 심한 국가 그룹으로 RSF는 인터넷 상의 표현의 자유, 자유로운 인터넷 접근 등의 기준으로 따질 때 적대국으로 포함될 수 있는 국가를 '인터넷 감시국'으로 분류하고 있다. http://www.newsis.com/ar_detail/view.html?ar_id=NISX20110504_0008111886&cID=10606&pID=10600(검색일: 2012.3.31) '세계 언론자유의 날'을 맞아 국경 없는 기자회가 38명의 '언론 약탈자'를 선정, 발표했는데, 이 명단에는 러시아의 블라디미르 푸틴 총리가 포함됐다. http://www.newsis.com/ar_detail/view.html?ar_id=NISX20110504_0008111886&cID=10606&pID=10600(검색일: 2012.3.31)

7) 국제투명성기구(Transparency International)가 발표한 뇌물지불지수에서 러시아는 중국과 더불어 28개 주요 경제국 가운데 가장 낮은 점수를 받는 불명예를 안았다. http://www.newsis.com/ar_detail/view.html?ar_id=NISX20111102_0009639277&cID=10101&pID=10100(검색일: 2012.4.1)

8) http://www.public.ru/about/corruption2(검색일: 2012.4.1)

수 있는 풍자적 의미의 약어들을 러시아 인터넷 약어사전[9])을 통해 수집하여 사회 각 분야별로 분류하여 그 사전적 의미와 풍자적 의미를 비교, 분석하고자 한다.

II. 본론

수집된 약어들을 주제별로 분류한 결과 다음과 같이 구분된다.[10])

1) 공공 기관 및 단체
2) 교육 기관 및 단체
3) 산업 분야
4) 방송 및 통신 분야
5) 국가 및 지명
6) 기타(인명, 질병 등)

1. 공공 기관 및 단체

풍자적 의미로 사용되는 약어들이 공공 기관에 가장 많이 분포하는 관계로 보다 세분화하여 살펴보기로 한다.

---

9) http://www.sokr.ru, http://www.sokra.ru(검색일:2012.4.1)

10) 1차로 러시아어 인터넷 약어사전(http://www.sokr.ru, http://www.sokra.ru)에서 검색된 약어들을 수집하고, 2차로 박근우, 정수석 『알기 쉬운 시사 러시아어』 (서울: 명지출판사, 2001), 264-280쪽에 나온 사용 빈도가 높은 400여 개의 약어 목록을 동일 사이트에서 재차 검색한 결과 얻어진 76개의 약어들을 사회 분야별로 분류하였다.

〈표 1〉 사법기관

약어	사전적 의미	풍자적 의미
ВДВ	**В**оздушно-**д**есантные **в**ойска '공중낙하산부대'	**В**ойска **д**урного **в**оспитания '급양이 부실한 부대'
		Великие **д**еды **в**ойны '전쟁의 위대한 선조들'
ВДС	**В**оздушно-**д**есантные **с**илы **В**оздушно-**д**есантная **с**лужба '공중낙하산부대'	**В**сего **д**обиваться **с**амому '모든 일은 스스로 해결한다'
ГИБДД	**Г**осударственная **и**нспекция **б**езопасности **д**орожного **д**вижения '국가 도로 교통 안전국'	**Г**они **и**нспектору **б**абки и **д**вигай **д**альше '후딱 돈을 찔러주고 가던 길을 가라'
		Господа **и** **б**андиты, **д**айте **д**енег '시민 그리고 악당 여러분, 돈을 줍시다'
		Господа, **и**нспектор **б**еден — **д**айте **д**енег '시민 여러분, 교통경찰 나으리는 가난합니다. 돈을 줍시다'
		Гнусные **и**здевательсва **б**удут **д**литься **д**олго '추접한 괴롭힘은 오랜 기간 계속될 것이다'
		Гос**и**нспектор **Б**ондаренко, **д**вое **д**етей '교통경찰 본다렌코는 애가 둘입니다'
		Государственное **и**скусство **б**езопасно **д**елать **д**еньги '안전하게 돈을 버는 정부의 기술'
		Гиблое **д**ело, **д**ружище '부질없는 일일세, 친구'
		Гибрид **д**ебила и **д**урака '병신과 바보의 조합'

ДПС	**Д**орожно-**п**атрульная **с**лужба “도로 순찰대”	**Д**ай **п**олтинник **с**ержанту ‘경사에게 50(유로)를 줘라’
		Дай **п**остовому **с**отню ‘교통 초소 근무자에게 100(유로)를 줘라’
		Давай, **п**лати **с**корей ‘자, 어서 지불해’
		Дайте, **п**ожалуйста, **с**то ‘100(유로)만 줍쇼’
		Денежно-**п**оисковая **с**лужба ‘금전 수색 부서’
МВК	–	**М**енты - **в**се **к**озлы ‘짭새들은 모두 바보들’
МЕНТ	–	**М**ой **е**динственный **н**адёжный **т**оварищ ‘나의 유일한 믿을 수 있는 친구’
ОМОН	**О**тряд **м**илиции **о**собого **н**азначения ‘경찰특공대’	**О**храна **м**афии **о**т **н**арода ‘시민들로부터 마피아를 보호하는 경비’
ПИДР	**П**олицейский **и**нспектор **д**орожного **р**егулирования ‘교통정리 경찰’	**П**ацан **и**щет **д**ом **р**одной ‘한 녀석이 친척집을 찾는다’
		Пьяный **и**нспектор **д**ержит **р**ыбу ‘만취한 경관이 물고기를 쥐고 있다’
ППС	**П**атрульно-**п**остовая **с**лужба ‘순찰대’	**П**окупаем, **п**родаём **с**овесть ‘양심을 사고팔다’
		Пьюще-**п**оющая **с**лужба ‘마시고 노래하는 부서’

[그림 4, 5] ВДВ 장병(좌), ОМОН 시위 진압(우)[11]

ВДВ, ВДС(공중낙하산부대)로 대표되는 특수 부대를 나타내는 약어는 우리의 해병대와 마찬가지로 집단 문화 그리고 해당 소속 집단에 대한 자부심을 표현하고 있다.

[그림 6,7] ГИБДД(좌), ДПС(우)[12]

11) http://images.yandex.ru/(검색일:2012.4.3)

12) http://images.yandex.ru/(검색일:2012.4.3)

[그림 2]에서 보는 바와 같이 경찰 기관은 러시아 사회에서 가장 부정부패가 심한 분야 중 하나(21%)로 손꼽히고 있다. 주로 뇌물 요구 관행과 무사 안일한 근무 태도를 비꼬는 내용들이 주류를 이루고 있다. MEHT(짭새)의 경우 경찰을 지칭하는 타 약어들과 달리 본래 단일 명사이나 풍자적 의미의 약어로 사용되고 있다.

〈표 2〉 정보기관

약어	사전적 의미	풍자적 의미
КГБ	**К**омитет **г**осударственной **б**езопасности РСФСР '국가 보안 위원회'	**К**ак **г**рабить **б**анк '어떻게 은행을 강탈할까'
		Коммунисты **г**онят **б**рагу '공산주의자들은 맥주를 양조한다'
		Кабинет **г**лавного **б**ухгалтера '회계 책임자 사무실'
		Кто **г**де **б**ывал? '누가 어디에 있었나?'
		Кто **г**рохнет **Б**ерезовского? '누가 베레조프스키를 추락시키나'
ФСБ	**Ф**едеральная **с**лужба **б**езопасности Российской Федерации '러시아 연방 보안국'	**Ф**актически **с**овершенно **б**езопасно '사실상 아주 안전한'
		Фантастически **с**умашедшее **б**юро '환상적으로 미친 부서'
		Фурнитурно-**с**троительная **б**ригада '자재-건축 작업반'
		Финальная **с**тадия **б**езумия '광기의 마지막 단계'
ЦРУ	**Ц**ентральное **р**азведывательное **у**правление '중앙정보국'	**Ц**елуй **р**уку, **у**род '손에 입 맞춰라, 병신아'
		Цирк **Р**оссийского **у**правления '러시아가 주관하는 서커스'
		Центр **р**итуальных **у**слуг '의전 담당 센터'

무소불위의 권력을 휘두르며 정권의 앞잡이 노릇을 하는 정보기관에 대한 풍자 약어들이다. 러시아의 КГБ(국가 보안 위원회), ФСБ(러시아 연방 보안국) 외에도 미국 정보기관인 ЦРУ(미 중앙정보국)을 풍자하는 약어가 있다. 'Цирк Российского управления'(러시아가 주관하는 서커스)의 경우 자국의 기관을 비판하는 와중에도 '미국보다는 한 수 위'라는 애국심의 표현이 흥미롭다.

〈표 3〉 당 단체

약어	사전적 의미	풍자적 의미
КПСС	Коммунистическая партия Советского Союза '소련공산당'	Каждый помогает себе сам '각자 스스로 도모한다'
		Каждый приносит с собой '각자 스스로 챙긴다'
		Каждый пьёт сколько сможет '주량껏 마시다'
		Клуб пенсионеров, стариков и сумашедших '연금생활자, 노인네 그리고 정신병자들의 클럽'
ЛДПР	Либерально-демократическая партия России '러시아 자유민주당'	Лысый дядька продаёт родину '대머리 아저씨, 조국을 팔아먹다'
		Лишение девственности правой рукой '우파의 순결 상실'
		Люди должны править Россией '사람들은 러시아를 통치해야한다'
		Лучшая дружная партия России '러시아의 최고 우호적인 당'
		Любой дурак правит Россией '어떤 바보라도 러시아를 통치할 수 있다'
		Люди добрые, помогите родителям '선량한 자들이여, 부모님을 도와드려라!'
		Люди, давайте продадим Россию '여러분, 러시아를 팔아넘깁시다!'
		Люди, дайте пожалуйста рубль '여러분, 1루블만 주세요!'

완전한 자유와 평등의 무계급 사회인 완전한 공산주의 사회를 추구하던 КПСС(소련공산당)의 태생적 한계로 인해 국민 스스로 자구책을 강구해야만 하는 현실을 비꼬는 풍자적 약어들이다. ЛДПР(러시아 자유민주당)의 경우 '자유민주주의'라는 당명과는 동떨어진 극우민족주의 성향과 당수인 블라디미르 지리노프스키의 일인 독주 체제에 대한 거부감이 풍자적인 약어들로 표출된 것으로 풀이된다.[13]

〈표 4〉 정부 부처

약어	사전적 의미	풍자적 의미
МВД	**М**инистерство **в**нутренних **д**ел '내무부'	**М**алообразованные **в**нуки **Д**зерджинского '제르진스키의 무지한 손자들'
		Мозг **в**ыключен **д**авно '두뇌는 이미 오래 전에 꺼졌다'
		Мало **в**ажных **д**ел '중요한 일은 별로 없다'
		Мир **в**ыдающихся **д**остижений '탁월한 업적의 세계'
МИД	**М**инистерство **и**ностранных **д**ел '외무부'	**М**еждународная **и**ллюзия **д**обра '선량함의 국제적 착각(망상)'
МЧС	**М**инистерство по **ч**резвычайным **с**итуациям '비상사태부'	**М**инистерство 《**ч**то **с**лучилось》? '《무슨 일이신가요?》부'
		Могу **ч**то-то **с**делать '무엇을 해 드릴 수 있을까요?'
		Мужики **ч**то **с**лучилось? '아저씨들, 무슨 일이요?'
		Мужики **ч**его-то **с**пасают '사내들은 무엇이든 구조한다'
		Маленький **ч**айный **с**ервиз '소박한 찻잔 세트'

13) 다음의 인터넷 사이트에서 ЛДПР 검색 결과 참조: http://ru.wikipedia.org(검색일:2012.4.5)

관료주의적 성격이 강한 МВД(내무부), МИД(외무부)는 각각 'Малообразованные внуки Дзерджинского'(제르진스키의 무지한 손자들)[14], 'Международная иллюзия добра'(선량함의 국제적 착각) 등의 표현으로 부정적으로 묘사되고 있는 반면 МЧС(비상사태부)는 사고발생 시 현장에 제일 먼저 달려와 인명 구조 활동을 펼치는 인명 구조원들의 노고를 치하하는 긍정적 표현이 대부분이다.

〈표 5〉 국제기구

약어	사전적 의미	풍자적 의미
EC	**Е**вропейский **С**оюз '유럽연합'	**Е**рундовые **с**оседи '말도 안 되는 이웃들'
НАТО	**Н**овая **а**нти**т**еррористическая **о**рганизация[1] '북대서양 조약기구'	**Н**овейшая **а**мериканская **т**упая **о**рганизация '새로운 미국의 우둔한 조직' **Н**овейшая **а**мериканская **т**еррористическая **о**рганизация '새로운 미국의 테러 조직'
ООН	**О**рганизация **О**бъединённых **Н**аций '국제연합'	**О**рганизация **о**бворовывания **н**аций '국제 절도 연합'

EC(유럽연합)의 확장과 미국에 의해 좌우되는 국제기구의 유명무실함을 비꼬는 풍자적 약어들이다.

14) 볼셰비키 지도자이자 소련 최초 비밀경찰기구인 ЧК(Чрезвычайная комиссия по борьбе с контрреволюцией, саботажем и спекуляцией '반혁명 사보타지 및 투기 단속 비상 위원회')의 위원장으로 알려진 펠릭스 에드문도비치 제르진스키는 1924년 소련 공산당중앙위원회 정치국 위원으로 선출되는데, 러시아 내무부소속 공무원들을 제르진스키의 후예로 풍자하고 있다. 다음의 인터넷 사이트에서 Феликс эдмундович Дзержинский 검색 결과 참조: http://ru.wikipedia.org(검색일:2012.4.5)

〈표 6〉 기타 공공 기관 및 단체

약어	사전적 의미	풍자적 의미
ВЛКСМ	Всесоюзный ленинский коммунистический союз молодёжи '전러시아 레닌 청년 공산당 연맹'	Возьми лопату, копай себе могилу! '삽을 집어들고, 자신의 무덤을 파라!'
		Великий Ленин копал себе могилу '위대한 레닌은 자신의 무덤을 팠다'
		Волк ловил козу семь месяцев '늑대는 양을 7달 동안 사냥했다'
		Волки любят кости с мясом '늑대들은 살점이 붙은 뼈를 좋아한다'
ВЦИОМ	Всероссийский центр изучения общественного мнения '전러시아 사회여론 조사센터'	Вывешенные цены испугали очень многих '걸려진 가격표가 아주 많은 이들을 놀라게 했다'
ГУЛАГ	Главное управление исправительно-трудовых лагерей и трудовых колоний '교정 노동 수용소 본부'	Государство, управляемое Лукашенко Александром Григорьевичем '알렉산드르 그리고리예비치 루카셴코에 의해 통치되는 정부'
ЖК	Жилищный комитет '주택 위원회'	Жизнь Коротка '인생은 짧다'
		Жизнь Красива! '인생은 아름답다'
ЗАГС	Запись актов гражданского состояния '호적등록과'	Запомни адрес гибели своей '자신의 사망 장소를 기억하라!'
		Зверски адская государственная служба '끔찍한 지옥 같은 국가 기관'
ТСЖ	Товарищество собственников жилья '주택 보유자 조합'	Товарищество суровых жён '악처클럽'

강력한 부패 척결과 민족주의 확립을 천명하며 1994년 벨라루스 초대

대통령으로 선출된 알렉산드르 루카셴코(Александр Лукашенко)[15]는 이후 개헌을 통해 집권 연장을 꾀하며 독재와 인권탄압으로 국제사회로부터 지탄받고 있다. 그의 통치 하에 정세를 ГУЛАГ(교정 노동 수용소 본부)에 비유하여 풍자하고 있다. 부정부패의 온상인 ЗАГС(호적등록과)[16]의 경우 'Зверски адская государственная служба'(끔찍한 지옥 같은 국가 기관)이라 단적으로 표현하고 있다.

2. 교육기관 및 단체

〈표 7〉 교육 기관 및 단체

약어	사전적 의미	풍자적 의미
ВУЗ	**В**ысшее **у**чебное **з**аведение '고등 교육 기관'	**В**ы **у**мрете **з**десь '당신은 여기서 죽음을 맞이할 것이다'
ГСМ	**Г**уманистический **с**оюз **м**олодёжи организация, Санкт-Петербург '청년 인문학 동맹'	**Г**олова **с**морщена **м**ыслями '머리가 생각들로 주름지다'

15) 다음의 인터넷 사이트에서 Александр Григорьевич Лукашенко 검색 결과 참조: http://ru.wikipedia.org(검색일:2012.4.5)

16) ЗАГС(호적등록과)는 예식장과 주민 센터의 역할을 담당하는 공공기관으로 민원인들에게 뇌물 요구가 많은 것으로 악평이 자자하다. 신혼부부들의 경우 편한 날짜를 제공해주는 대가로 뇌물을 요구하기도 하고, 재혼자의 경우 이전 이혼 기록을 말소시켜주는 대가로 뇌물을 요구하기도 한다. 최근에는 출입하는 사진 촬영 기사나 결혼 반주자 등으로부터 뇌물을 받는 등 뇌물 수수 관행이 끊이질 않고 있다. 다음의 인터넷 사이트 참조: http://www.dni.ru/incidents/2010/2/1/184615.html, http://www.oboz.by/articles/detail.php?article=752(검색일:2012.4.5)

ДВГУ	Дальневосточный государственный университет '극동 국립 대학교'	Да вроде где-то учился '어디선가 배운 것 같다'
КУРСАНТ	–	Колоссальная универсальная рабочая сила, абсолютно не желающая трудиться '절대적으로 일하기 싫어하는 막대한 노동력'
		Колоссальная универсальная рабочая сила армии, не требующая техники '딱히 특별한 기술이 필요 없는 막대한 군대 노동력'
МАИ	Московский авиационный институт (государственный технический университет) '모스크바 항공대학'	Московский алкогольный институт '모스크바 음주대학'
МАМИ	Московский автомеханический институт имени М. В. Ломоносова '모스크바 자동차 대학'	Московская академия мягких игрушек '약한 장난감(을 제조, 생산하는) 모스크바 아카데미'
		Много алкоголиков - мало инженеров '알콜 중독자들은 많고, 엔지니어들은 적고'
МАТИ	Московский авиационный технологический институт имени К. Э. Циолковского '모스크바 항공 기술 대학'	Московский алкогольно-табачный институт '모스크바 음주-흡연 대학'
МВТУ	Московское высшее техническое училище '모스크바 고등 기술학교	Мало выпьешь - трудно учиться '술은 적게 마시고, 공부는 힘들고'
		Мама, вышли трешку, умираю '엄마 3루블만 보내주세요, 죽겠어요'
		Могила, вырытая трудами учёных '학자들의 노고로 파헤쳐진 무덤'
		Мы вас тут угробим '여기서 당신들을 파멸시킬 것이다.'

		Мать вашу, тубус украли! '엄마, 현미경을 도둑 맞았어요!'
		Мощным войдешь, тощим уйдешь '멀쩡하게 들어와서 초췌해져 떠난다'
МГИМО	Московский государственный институт международных отношений '모스크바 국립 국제관계 대학'	Место, где интеллигент может отдохнуть '인텔리가 쉴 수 있는 곳'
		Много гонора и мало образования '자부심은 높고, 공부는 적게'
МГТУ	Московский государственный технический университет имени Н. Э. Баумана '모스크바 국립 기술대학 '	Мы готовы тут умереть '우리는 여기서 죽을 준비가 되어있다'
		Мудрые — глупеют, тупые — умирают '현명한 이들은 바보가 되고, 어리석은 이들은 죽는다'
		Мы губим твой ум '우리는 너의 지성을 파멸시킨다'
		Место где ты умрешь '네가 죽을 곳'
МГУ	Московский государственный университет имени М. В. Ломоносова '모스크바 국립대학'	Мама готовит ужин '엄마는 저녁을 준비한다'
		Мучительно-губительный университет '고통과 파멸을 초래하는 대학'
		Могу гулять утром '아침에 산책할 수 있다'
		Множество грандиозных умов '거대한 지성인의 집합'
МГУПБ	Московский государственный университет прикладной биотехнологии '모스크바 국립 응용 생명공학대학 '	Московский государственный университет после бомбёжки '폭격 후 상태의 모스크바 국립대학'

МГУПП	**М**осковский **г**осударственный **у**ниверситет **п**ищевых **п**роизводств '모스크바 국립대학'	**М**осковский **г**осударственный **у**ниверситет **п**осле **п**опойки '음주 후 상태의 모스크바 국립대학'
МТУСИ	**М**осковский **т**ехнический **у**ниверситет **с**вязи **и** **и**нформатики '모스크바 정보통신 기술 대학'	**М**ы **т**ут **у**мрём **с**мертью **и**диотов '바보들의 죽음으로 여기서 죽게 될 것이다'
ПТУ	**П**рофессионально-**т**ехническое **у**чилище '전문 기술학교'	**П**омоги **т**упому **у**читься '머리 나쁜 학생이 공부하는 것을 도와주어라'
		Помоги **т**упому **у**строиться '머리 나쁜 학생이 자리 잡을 수 있도록 도와주어라'
РУДН	**Р**оссийский **у**ниверситет **д**ружбы **н**ародов '러시아 민족 우호대학 '	**Р**оссийский **у**ниверситет **д**ля **н**егров '흑인들을 위한 러시아 대학'

[그림 8, 9] МГИМО(좌), РУДН(우)[17]

17) 다음의 인터넷 사이트 참조: http://images.yandex.ru/(검색일:2012.4.3)

주로 학생들에 의해 회자되는 약어들이다. 우등생, 열등생, 학업 스트레스로 인한 죽음, 술, 담배 등의 어휘들이 주를 이룬다. РУДН(러시아 민족 우호대학)의 경우 다인종으로 이루어진 학교 특성을 'Российский университет для негров'(흑인들을 위한 러시아 대학)으로 희화화하여 표현하고 있다.

〈표 8〉 기타 교육

약어	사전적 의미	풍자적 의미
ЕГЭ	**Е**диный **г**осударственный **э**кзамен '통합 국가시험'	**Е**диная **г**осударственная **э**кзекуция '통합 국가 형벌'
		Единая **г**осударственная **э**пидемия '통합 국가 전염병'
		Единое **г**оре **э**похи '시대의 공통된 고통'
ОБЖ	**О**сновы **б**езопасности **ж**изнедеятельности '민방위, 교련'	**О**ни **б**удут **ж**ить! '그들은 살아남을 것이다'
		Общество **б**еременных **ж**енщин '임신부들의 모임'
		Отдай **б**омжу **ж**евачку '거지에게 껌을 줘라!'

우리의 대학 수학 능력시험에 해당하는 ЕГЭ(통합 국가시험)은 형벌, 전염병, 고통 등의 단어로 수험생들의 스트레스를 표현하고 있다.

3. 산업 분야

〈표 9〉 산업 분야

약어	사전적 의미	풍자적 의미
АЗЛК	Московский ордена Трудового Красного Знамени **а**втомобильный **з**авод имени **Л**енинского **к**омсомола '전연방 레닌 공산주의 청년 동맹 자동차 공장'	**А**втомобиль, **з**аранее **л**ишённый **к**ачества '애시 당초 품질이라곤 없는 자동차'
		Автомобильный **з**авод имени **л**ужковской **к**епки '루쉬코프 모자 이름의 자동차 공장'
		Афинский **з**авод **л**егковых **к**олесниц '아테네 경마차 제조 공장'
ВАЗ	**В**олжский **а**втомобильный **з**авод '볼가 자동차 공장'	**В**озможно **а**втомобиль **з**аведётся '아마 시동은 걸릴겁니다'
		Верьте, **а**вто **з**аведётся! '믿으세요. 시동은 걸린답니다'
ВОЗ	**В**ыборгский **о**конный **з**авод '브이보르그 창틀 공장'	**В**ас **о**бманул **з**авод '공장은 당신을 기만했다'
РЖД	**Р**оссийские **ж**елезные **д**ороги '러시아 철도'	**Р**жавые **ж**елезные **д**ороги '녹슨 철도'
УАЗ	**У**льяновский **а**втомобильный **з**авод '울야노프스크 자동차 공장'	**У** **а**втомобиля **з**апор '자동차에 자물쇠가 있다. 변비 걸린 자동차'
		Узнаешь **а**вто - **з**верь '자동차가 무서운 것이라는 것을 알게 될 것이다'
		Уйма **а**вто-**з**апчастей '수많은 자동차 부품 덩어리'
		Угон **а**втомобиля **з**апрещен '차량 절도 금지'

'애당초 품질이라곤 없는 자동차', '믿으세요, 시동은 걸린답니다' 등 해당 산업시설에서 생산되는 제품들의 열악한 품질에 대한 풍자가 주류를 이루고 있다.

〈표 10〉 기타 산업

약어	사전적 의미	풍자적 의미
ОСАГО	**О**бязательное **с**трахование **а**втогражданской **о**тветственности '차량운전자 의무 책임보험'	**О**фициальное **с**истемное **а**генство **г**рабежа **о**бщества '공식적인 사회 약탈 부서'
		Общероссийская **с**истема **а**втоматического **г**осударственного **о**тъема '전 러시아 자동적 정부 강탈 제도'
		Осторожно, **с**коро **а**гент **г**орько **о**бманет '조심하라, 보험사 직원이 사기 칠 것이다'

2003년부터 국가적 차원에서 실시된 ОСАГО(차량운전자 의무 책임보험)의 복잡한 보험약관, 까다로운 보상 규정 등에 대한 불만을 '정부의 강탈', '보험사 직원의 사기' 등으로 풍자하고 있다.[18)]

4. 방송 및 통신

〈표 11〉 방송 및 통신

약어	사전적 의미	풍자적 의미
МТС	**М**обильные **т**еле**с**истемы '모바일 텔레시스템'	**М**ожет **т**ебя **с**оединят '너를 연결시켜 줄 수 있다'
		Может **т**елефон **с**ломался? '전화가 고장 났나?'
		Мир **т**елефонной **с**вязи '전화 통신망의 세계'
		Мобильная **т**ихая **с**вязь '모바일 침묵 통신'

18) 다음의 인터넷 사이트에서 ОСАГО 검색 결과 참조: http://ru.wikipedia.org(검색일:2012.4.7)

		Местами тебя слышно '어디서든 통화가 된다'
		Местами тебя слышу '어디서든 들린다'
		Моя твоя слышит '나의 폰도 너의 폰도 들린다'
НТВ	Независимое телевидение '독립 TV 방송'	Нечего тебе видеть! '볼만한 게 없다'
СМИ	Средства массовой информации '대중매체, 언론매체'	Семья меняет имидж '가족은 이미지를 바꾼다'
СТС	Сеть телевизионных станций 'TV 방송국 네트워크'	Самые тупые сериалы '가장 바보 같은 시리즈'
		Смотрите Телек Сопляки 'TV나 봐라 할 일 없는 인간들아!'
ТНТ	Твое новое телевидение '너의 새로운 TV'	Телек Навернулся Теперь '텔레비전이 지금 나타났다'
		Тоже Нет Телевизора '텔레비전도 없다'
		Тупее Некуда Тут '더 이상 바보일 순 없다'

2010년 시장 조사에서 가장 가치 있는 브랜드로 선정된 MTC(모바일 텔레시스템)을 풍자한 약어들은 회사 측의 일방적인 요금제 변경, 서비스에 대한 가입자들의 불만을 나타내고 있다.[19] 1996년 오락 전문 채널을 표방하며 개국한 러시아 최초 네트워크 채널인 CTC(TV 방송국 네트워크)는 국가 중대사에도 이에 대한 보도 없이 정규 방송을 내보내는 것으로 인해 시청자들의 원성을 사고 있다. THT(너의 새로운 TV) 채널의 리얼리티 쇼

19) 다음의 인터넷 사이트에서 MTC 검색 결과 참조: http://ru.wikipedia.org(검색일:2012.4.7)

Дом-2는 사회적으로 큰 반향을 불러일으켰는데, 선정적 내용으로 인해 청소년들에게 악영향을 끼친다는 이유로 사회 윤리 위원회로부터 유해 방송 판정을 받기도 했다. 특히 2011년 2월에는 우즈베키스탄에서 ТНТ 방송 송출을 차단하는 사태까지 벌어졌다.[20]

5. 국가 및 지명

〈표 12〉 국가 및 지명

약어	사전적 의미	풍자적 의미
ВДНХ	**В**ыставка **д**остижений **н**ародного **х**озяйства '국민경제달성박람회'	**В**есной **д**евкам **н**ужны **х**олостяки '봄에 아가씨들은 미혼 남성들이 필요하다'
КНДР	**К**орейская **Н**ародно-**Д**емократическая **Р**еспублика '조선 민주주의 인민공화국'	**К**орейцам **н**адо **д**олго **р**аботать '한국인들은 오랜 기간 일해야 한다'
КНР	**К**итайская **Н**ародная **Р**еспублика '중화인민공화국'	**К**итайцам **н**адо **р**аботать '중국인들은 일해야 한다'
КУБА	–	**К**оммунисты **у** **б**ерегов **А**мерики '미국 연안의 공산주의자들'
		Коммунистическая **у**гроза **б**ерегам **А**мерики '미국 연안에 대한 공산주의의 위협'
		Когда **у**ходишь - **б**оль **а**дская '벗어나는 순간 고통은 이루 말할 수 없을 것이다'

20) 다음의 인터넷 사이트에서 СТС, ТНТ 검색 결과 참조: http://ru.wikipedia.org(검색일:2012.4.7)

РСФСР	**Р**оссийская **С**оветская **Ф**едеративная **С**оциалистическая **Р**еспублика '러시아 소비에트 연방 사회주의 공화국'	**Р**усская **с**еледка **ф**унт **с**орок **р**ублей '러시아 청어 1파운드는 40루블이다'
		Русский **с**рёт, **ф**ранцуз **с**тоит **р**угается '러시아인이 변을 보고, 이것을 본 프랑스인은 욕지거리를 한다'
		Россия **с**пешно **ф**ормирует **с**тарый **р**ежим '러시아는 성급하게 구제도를 만든다'
		Рабочим **с**оль, **ф**асоль, **с**ебе - **р**ябчики '노동자들에게는 소금과 강낭콩을, 자신에겐 꿩고기를'
		Рабочие **с**няли **ф**уражки, **с**нимут **р**убашки '노동자들은 모자를 벗고, 셔츠를 벗을 것이다'
		Раздача **с**оли **ф**асоли **с**оветским **р**абочим '소비에트 노동자들에게 소금과 강낭콩을 배급'
		Ребята, **с**мотрите, **Ф**едька **с**рёт **р**едькой '얘들아, 효도르는 무를 배설한다'
		Ребята, **с**мотрите, **Ф**едька **с**опли **р**аспустил '얘들아, 효도르가 코를 풀었다'
		Разная **с**волочь **ф**актически **с**лопала **Р**оссию '이런저런 개자식이 러시아를 해쳐 먹었다'
		Редкий **с**лучай **ф**еноменального **с**умасшествия **р**асы '인종적 광기가 발현되는 드문 경우'

		Редкий **с**лучай **ф**еноменального **с**умасшествия **Р**оссии '러시아의 광기가 발현되는 드문 경우'
		Разогнали **с**олдат-**ф**ронтовиков, **с**обрали **р**азбойников '군인들을 해산시키고, 도둑놈들을 모으다'
		Разная **с**волочь **ф**актически **с**губила **Р**оссию '이런저런 개자식이 사실상 러시아를 망쳤다'
РФ	**Р**оссийская **Ф**едерация '러시아연방'	**Р**айская **ф**ерма '천국 같은 집단농장'
		Ржавоводный **ф**онтан '녹물 분수'
		Разрядившийся **ф**онарь '배터리가 다 된 랜턴'
СНГ	**С**одружество **н**езависимых **г**осударств '독립국가연합'	**С**паси **н**ас, **г**осподи! '주여, 우리를 구원하소서!'
		С **Н**овым **г**одом! '새해 복 많이 받으세요!'
		Сбыли**с**ь **н**адежды **Г**итлера '히틀러의 염원이 이루어졌다'
		Способ **н**авредить **Г**орбачеву '고르바초프를 괴롭히는 방법'
		Самое **н**астоящее **г**овно '진정한 쓰레기'
		Союз **н**ищих и **г**олодных '거지와 굶주린 자들의 모임'
		Страны **н**етрезвых **г**раждан '미친 국민들의 나라들'
		Совокупность **н**аглых **г**осударств '뻔뻔한 국가들의 총체'

		Сознательно **н**арушают **г**раницы '의도적으로 국경을 넘다'
СПб	**С**анкт-**П**етер**б**ург '상트페테르부르크'	**С**бербанк **п**родолжает **б**анкротиться '저축은행 파산은 계속 된다'
		Сверло **п**о **б**етону '화강암에 난 구멍'
		Самое **п**опулярное **б**олото '가장 인기 있는 늪지대'
СССР	**С**оюз **С**оветских **С**оциалистических **Р**еспублик '소비에트 사회주의 공화국 연방'	**С**амая **с**ильная **с**мелая **Р**оссия '가장 강하고 용감한 러시아'
		Страна **с**амых **с**тарых **р**уководителей '늙은 지도자들의 나라'
		Старик **с**тирает **с**тарухины **р**ейтузы '영감이 할멈의 타이즈를 세탁한다'
		Сосиска **с**тоит **с**то **р**ублей '소시지의 가격은 100루블이다'
		Сталин **с**рал **с**реди **р**азвалин '스탈린은 폐허 가운데에서 대변을 봤다'
		Сорока **с**рала **с**орок **р**аз '까치가 40번 대변을 봤다'
		Семён **с**рал **с**ырой **р**ыбой '시묜은 날생선을 배설했다'
		Советский **с**ахар **с**тоит **р**убль '소비에트 설탕의 가격은 1루블이다'
		Соседи **с**тучат - **С**талин **р**асстреливает '이웃이 고발하면 스탈린은 총살한다'
		Стакан **с**емечек **с**тоит **р**убль '해바라기씨 한 컵은 1루블이다'
		Смерть Сталина спасет Россию '스탈린의 죽음이 러시아를 구원하다'

		Спальня, **с**толовая, **с**ортир, **р**абота '침실, 식당, 변소, 일'
		Солёный **с**упчик **с**тоит **р**упчик '짠 수프는 1루블이다'
		Сажай, **с**обирай, **с**уши, **р**аскуривай '씨 뿌리고, 거두고, 말려서, 피우다'
		Силён **с**амогон **с**воими **р**уками '자신이 직접 만든 술이 최고다'
		Строили, **с**троили, **с**троили - **р**ухнуло '건설에 건설을 거듭해 붕괴되다'
США	**С**оединённые **Ш**таты **А**мерики '미합중국'	**С**лышен **ш**ум **а**эродрома '비행장의 소음이 들린다'

[그림 10,11] КУБА(좌), СНГ(우)[21]

РСФСР(러시아 소비에트 연방 사회주의 공화국), СССР(소비에트 사회주의

21) http://images.yandex.ru/(검색일:2012.4.3)

공화국 연방)이 압도적으로 많은 풍자적 의미를 가지고 있다. СНГ(독립국가연합)의 경우 러시아인들의 гастабайтер(이주노동자)에 대한 부정적 이미지가 고스란히 반영되어 나타난다. СПб(상트 페테르부르크)의 풍자적 의미의 약어인 'сверло по бетону'(화강암에 난 구멍), 'самое популярное болото'(가장 인기 있는 늪지대) 역시 늪지대 위에 건설된 관광 도시로서의 특성을 잘 묘사하고 있다.

6. 기타(인명, 질병 등)

〈표 13〉 기타(인명, 질병 등)

약어	사전적 의미	풍자적 의미
БОМЖ	лица Без Определённого Места Жительства	Богатый образованный московский житель '부유하고 교양 있는 모스크바 시민'
ВВП	Владимир Владимирович Путин	Возможно, Вы Правы '어쩌면 당신이 옳을 지도'
		Вперёд, Володя Питерский '페테르부르크의 발로쟈는 앞으로 나아간다'
ВОДКА	–	Воду отключат до конца апреля '4월말까지 단수'
		Всегда открытый думательно-конструктивный аппарат '아이디어를 떠오르게 하는 항상 접근 가능한 수단'
		Вот о чем думает каждый алкоголик '모든 알콜 중독자들이 생각하는 바로 그것'
ГОРБАЧЕВ	–	Готов обогнать Рейгана, Брежнева, Андропова, Черненко, если выживу '살아남는다면 레이건, 브레즈네프, 안드로포프, 체르넨코를 능가할 자신이 있다'

		Гарантирую **о**тмену **р**ешений **Б**режнева, **А**ндропова, **Ч**ерненко, **е**сли **в**ыживу '살아남는다면 브레즈네프, 안드로포프, 체르넨코의 결정을 번복할 것이다'
		Граждане, **о**бождите **р**адоваться — **Б**режнева, **А**ндропова, **Ч**ерненко **е**ще **в**спомните '시민들이여, 기뻐할 그날을 기다려라 – 브레즈네프, 안드로포프, 체르넨코를 회상하게 될 것이다'
ЕВРО	**Евро**пейский '유럽의, 유로의'	**Е**диница **в**зятки **р**оссийского **о**бразца '러시아의 뇌물 단위'
ПОРНО	–	**П**олитически-**о**бщественный **р**оссийский **н**ациональный **о**пус '정치-사회적 러시아 국가 작품'
ПОЦ	**П**редставитель **о**бластного **центр**а '지역 센터 대표'	**П**арень **о**собо **ц**енный **П**арень **о**чень **ц**енный **П**ацан **о**собо **ц**енный '아주 귀중한 사람'
СПИД	**С**индром **п**риобретенного **и**ммуно**д**ефицита '후천성 면역 결핍증'	**С**кромный **п**одарок **и**ностранного **д**руга '외국인 친구의 소박한 선물'
		Современные **п**оследствия **и**нтернациональной **д**ружбы '국제 교류의 현대적 성과물'
		Синдром **п**оследствия **и**нтернациональной **д**ружбы '국제 교류 성과 증후군'
		Специфические **п**оследствия **и**нтернациональной **д**ружбы '국제 교류의 특별한 성과'
ЧУВАК	–	**Ч**еловек, **у**важающий **в**ысокую **а**мериканскую **к**ультуру '수준 높은 미국 문화를 존중하는 사람'

		Человек, **у**своивший **в**ысокую **а**мериканскую **к**ультуру '수준 높은 미국 문화를 습득한 사람'

[그림 12,13] Владимир Владимирович Путин(좌), СПИД(우)[22)]

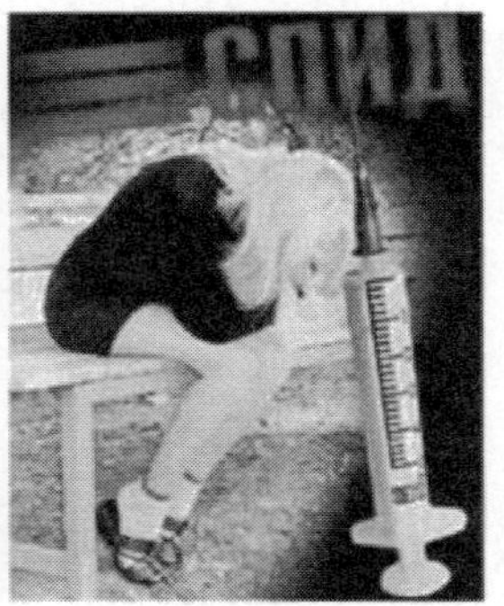

신문지상에서 자주 접하게 되는 블라디미르 푸틴의 약어 ВВП(블라디미르 블라디미로비치 푸틴)는 'Возможно, вы правы'(어쩌면 당신이 옳을지도), 'Вперёд, Володя Питерский'(페테르부르크의 발로쟈는 전진한다)로 풀이되어 그의 독단적 국정 운영 방식에 대한 풍자를 나타내고 있다. СПИД(후천성 면역 결핍증)의 경우 개방 이후 서구로부터 유입된 자본주의의 폐해라고 보는 러시아인의 시각이 확연히 관찰된다. 그 외 본래 단일 명사인 водка, Горбачев, порно, чувак(멋쟁이) 역시 다양한 풍자적 의미의 약어로 사용된다.

22) http://images.yandex.ru/(검색일:2012.4.3)

III. 결론

지금까지 러시아어에 존재하는 약어들의 사전적 의미와 풍자적 의미를 비교하여 살펴보았다. 풍자적 의미로 사용되는 약어들은 형태적으로 두 가지 유형으로 분류되는데, '약어 → 약어'(загс, вуз와 같이 사전적 의미, 풍자적 의미로 사용되는 약어 공히 철자 형태는 동일하나 의미가 상이한 유형), '단일명사 → 약어'(мент, водка와 같이 본래 단일명사이나 약어로 사용되는 유형)로 양분된다.

의미적으로는 부정적 평가를 나타내는 약어가 압도적으로 많았으나 ВДС('공중낙하산 부대' → '모든 일은 스스로 해결한다.'), МЧС('비상사태부' → '사내들은 무엇이든 구조한다.') 등의 언급되는 대상에 대한 긍정적 이미지를 나타내는 약어들도 관찰되었다.

전체 약어들의 수, 즉 사전적 의미로 사용되는 약어들의 수에 비하면 풍자적 의미로 사용되는 약어들의 수는 상대적으로 그리 많지 않은데, 이는 다음과 같은 4가지 조건을 충족시켜야 하기 때문이다.

① 약어 사용자들에게 친숙한 어휘이어야 한다.
② 기존 약어의 철자를 그대로 준수해야 한다.
③ 어떠한 식으로든 기존 약어와 의미상 관련성이 있어야 한다.
④ 평가적 뉘앙스가 반드시 포함되어야 한다.

앞서 살펴본 바와 같이 풍자적 의미의 약어는 사회 현상에 대한 의견 표출의 간접적 루트이자 집단 내 공감대를 형성하는 수단으로서 기능한다. 풍자적 약어가 가지는 이러한 익명성과 군중성이 바로 그 사용의 이유인 것이다.

참고문헌

김상현. "숨은 지문의 사회학으로 본 농업집단화와 소비에트 농담민속(Jokeslore)." 『슬라브연구』. 제 26권 2호. 2010년.

김상현. "농담민속 (정치농담과 유머, 일화와 전설)으로 본 소비에트 러시아의 정치체제와 권력." 『노어노문학』. 제23권 1호. 2011년. 363쪽.

김학준. 『러시아사』. 서울: 대한교과서(주), 2006년.

박근우, 정수석. 『알기 쉬운 시사 러시아어』. 서울: 명지출판사, 2001년.

이은순. 『러시아어학 사전』. 서울: 신아사, 2001년.

한용. "러시아어의 신조어 연구 - 뻬레스트로이카 이후의 영어 신조어를 중심으로-." 『동유럽발칸학』. 제 6권 2호. 2004년.

http://www.dni.ru/incidents/2010/2/1/184615.html

http://images.yandex.ru/

http://www.mhj21.com/sub_read.html?uid=52764

http://www.newsis.com/ar_detail/view.html?ar_id=NISX20111102_0009639277&cID=10101&pID=10100

http://news.inews24.com/php/news_view.php?g_serial=642586&g_menu=020310

http://www.oboz.by/articles/detail.php?article=752http://www.public.ru/about/corruption2

http://www.regnum.ru/news/531977.html

http://ru.wikipedia.org

http://www.sokr.ru

http://www.sokra.ru/

Буланин Л. Л. Трудные вопросы морфологии. Пособие для учителей. М.: Просвещение, 1976.

Вартаньян Э. А. Путешествие в слово. 3-е изд., испр. -, М.: Просвещение, 1987.

Глав Ред., Шведова Н. Ю. Русская грамматика: научные труды / Российская академия наук. Институт русского языка им. В. В. Виноградова. М., 2005.

Кузнецов С. А. Большой толковый словарь русского языка. СПб., 2006.

Максимов В. И. Одеков Р. В., Учебный словарь-справочник русских грамматических терминов(с английскими эквивалентами). СПб., 1998.

색 인

ㅇ

ㅈ

❙ 저자 소개 ❙

강윤희
국민대학교 국제학부 부교수
영국 글라스고우대학교 정치학 박사

김상원
국민대학교 국제학부 조교수
러시아 모스크바국립대학교 경제학 박사

노경덕
광주과학기술원 지스트대학 기초교육학부 교수
미국 시카고대학교 역사학 박사

서동주
국가안보전략연구소 책임연구위원
연세대학교 정치학 박사

손현익
한국외국어대학교 러시아연구소 책임연구원
러시아 상트페테르부르크국립대학교 언어학 박사

신동혁
국민대학교 유라시아연구소 책임연구원
러시아학술원 러시아사 연구소 역사학 박사

이상준
국민대학교 국제학부 교수
러시아 과학아카데미 IMEMO 경제학 박사

장덕준
국민대학교 국제학부 교수
미국 뉴욕주립대학교 정치학 박사

푸틴시대의 러시아

초판 1쇄 발행 _ 2014년 8월 30일

저　자 • 장 덕 준 외 공저
발행인 • 정 현 걸
발　행 • 신 아 사
인　쇄 • 예지인쇄
출판등록 • 1956년 1월 5일 (제9-52호)
주　소 • 서울특별시 은평구 녹번동 28-36번지 2F
전　화 • (02)382-6411 • 팩스 (02)382-6401
홈페이지 • www.shinasa.co.kr
E-MAIL • shinasa@daum.net

ISBN: 978-89-8396-868-5 (93920)

정가 *13,000* 원